"十四五"职业教育国家规划教材

职业教育城市轨道交通专业产教融合创新教材

城市轨道交通电动列车驾驶

(配实训任务单)

第 2 版

主　编　毛昱洁
副主编　李　伟
参　编　单晓涛　陈　宇
主　审　姚淑鹏

机械工业出版社

本书为"十四五"职业教育国家规划教材。

本书从城市轨道交通电动列车司机的工作过程出发，以教育部《高等职业学校城市轨道交通车辆技术专业教学标准》和交通运输部职业资格中心《城市轨道交通列车司机职业标准》为基础，结合地铁企业对司机的综合素质、技能模块、业务内容等要求，以项目化教学为出发点设计任务模块。

教材共 7 个项目 23 项任务，包括列车操作认知、司机交接班作业、列车整备作业、段/场作业、正线运行操作、折返作业、非正常情况下运行操作。涉及的能力要点、知识要点和素质德育要点均从"电动列车司机岗位工作任务与职业能力分析"提炼而出，每个任务既有知识内容、又有实训工单，采用业务学习、案例剖析、问题讨论、实训指导相结合的教学方法，提高学生的实际操作能力和基础知识水平。针对学生的不同知识需求和技能水平高低，教材中穿插"小贴士"，部分项目后还设计了"拓展与提高"模块，为不同院校根据自身情况合理设置课程深度和课时提供基础。

本书可作为职业院校城市轨道交通车辆技术专业教材和其他专业的选修教材，也可作为电动列车司机岗位职业培训的教材。

图书在版编目（CIP）数据

城市轨道交通电动列车驾驶：配实训任务单/毛昱洁主编. —2 版. —北京：机械工业出版社，2020.3（2024.8 重印）

职业教育城市轨道交通专业产教融合创新教材

ISBN 978-7-111-64717-1

Ⅰ.①城… Ⅱ.①毛… Ⅲ.①城市铁路-电力动车-驾驶术-职业教育-教材 Ⅳ.①U266.2

中国版本图书馆 CIP 数据核字（2020）第 025983 号

机械工业出版社（北京市百万庄大街 22 号　邮政编码 100037）
策划编辑：曹新宇　责任编辑：曹新宇
责任校对：张　征　封面设计：张　静
责任印制：单爱军
河北环京美印刷有限公司印刷
2024 年 8 月第 2 版第 7 次印刷
184mm×260mm・18.25 印张・441 千字
标准书号：ISBN 978-7-111-64717-1
定价：49.50 元

电话服务　　　　　　　　网络服务
客服电话：010-88361066　　机　工　官　网：www.cmpbook.com
　　　　　010-88379833　　机　工　官　博：weibo.com/cmp1952
　　　　　010-68326294　　金　书　网：www.golden-book.com
封底无防伪标均为盗版　机工教育服务网：www.cmpedu.com

关于"十四五"职业教育
国家规划教材的出版说明

为贯彻落实《中共中央关于认真学习宣传贯彻党的二十大精神的决定》《习近平新时代中国特色社会主义思想进课程教材指南》《职业院校教材管理办法》等文件精神,机械工业出版社与教材编写团队一道,认真执行思政内容进教材、进课堂、进头脑要求,尊重教育规律,遵循学科特点,对教材内容进行了更新,着力落实以下要求:

1. 提升教材铸魂育人功能,培育、践行社会主义核心价值观,教育引导学生树立共产主义远大理想和中国特色社会主义共同理想,坚定"四个自信",厚植爱国主义情怀,把爱国情、强国志、报国行自觉融入建设社会主义现代化强国、实现中华民族伟大复兴的奋斗之中。同时,弘扬中华优秀传统文化,深入开展宪法法治教育。

2. 注重科学思维方法训练和科学伦理教育,培养学生探索未知、追求真理、勇攀科学高峰的责任感和使命感;强化学生工程伦理教育,培养学生精益求精的大国工匠精神,激发学生科技报国的家国情怀和使命担当。加快构建中国特色哲学社会科学学科体系、学术体系、话语体系。帮助学生了解相关专业和行业领域的国家战略、法律法规和相关政策,引导学生深入社会实践、关注现实问题,培育学生经世济民、诚信服务、德法兼修的职业素养。

3. 教育引导学生深刻理解并自觉实践各行业的职业精神、职业规范,增强职业责任感,培养遵纪守法、爱岗敬业、无私奉献、诚实守信、公道办事、开拓创新的职业品格和行为习惯。

在此基础上,及时更新教材知识内容,体现产业发展的新技术、新工艺、新规范、新标准。加强教材数字化建设,丰富配套资源,形成可听、可视、可练、可互动的融媒体教材。

教材建设需要各方的共同努力,也欢迎相关教材使用院校的师生及时反馈意见和建议,我们将认真组织力量进行研究,在后续重印及再版时吸纳改进,不断推动高质量教材出版。

机械工业出版社

第 2 版前言

"十三五"时期,我国城市轨道交通建设取得了突破性进展,在应对新冠肺炎疫情、加强交通运输保障、促进复工复产等方面发挥了重要作用。根据国务院《"十四五"现代综合交通运输体系发展规划》,到 2025 年,城市轨道交通运营里程要发展到 10000km。而根据《中国交通报》发布的数据,截至 2021 年末,全国城市轨道交通运营线路 275 条,运营里程已达 8735.6km,城市轨道交通正朝绿色、多元、创新、智能的方向发展。构建智慧乘务服务、网络化智能运输组织调度、智慧能源管理、智能运维、不同线路间的互联互通是"十四五"期间的发展目标。

伴随轨道交通的发展,相关设备制造技术和系统研发水平也在不断攀升。城市化进程对行车安全、运输效率和节能环保提出了新的要求,技术先进、性能稳定、效率优先的全自动运行系统已成为城市轨道交通列车运行控制系统的发展趋势,与此对应地,高等院校应当调整人才培养标准,加大城市轨道交通各专业的交叉融合,培养业务扎实、适应多专业联动、一专多能的高素质技术技能人才。

电动列车司机是城市轨道交通运营企业的传统工种,在全自动运行系统的发展浪潮中首当其冲将受到影响,但技术革命不会降低对司机的要求,反而将提升司机的工作难度,改变岗位职责的重心,例如应急抢险工况下的快速应对能力。而另一方面,全自动运行系统带来人机配合机理的重置,司机长时间处于"看护者"而非"驾驶者"状态,在"安逸"状态下保持高水平的基本技能也是未来的人才培养重点。

本书在第 1 版的基础上,结合当前城市轨道交通发展现状与趋势,适应职业教育"三教改革"精神,贯彻产教融合新思路,依据教育部《高等职业学校城市轨道交通车辆技术专业教学标准》和交通运输部职业资格中心《城市轨道交通列车司机职业标准》,完善了符合高职学生能力要求的、以电动列车司机岗位典型工作任务和职业能力为基础的项目化教学内容。并配有与司机业务模块相对应的实训任务单,在提高技能和知识水平的基础上,适应"思政进课堂",结合各任务内容提出对应的素质目标和德育目标,并在实训环节中贯彻德育培养。

结合企业需求、岗位典型职业活动、专业教学标准和人才培养目标,可将城市轨道交通列车司机的核心职业能力转化为三门专业核心课程:城市轨道交通列车驾驶、城市轨道交通列车故障处理、城市轨道交通列车突发事件处置。本教材对应课程"城市轨道交通列车驾驶",本书共分为七个项目,由北京交通运输职业学院毛昱洁在第 1 版的基础上修订与主编,由北京地铁运营有限公司姚淑鹏主审。项目一(列车操作认知)由北京交通运输职业学院单晓涛编写,项目二(司机交接班作业)和项目六(折返作业)由北京交通运输职业学院李伟编写,项目三(列车整备作业)由毛昱洁和北京市轨道交通运营管理有限公司陈宇编写,项目四(段/场作业)由北京市轨道交通运营管理有限公司陈宇编写,项目五(正线运行操作)、项目七(非正常情况下运行操作)和绪论由毛昱洁编写。

教材编者曾参与城市轨道交通专业国家级教学资源库《列车操作及故障处理》课程的资源建设,学习者可登录国家资源库网站,按照本教材中的任务名称搜索数字化资源,满足多样化学习需求。

本教材选用的车型多为中车长春轨道客车股份有限公司和中车青岛四方机车车辆股份有限公司所生产,并基于北京市地铁运营有限公司、北京市轨道交通运营管理有限公司等企业的单司机标准化作业规范进行教学内容设计,在修订过程中,本教材得到地铁企业许多一线司机朋友的帮助,在此致以深切的谢意!借本教材修订出版之际,希望能与同行加深交流,得到批评和指正,以进一步改进、充实和完善工作成果,更好地为城市轨道交通行业的人才培养发挥作用。

编 者

第1版前言

当前，我国城市轨道交通进入了一个快速发展期，截至 2014 年年底，共有 37 座城市获准修建城市轨道交通，其中 22 座城市的 95 条线路已经开通运营，总里程达到 2933.26km，设置车站 1947 座。在国际上，城市轨道交通人员使用效率较高的城市，每公里线路的平均人员配置一般为 60 人左右。作为高素质劳动者和技术技能型人才的专门培养院校，我国交通职业院校和一些高职院校为了适应城市轨道交通发展的社会需求，已经开设或准备开设城市轨道交通专业及相关专业。

电动列车司机是城市轨道交通运营企业的重要一线工种，高职"城市轨道交通车辆"专业旨在培养掌握车辆运用及维护、电动列车驾驶的高技能人才。随着城市轨道交通新线路和里程的不断扩大，市场对电动列车司机的人才需求量也在不断攀升，"电动列车驾驶"类课程作为城市轨道交通车辆专业的专业核心课，受到各院校极大的重视。

本书针对目前企业的需求、教材市场存在的问题，进行设计和开发，力求改善"城市轨道电动列车驾驶"课程缺乏教材的现状。设计时，参考教育部关于"高等职业学校专业目录"的设置情况，按照职业教育"以就业为导向，以服务为宗旨"的指导思想，摈弃与其他相邻课程教材不必要的交叉重复，紧密围绕电动列车司机岗位的典型工作任务和职业能力分析，设计了符合高职学生能力要求的、以司机岗位工作任务分析为基础的项目化教学内容，力求成为第一本真正意义上针对城市轨道交通车辆专业司机岗位学生的电动列车驾驶教材。

本书共分为 8 个项目，由北京交通运输职业学院毛昱洁主编。项目一（列车操作相关知识）由北京交通运输职业学院单晓涛编写，项目二（司机交接班作业）和项目六（折返作业）由北京交通运输职业学院李伟编写，项目三（列车整备作业）由毛昱洁和北京地铁运营三分公司陈宇编写，项目四［段（场）作业］由北京地铁运营三分公司陈宇编写，项目五（正线运行及操作）、项目七（非正常情况下的运行及操作）、项目八（故障条件下的运行及操作）和绪论由毛昱洁编写。全书由北京京港地铁有限公司何鑫主审。此外，本书还得到城市轨道交通企业许多一线司机朋友的帮助，在此致以衷心的感谢！

国务院"关于加快发展现代职业教育的决定"进一步明确了今后一个时期国家对于发展现代职业教育的方针政策、目标任务和重大举措，这也为职业教育工作者的改革创新带来良好机遇。借本书出版之际，希望能与同行加深交流，得到批评和指正，以进一步改进、充实和完善工作成果，更好地为城市轨道交通行业的人才培养发挥作用。

编　者

目 录

第 2 版前言

第 1 版前言

绪论 …………………………………………… 1

项目一　列车操作认知………………………… 9
　　任务一　车辆认知 ………………………… 9
　　任务二　驾驶室设备认知 ………………… 24

项目二　司机交接班作业 …………………… 47
　　任务一　出勤作业 ………………………… 47
　　任务二　交接班作业 ……………………… 53
　　任务三　退勤作业 ………………………… 57

项目三　列车整备作业 ……………………… 65
　　任务一　接触轨供电列车的整备作业 …… 65
　　任务二　接触网供电列车的整备作业 …… 78

项目四　段/场作业…………………………… 86
　　任务一　出库与出段/场作业 …………… 86
　　任务二　入段/场与入库作业 …………… 94
　　任务三　试车作业和洗车作业 …………… 99

项目五　正线运行操作……………………… 102

　　任务一　正线运行标准化作业 ………… 102
　　任务二　CBTC 下的正线运行 ………… 114
　　任务三　站台作业 ……………………… 123
　　任务四　广播作业 ……………………… 135

项目六　折返作业…………………………… 144
　　任务一　终点站折返作业 ……………… 144
　　任务二　中间站折返作业 ……………… 155

项目七　非正常情况下运行操作…………… 160
　　任务一　反方向运行作业 ……………… 160
　　任务二　推进运行作业 ………………… 163
　　任务三　列车退行作业 ………………… 168
　　任务四　清客作业 ……………………… 170
　　任务五　列车救援作业 ………………… 178
　　任务六　电话闭塞法下的运行 ………… 184
　　任务七　屏蔽门故障的站台作业 ……… 190

附录　本书中英文对照表…………………… 194

参考文献……………………………………… 196

实训任务单

绪 论

一、电动列车司机的职业概况

电动列车司机是指直接从事城轨电动列车驾驶作业并且具备独立驾驶城轨电动列车作业资格的人员,负责驾驶电动列车正线运行、段/场调车、电动列车调试等作业,当电动列车出现故障时,能及时处理。电动列车司机的工作需严谨、守时、有条不紊,保证列车正常、正点、安全地运行在轨道线路上。

一名合格的电动列车司机,不仅要能规范驾驶列车,而且需能在运营线路或非运营线路上独立从事城轨电动列车的检查、试验、故障及突发事件处置等作业。

2019 年,人力资源和社会保障部、交通运输部联合颁布了《城市轨道交通列车司机国家职业技能标准(2019 年版)》,对从业人员的理论知识和操作技能的综合性水平作出规定,用以指导电动列车司机培养和开展职业技能等级考核评价,有助于提升司机职业技能水平和人才队伍建设。根据该标准,司机设五个等级,分别为五级/初级工、四级/中级工、三级/高级工、二级/技师、一级/高级技师,技能要求层层递进,高级别涵盖低级别的要求。五级/初级工、四级/中级工、三级/高级工的职业功能模块基本相同(见表 0-1),但每个职业功能模块对应的技能要求和相关知识要求并不完全一致。本教材内容在覆盖五级/初级工的职业功能、工作任务、技能要求、相关知识要求等基础上,依据四级/中级工设计,并按照教学规律制定各项目和任务、情境,使教材内容既符合职业活动,又能帮助开展教学,提升人才培养标准。教材设立项目与职业工作内容的对应关系见表 0-2。

表 0-1 城市轨道交通列车司机职业技能等级与工作内容

职业技能等级	职业功能	工作内容
五级/初级工	列车操纵	出退勤作业
		列车整备作业
		出入车辆基地作业
		正线驾驶作业
	列车故障处理	列车制动故障处理
		列车车门故障处理
		列车牵引故障处理
		列车信号故障处理
		列车受电弓、受流器故障处理
		列车辅助系统故障处理
		站台门故障处理

(续)

职业技能等级	职业功能	工作内容
五级/初级工	非正常情况行车及突发事件应急处置	非正常情况行车
		突发事件处理
	列车救援	故障车救援准备
		救援列车开行
四级/中级工	列车操纵	调车作业
		列车调试作业
	列车故障处理	列车制动故障处理
		列车车门故障处理
		列车牵引故障处理
		列车信号故障处理
		列车受电弓、受流器故障处理
		列车辅助系统故障处理
		站台门故障处理
	非正常情况行车及突发事件应急处置	非正常情况行车
		突发事件处理
	列车救援	故障车救援准备
		救援列车开行
三级/高级工	列车操纵	调车作业
		列车跨线作业
		列车调试作业
	列车故障处理	列车制动故障处理
		列车车门故障处理
		列车牵引故障处理
		列车信号故障处理
		列车受电弓、受流器故障处理
		列车辅助系统故障处理
		站台门故障处理
	非正常情况行车及突发事件应急处置	非正常情况行车
		突发事件处理
	列车救援	故障车救援准备
		救援列车开行
二级/技师	列车操纵	新车调试作业
		改造后列车调试作业
	列车故障处理	列车机械故障判断与分析
		列车电气故障处理与分析
		列车气路故障处理与分析

(续)

职业技能等级	职业功能	工作内容
二级/技师	非正常行车及突发事件应急处置	非正常情况行车防范措施制定
		突发事件处理防范措施制定
	技术管理与培训	技术管理
		培训指导
一级/高级技师	列车故障处理	列车疑难故障分析
		列车疑难故障追踪
	非正常行车及突发事件应急处置	非正常情况下列车运行应急处置规范编制
		突发事件应急处置规范的编写
	技术管理与培训	技术管理
		培训指导

表0-2 教学项目内容与职业工作内容的对应关系

项目序号	教学项目内容	对应的职业工作内容
一	列车操作相关知识	列车整备作业
二	司机交接班作业	出退勤作业
三	列车整备作业	列车整备作业
四	段/场作业	出入车辆基地作业
五	正线运行操作	正线驾驶作业
六	折返作业	正线驾驶作业
七	非正常情况下运行操作	非正常情况行车列车救援

二、电动列车司机的基本要求

为了提高线路运输能力，保证运营安全，促进轨道交通网络化运营，现代城市轨道交通线路均采用列车自动控制系统，如基于通信的列车控制系统（CBTC系统）可实时或定时地进行列车与地面间的双向通信联络，大大提高了区间列车的通行能力和运行安全性。列车自动控制技术可使列车实现自动驾驶、全程的网络监控及列车自动保护，从而使电动列车司机的操作变得简单化、流程化。对电动列车司机的岗位要求有了新变化，主要表现如下：

1）双司机驾驶列车正在逐步转变为单司机驾驶列车。单人驾驶列车，对司机的专业知识、技能、心理素质、故障处理能力和操作水平有更高的要求。

2）列车逐步实现网络控制，司机操作列车变得简单，但也对司机提出了更高的要求：不仅需要司机对列车的结构和原理要有更深的理解，而且需要司机对列车网络控制以及出现故障时的处理能力有更高的要求。

3）城市轨道交通的乘务制度一般采用轮乘制，司机所驾驶的列车不固定，这就需要司机对车辆有比较深入的学习，以便能够迅速掌握不同车辆的技术状态。

4）随着全自动运行线路（GoA3~GoA4级）的发展和逐步普及，司机的工作重心将从"驾驶列车"向"值守列车"转移，运营期间应能正确、快速应对各类突发事件，对故障应急处理、突发事件处置水平提出了更高要求。但驾驶技能仍为必备技能，以便在发生异常状况需要人工介入时能从容应对。

根据《JT/T 1003.1—2015 城市轨道交通列车驾驶员技能和素质要求 第1部分：地铁、轻轨和单轨》，电动列车司机应满足一定条件的基本素质、理论知识、岗位技能、上岗要求和继续教育，方能承担该岗位工作。如：列车司机应身体健康、心理健康、遵章守纪、服从指挥，了解安全相关法律法规、电子电工、机械、计算机基本理论、轨道交通等基础知识，掌握行车、乘务管理、车辆、通信信号、运营线路等专业知识，具备扎实的岗位基本技能和专业技能。

从各地铁运营公司目前对电动列车司机的培训周期和项目安排来看，司机除了必须学习和掌握地铁公司的安全规程、事故处理规程、列车操作规程和技术管理规程外，还应注重培养综合素质（如心理素质、抗压能力、反应能力、表达和语言能力等），而这些能力素质是无法靠理论知识来弥补的，需要学员在日常生活中有意识地进行针对性培养。下面基于行业标准、职业技能标准、典型职业活动等，对电动列车司机必须具备的素质能力、基础知识、专业知识等进行简要介绍。

（一）素质能力

1. 职业素质

（1）责任感　责任感指个人对自己和他人、对家庭和集体、对国家和社会所负责任的认识、情感和信念，以及与之相应的遵守规范、承担责任和履行义务的自觉态度。责任感应当从个人对工作的认知、成就感、乐于奉献和热爱工作等几个方面体现出来。例如，电动列车司机作为城市轨道交通列车的第一线操作者，必须有高度的服务意识、安全意识和奉献意识，理解地铁运营企业的核心性质——服务，能从工作中找到自身的价值，兢兢业业、不计"小我"，这样才有可能确保地铁运营的正常进行。

（2）反应能力　在驾驶列车的过程中，司机要运用自身的感觉器官（眼睛—视觉、耳朵—听觉等）不断地搜集与行车相关的情报，如行车信号、线路情况和车辆状态等，以确保自己的驾驶操作正确；如果对信息处理不当，就有可能引发运营事故。从发现信息到采取措施需要一定的时间，这个时间是人脑的判断时间，也称为人的反应时间，每个人的反应时间长短不等，即反应能力不同。研究表明，在紧急情况下，反应能力强，也许可避免事故，而反应能力差，则可能增加事故发生的概率。

（3）安全导向　安全是地铁运营的第一标准，是指城市轨道交通列车在完成运输乘客任务的过程中，对行车人员、行车设备以及乘客产生作用和影响的要素。国内外轨道交通运输都把行车安全放在突出位置，行车安全的质量指标是衡量轨道交通运营管理的重要环节，是列车运行的永恒主题。为了减少和消除由各种因素造成的不良后果，电动列车司机在执勤时必须时刻牢记"安全第一、预防为主"的运营宗旨，确立安全行车和服务乘客的思想意识，并将之落实在工作的每一个细节、每一个动作中。

（4）坚韧性　坚韧性是指一个人具有强烈的坚韧不拔的毅力、顽强不屈的精神，能克服逆境去执行既定目标。坚韧性越高，意志对人的行为活动的控制约束力就越持久，人就会表现出顽强的毅力和持久的耐心。

对于电动列车司机来说，坚韧性就是指行车中应当长期保持精力旺盛、顽强克服各种困难、坚持到底的品质。司机在行车过程中会遇到各种各样的困难，特别是在长时间驾驶、疲劳的状态下，遇到气候的变化、突发的情况时，也必须保持精力充沛，克服诸多困难，安全驾驶列车。

(5) 判断力　电动列车司机要有准确的判断力，以保证行车安全。判断能力体现在：在高速驾驶的同时准确判断行车环境中各种物体的距离；对车辆的速度、周围运动物体的运行速度迅速准确地判断，控制车速，预测可能出现的情况；对轨道情况进行正确判断，当列车驶入某一路段时，迅速判断出轨道对列车的制动、操作稳定性和钢轨附着能力的影响等，以便提前采取措施，控制好列车。

(6) 应变能力　应变能力是指人在外界事物发生改变时做出的反应，可能是本能的，也可能是经过思考后所做出的决策。应变能力强调能在变化中产生应对的策略，根据情况随机应变、辨明方向。司机要具备良好的应变能力，随时处于警觉状态，做好处理突发事件的准备，在受到干扰时迅速处理，保证行车安全。

(7) 决策能力　在列车操作过程中，司机要不断地依据视觉、听觉和嗅觉等各种知觉，针对时刻变化的外部运行环境做出反应和决策。特别是在突发情况下，要求司机在较短的时间内做出正确的决策，实现安全驾驶的目的。

(8) 心理素质（压力管理）　心理素质与行车安全有着密切的关系。在实践中，司机主要存在胆怯心理、急躁心理、自满心理和焦虑心理等，由这些心理引起的不良情绪会给行车安全带来较大隐患。电动列车司机的驾驶通常承载着上千名乘客的安全，司机一定会有不同程度的心理压力，合格的司机必须能够及时地、积极地消除和控制自己的不良情绪，对压力进行管理，保持良好的心理状态，只有这样才能为乘客提供安全、便捷和温馨的乘车服务。

(9) 顾客导向　顾客导向是指以满足乘客需求、增加乘客价值为地铁运营企业的出发点，在服务过程中，特别注意乘客的偏好，重视运营服务手段的创新，以动态地适应乘客的需求。而电动列车司机作为直接与乘客产生沟通交流的群体之一，必须将乘客服务置于工作的出发点，在执勤过程中对乘客真正负起应有的责任。

(10) 沟通能力　沟通能力指一个人与他人有效地进行信息交流沟通的能力。电动列车驾驶虽然是司机的个人行为，但在驾驶过程中，司机应能积极主动地与车上乘客进行沟通，正确表达行车必要信息，使乘客获得良好感受，提高服务质量。司机的沟通能力在非常情况下和发生突发事件时尤为重要。

2. 综合素质

(1) 性格　外向的性格更能适应司机这个岗位。外向型的人好活动、好交往，在感知上能主动观察、反应较快、善于提问，思维比较发散。

(2) 记忆能力　记忆能力是识记、保持、再认识和重现客观事物所反映的内容和经验的能力，包括听、看、说、记，对图形、色彩和书写的记忆能力。司机的良好记忆能力主要表现在能把听到的命令准确地记录下来或传达给他人，（在列车故障时）对驾驶室内各显示屏上的不同图形闪现能快速予以区分和记忆。

(3) 手眼协调能力　手眼协调能力是人的身体运动的精细动作能力的一部分，属于身体小肌肉群的能力发展。精细动作能力包括手眼协调、手指的灵活性和手脚协调三部分，而电动列车司机的视觉以及手部运动占工作中身体运动的主要部分，具体表现为：在任何情况和形势下，都能正确地按下开关和按钮。

（4）空间知觉能力　空间知觉是对物体形状、大小、相对平面位置及空间特性的感知。空间知觉能力是指人们利用三维空间方式进行思维的能力，是由视、听、触和动觉联合活动整合而成的复杂感知觉，包括形状知觉、大小知觉、距离知觉、深度知觉和方位知觉。电动列车司机的空间知觉能力要求能感知方位，感知隧道、地面和高架，在高速运行的情况下善于发现熟悉的物体（如信号设备、线路设备等）。

（5）视觉能力　通过视觉，人和动物感知外界物体的大小、明暗、颜色和动静，获得对机体活动具有重要意义的各种信息，至少有80%以上的外界信息经视觉获得，视觉是人和动物最重要的感觉。视觉也是电动列车司机在工作过程中获取信息的主要渠道，如线路状况、轨道环境、道岔位置、信号机显示灯光颜色和站台候车乘客状态等。

此外，明适应和暗适应也是视觉能力的表现之一。

（6）听觉能力　听觉是仅次于视觉的重要感觉通道，在人的生活和工作中起着重大的作用。电动列车司机的工作环境噪声较大，可通过在噪声环境下给一个特定声音让学员判断其方向的方式来训练听觉能力。

（7）嗅觉能力　嗅觉是一种由感官感受的知觉。电动列车司机的嗅觉能力要求当设备出现异味或冒烟时，能及时发现。

（8）逻辑能力　逻辑能力是指正确、合理思考的能力，即对事物进行观察、比较、分析、综合、抽象、概括、判断和推理的能力，是能采用科学的逻辑方法，准确而有条理地表达自己思维过程的能力。对于电动列车司机来说，逻辑能力的培养主要训练做事前的思考、怎样一次性完成任务，强调流程的高效率。

（9）时间观念　作为司机，遵守时间是最基本的职业道德。城市轨道交通系统的计时单位一般精确到"秒（s）"，那么电动列车司机的时间观念就更显得重要。

电动列车司机应具有两种时间观念：正计时和倒计时（一般列车的正点发车时刻用倒计时的方法显示）。在平时训练司机完成某项任务时，采用倒计时的方式不仅能培养时间观念，而且能训练其心理承受能力。

（10）平衡能力　平衡能力可以泛指保持全身处于稳定状态的能力。发展平衡能力有利于提高运动器官的功能，改善中枢神经系统对肌肉组织与内脏器官的调节功能，提高适应复杂环境的能力和自我保护的能力。电动列车司机的平衡能力不仅指在静态和动态环境下维持身体平衡的能力，还包括对昼夜、黑白转换时保持自身状态稳定的能力。

（11）身体体能　体能是反映和衡量人体体质强弱及能耐高低的标志，即人体各器官系统的生理机能和运动能力在日常生活、体育运动中所表现出来的水平。主要包括力量、速度、耐力、柔韧、灵敏和协调等基本身体素质，以及走、跑、投、攀、爬、游、舞和负重等基本活动能力，现在对体能的外延解释也包含人体的精神气质与适应能力。电动列车司机可以通过短跑、变速跑来进行体能训练。在校学生的体育课增加篮球、乒乓球、羽毛球和跳绳等项目，同时训练准确度、反应力和协调性。

（12）学习能力　学习能力是指学习的方法和技巧，是自我求知、做事和发展的能力。主要表现在：能以快捷、简便、有效的方式获取准确知识、信息，并将其转化为自身能力；能熟练使用学习工具；善于把新知识融入已有知识，从而改变已有知识的结构；会运用科学的学习方法独立地获取信息、加工和利用信息、分析和解决实际问题。

（二）知识要求

电动列车司机必须充分掌握与列车、行车设备和信号系统等各方面相关的基础知识，只有这样才能更好地驾驭列车，实现高标准的操作。

1. 基础知识

（1）安全基础知识　安全基础知识包括消防安全知识、用电安全知识、交通安全知识、行车安全知识、机械结构安全知识、车辆系统安全知识、公共安全防范知识和突发事件应急处置知识等。

（2）相关法律法规知识　了解《中华人民共和国劳动法》《中华人民共和国安全生产法》《中华人民共和国特种设备安全法》《中华人民共和国突发事件应对法》《国家城市轨道交通运营突发事件应急预案》《城市轨道交通安全运营管理办法》等法律法规中的相关知识。

（3）电工电子　要求掌握电路的基本概念、基本定律和分析方法，三相电路，三相交流电源与负载的连接，晶体管及基本放大电路，半导体基础知识，安全用电常识等。

（4）机械基础　要求掌握机械制图识图、公差的概念、常见机械结构、机构的原理、机械传动原理及常见部件、材料基础等。

（5）常用工具和灭火器　要求掌握万用表的使用，各类机械钳工和电工工具（钳、锤、扳手等）的使用，常见量具的使用，泡沫、气体、干粉灭火器的使用方法和注意事项，消防相关知识，学会扑灭初起火灾的方法。

2. 专业知识

（1）车辆构造　包括车辆基本组成、列车编组、车体结构、车门系统、车钩缓冲装置、转向架、制动系统、车辆主要电气设备、车辆主电路和气路原理等相关知识。

司机必须掌握车辆的基本构造和性能，对车辆有一个较完整的了解。只有在掌握和了解车辆各系统性能和作用的基础上，才能使自己具备处理故障的能力。而能否在规定时间内及时、准确地排除故障，实际上已经成为司机技术业务的标志之一。

（2）通信信号系统　通信信号系统与列车驾驶息息相关，要求司机必须掌握：信号机的种类和显示，基础信号设备（转辙机、轨道电路、应答器、计轴器等）及其工作原理，ATC、ATO、ATP、ATS基本作用和工作原理，各种闭塞形式、工作原理及相关技术，CBTC系统相关知识。

（3）行车组织　行车组织是关于列车运行组织的知识，要求司机必须掌握：轨道线路的相关基础知识（如轨道组成、道岔、线路特点等），各线路标识、信号标识的作用，手信号的显示方式和显示意义，相关行车凭证与行车命令，列车运行图和轮乘表、列车开行车次的规定，段、场、正线的线路布局、股道特点、线网密度及规模基础知识，车站站位及客流换乘线基础知识，各级应急预案知识。

（4）供电、轨道线路和屏蔽门知识　司机应掌握牵引供电系统组成、轨道线路组成及各部分功能、车站类型与构造、屏蔽门类型及操作等相关知识。

3. 规章制度

（1）列车操作规程　《列车操作规程》是城市轨道交通车辆各有关工种和车辆技术管理人员、乘务管理人员及电动列车司机在工作中或作业中的工作标准，对司机出退勤、列车检查作业、出入库作业、列车操纵和运行、特殊情况下的处理与操纵等进行了规定。一般各地铁线路根据电动列车技术特点、信号系统、线路设备、站场设施和环境条件特点等制定各自的规程。

（2）技术管理规程 《技术管理规程》类似地铁公司技术管理的纲领性文件，规定了地铁公司各部门、各单位、各专业在从事运营生产时，必须遵循的基本原则、基本要求、责任范围、工作模式和相互关系等。地铁运营具有高度集中、统一指挥、紧密联系和协同动作的特点，在《技术管理规程》的指导和规范下，能规范运营管理活动，提升技术管理水平，确保轨道交通路网运营安全、正点和优质服务。

（3）行车组织规定 《行车组织规定》是各地铁线路针对信号系统设备及运营模式的特点而制定的，规定了行车人员在行车组织工作中必须遵循的基本原则、工作模式、作业程序和相互关系等。

（4）运营事故应急处置方案 《运营事故应急处置方案》制定的目的是及时、正确处理地铁运营事故，使事故处理工作科学、规范、有据可依。

本书在车辆构造、行车组织等前导课程的基础上，从城市轨道交通电动列车司机的工作流程出发，以企业对司机的素质要求、技能模块和业务内容作为基础，结合各地铁公司《电动列车司机作业规程》《行车组织规定》的实际内容，以项目化教学为出发点，从交接班、整备作业、段/场作业、正线运行、折返作业、非正常情况下的运行等方面设计任务模块，完成对电动列车司机的培养。

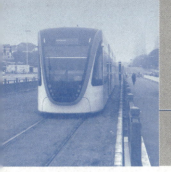

项目一

列车操作认知

任务一 车辆认知

电动列车是司机工作的操纵对象,只有在充分了解其结构、特性、原理和安全知识的基础上,司机才能游刃有余地完成驾驶、维护和故障处理等作业。

此项任务的目的是使学生在回顾城市轨道交通电动列车的核心系统及设备功能、原理的基础上,更好地进行后续任务的学习和训练。

知识目标

1. 掌握城市轨道交通车辆的车型及结构。
2. 掌握电动列车主要系统和设备的作用、结构和原理。
3. 掌握电动列车司机工作安全要素。

能力目标

1. 能够指认电动列车的组成部件。
2. 能判断列车的编组形式。
3. 培养语言表达能力。

素质和德育目标

1. 培养安全意识。
2. 遵守法律,遵规守纪。

任务设备准备

车辆各系统模型或车辆教学软件。

车辆是城市轨道交通设备的核心,是确保地铁安全、高效运营的关键。根据《中国交

通报》发布的数据，截至 2021 年末，全国范围内城市轨道交通配属车辆 5.73 万辆，较 2020 年增长 15.9%。而随着经济社会发展和人民获得感、满意度的明显提升，开发数字创新、绿色环保、安全智能的自主化城市车辆及列车控制系统是"十四五"期间城市轨道交通行业的重要建设目标。

一、车辆机械结构

（一）城轨列车的几种主要车型

车型是指城市轨道交通所用车辆的型号。

一般而言，世界各地城轨列车车型没有统一的标准，在我国，城轨列车车型往往被分为 A、B、C 及 L 型，这四种车型的主要区分原则是车体宽度和驱动电机。

1. A 型地铁列车

A 型地铁列车是国际上应用最多的城市轨道交通列车车型之一，如图 1-1 所示。A 型地铁列车的车体宽度为 3m，长度约为 22～24m，车高为 3.8m，转向架的轮对轴距为 2.5m，转向架定距为 15.7m，每节车厢的定员载客量约为 310 人，车厢一侧设置有 5 扇客室门。早期的 A 型地铁列车采用的是直流牵引电机，使用直流斩波的调速模式，近代的 A 型地铁列车已经全部采用了交流感应式牵引电机，使用变压变频（VVVF）的调速模式。

我国 A 型地铁列车的供电均采用直流 1500V 的供电制式，车速有 80km/h、100km/h 和 120km/h。上海地铁多条线路使用 A 型地铁列车，南京地铁、深圳地铁和广州地铁也都使用 A 型地铁列车。

2. B 型地铁列车

B 型地铁列车是国际上应用较多的城市轨道交通列车车型，如图 1-2 所示。B 型地铁列车的车体宽度为 2.8m，长度约为 19～22m，高度为 3.8m，每节车厢的定员载客量约为 250 人，车厢一侧设置有 4 扇客室门。与 A 型车相同，近代的 B 型车已经全部采用了交流感应式牵引电机，使用变压变频（VVVF）的调速模式。我国六节编组的 B 型车多采用直流 750V 的接触轨供电制式，北京地铁 6 号线采用八节编组的 B 型车，使用直流 1500V 接触网的供电制式。北京地铁大部分线路使用 B 型地铁列车。

图 1-1　A 型地铁列车

图 1-2　B 型地铁列车

3. C型地铁列车

C型地铁列车适用于中小运量的城市轨道交通系统，一般用来作为轻轨线路列车，如图1-3所示。车体宽度为2.6m，长度为19m，转向架的轮对轴距为1.8~1.9m，转向架定距为11m，每节车厢的定员载客量约为220人。C型车辆为非标准推荐车型，我国用量较少。上海地铁5、6、8号线采用C型地铁列车。

4. L型地铁列车

L型地铁列车为直线电机驱动，适用于轮轨导向的中运量城市轨道交通系统，适应隧道开挖断面小、线路坡度大的特点，不同线路运营速度等级有90km/h、100km/h。采用L型地铁列车的线路有广州地铁4、5、6号线（LB2型，车体宽度为2.8m，长度为16m）和北京地铁机场线（LA型，车体宽度为3.2m），如图1-4所示。

图1-3 C型地铁列车

图1-4 北京地铁机场线L型列车

（二）车辆设备

1. 转向架

转向架是轨道交通车辆中最为重要的部件之一，其主要作用有：支承车体，承受并传递从车体至轮轨或轮轨至车体之间的各种载荷及作用力；缓和车辆与线路之间的相互作用，减小振动和冲击，提高车辆运行平稳性；保证车辆运行安全，灵活地沿线路运行，顺利通过曲线；将车轮沿着钢轨的滚动转化为车体沿线路的平动；便于安装牵引电机及传动装置，提供驱动车辆的动力；产生必要的制动力，使车辆在规定的距离内减速或停车。

城市轨道交通列车的转向架分为动车转向架和拖车转向架两种，均为无摇枕结构。两者的主要区别是：动车转向架有牵引传动装置（牵引电机、齿轮传动装置、联轴器），动车转向架设有牵引电机吊座、齿轮箱吊座等，如图1-5所示；拖车转向架没有牵引传动装置，其他结构基本相同，如图1-6所示。

2. 车钩缓冲装置

车钩缓冲装置是列车最基本的也是最重要的部件之一，用于连接列车各个车厢的机械、风路和电路，从而使车辆形成一个整体。车钩缓冲装置能够为车辆传递牵引力和制动力，缓和列车在运行中或调车时所产生的纵向冲击力，并且具有一定的转动功能，能够使车辆顺利通过曲线。

现代城市轨道交通列车全部采用了密接式车钩，根据其连挂方式的不同分为全自动车钩、半自动车钩和半永久棒式车钩。

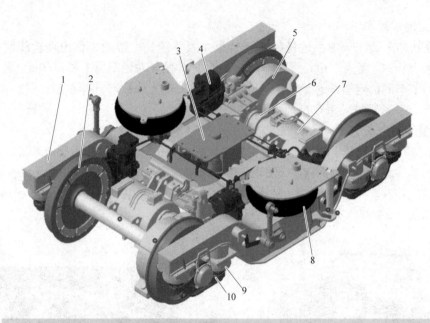

图 1-5 动车转向架
1—转向架构架 2—轮对 3—牵引装置 4—基础制动装置 5—齿轮减速器 6—齿式万向节
7—牵引电机 8—二系悬挂装置 9—一系悬挂装置 10—轴箱装置

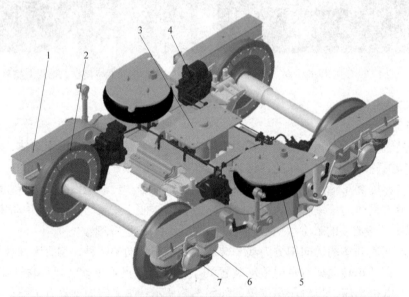

图 1-6 拖车转向架
1—转向架构架 2—轮对 3—牵引装置 4—基础制动装置 5—二系悬挂装置
6—一系悬挂装置 7—轴箱装置

（1）全自动车钩 全自动车钩一般安装在列车的头尾端，其钩头除了设置有自动连接机构外，还设置了电气插接器、自密封的气管、缓冲器和对中机构，如图 1-7 所示。在进行列车的调车和救援时，与另外的牵引车或救援列车实现机械、气路和电路的快速自动连接。

项目一 列车操作认知

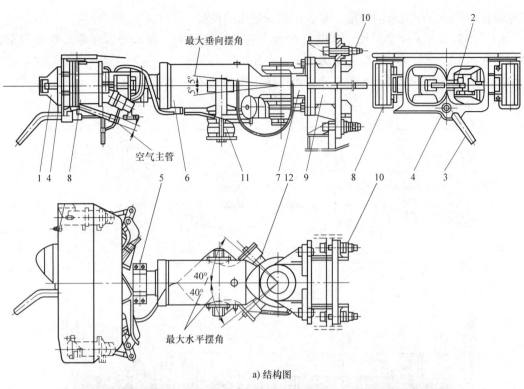

图 1-7 全自动车钩
1—钩头凸锥 2—钩锁连接杆 3—导向杆 4—主风管连接器 5—对开连接套筒 6—环弹簧缓冲器
7—支承座 8—电气插接器 9—钩尾冲击座 10—过载保护连接套筒 11—垂向支承 12—对中装置

当两个全自动车钩连接后,电气插接器自动对接并使所有电气接点可靠接触,救援车辆可以把被救援列车的通信、广播、部分运行控制部分功能接续过来,实现救援车辆的运行和控制;气路自动连接后,救援列车可以对被救援列车的停放制动器实施缓解,完成空气制动的全部操作功能;当两列列车发生迎面碰撞时,全自动车钩可以实现第一级吸能缓冲,通过固定螺栓的剪断或压溃管的变形,吸收一部分撞击的动能。

(2) 半自动车钩 半自动车钩既可安装在列车的头尾端,也可安装在多个单元列车的中间车端部,以便于列车按单元解编维护之用,如图1-8所示。与全自动车钩不同的是,半自动车钩不带有电路连接装置,只能实现机械结构和气路的自动连接。

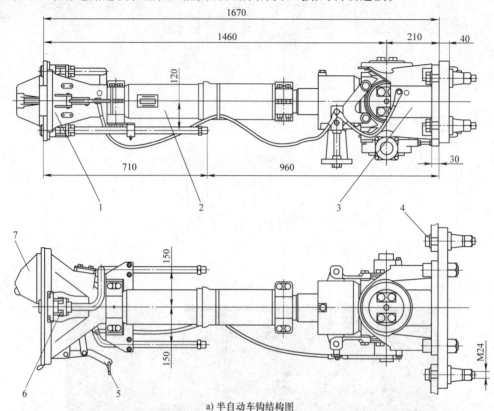

a) 半自动车钩结构图

b) 列车头尾端的半自动车钩

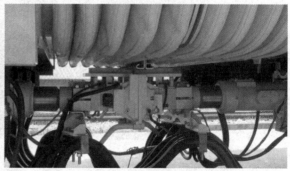

c) 中间车端部的半自动车钩

图1-8 半自动车钩
1—连挂系统 2—压溃装置 3—紧凑式缓冲装置 4—过载保护 5—解钩手柄 6—总风管连接器 7—钩头凸锥

我国城市轨道交通列车的头尾端多采用半自动车钩,以保证列车与列车之间的自动连接和手动分解。车钩可以在连挂时完成车组之间机械和气路的连接,并在利用解钩手柄分解车钩的同时,自动断开气路的连接。

（3）半永久棒式车钩　半永久棒式车钩安装在单元列车的各个车辆之间，除了架修和大修，一般不宜解编。如图 1-9b 所示，两辆车之间的半永久棒式车钩的钩杆，由专用的连接环通过四个专用螺栓联接，可以保证连接环节完全消除纵向间隙，连接和分解时需要人工操作，车辆解编相对困难。

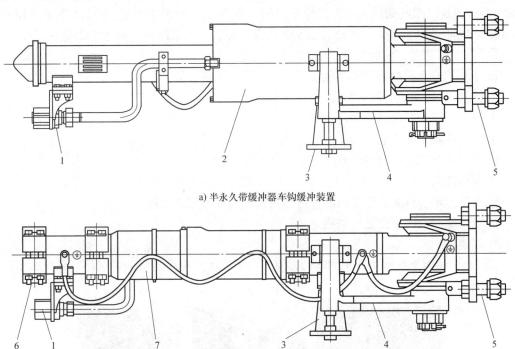

a) 半永久带缓冲器车钩缓冲装置

b) 半永久带压溃管车钩缓冲装置

c) 实物图

图 1-9　半永久棒式车钩
1—直通式风管连接器　2—缓冲系统　3—橡胶支承　4—安装吊挂系统
5—安装螺栓　6—连接环　7—压溃管

半永久棒式车钩不带有气路连接装置和电路连接装置,气路和电路信号通过两车辆之间的连接箱,通过渡管和渡线缆人工连接。

3. 电动车门

现代城市轨道交通车辆的客室车门驱动基本已全部采用电机驱动机构(北京地铁1号线DKZ4型车还是采用风动门),车门的开和闭、各种状态检测都是通过门控单元(EDCU,Electronic Door Control Unit)来进行控制和信息上传。车门系统具备的基本功能有:

① 开/关门功能,包括车门开、关状态显示。
② 未关闭好车门的再开闭功能,已关好的车门不再打开。
③ 防夹人/物功能(障碍物探测重开门功能)。
④ 开关车门的二次缓冲功能。
⑤ 车门故障切除功能。
⑥ 车门内/外紧急解锁功能。
⑦ 车门旁路功能。
⑧ 故障指示、诊断和记录功能并可通过读出器读出记录数据。
⑨ 自诊断和诊断信息上传功能。
⑩ 零速保护。

我国各个城市地铁所用列车的电动客室车门形式大致有内藏嵌入式车门、外挂式车门和塞拉式车门三种,如图1-10所示。

a) 内藏嵌入式车门　　b) 外挂式车门　　c) 塞拉式车门

图1-10　电动车门的形式

内藏嵌入式车门简称为内藏门,开关门时,门叶在车体侧墙的外墙板和内饰板之间的夹层中进行直线移动,可靠性较高且结构简单,维修工作量和维修时间较少。

外挂式车门传动机构的工作原理与内藏嵌入式车门完全相同,两者的主要区别在于,外挂式车门的门叶始终位于车体侧墙的外侧。

塞拉式车门在关闭状态下,门叶外表面与车体外墙呈一平面,车门打开时,门叶紧靠在侧墙外侧移动。塞拉式车门的密封性好,但部件数量多,且传动机构的运动较复杂,可靠性较差,维修量较多。

4. 制动系统

制动系统决定着列车的制动能力,与列车的运行安全直接相关。

(1) 制动方式　目前城市轨道交通列车都采用电空混合制动的方式,即电制动和空气制动结合使用,这样既能保证能源的循环再利用,也保证了对车辆尤其是轮对和单元制动装置的低损耗。

电制动也称为动力制动，制动时，牵引电机的转子和定子关系发生变化，使电动机转化为发电机，将列车的动能转化为电能。根据电能的流向，电制动有再生制动和电阻制动两种类型。

空气制动是一种摩擦制动，通过摩擦副的摩擦将列车的动能转变为热能，消散于大气中，从而产生制动作用。其主要形式有闸瓦制动（又称为踏面制动，图1-11）和盘形制动（图1-12），由于推动闸瓦和盘形夹钳的推力是压缩空气，所以称为"空气制动"。

图1-11 闸瓦制动

a) 轴盘式　　　　　　　　　　　　　　b) 轮盘式

图1-12 盘形制动

此外还有一种制动方式叫作轨道电磁制动，也称为磁轨制动，是通过将车辆转向架上的磁铁（电磁铁或永久磁铁）吸附在轨道上并使车辆在轨道上滑行产生的制动（图1-13），它也是一种摩擦制动。

轨道电磁制动的电磁铁与钢轨间的摩擦远远大于滚动摩擦表面，因此，其摩擦力是滚动摩擦力的数倍，其制动效率也远大于闸瓦和盘形制动。轨道电磁制动的不足之处是，其制动力的产生和消失都很突然，这种制动和缓解作用的突发性使其更适合作为辅助性紧急制动装置。

列车制动方式的选择是自动的，优先次序是先电制动，再空气制动；电制动优先次序是先再生制动，再电阻制动。

（2）制动形式　根据列车在实际运行时需要实施制动的情形（即制动承担的功能），分为常用制动、快速制动、紧急制动、保持制动和停放制动五种制动形式。

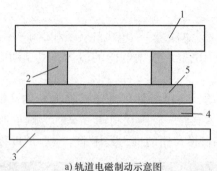

图 1-13　轨道电磁制动
1—转向架构架侧梁　2—升降风缸　3—轨道　4—磨耗板　5—电磁铁

1）常用制动指经常使用的，用以调节列车运行速度或使列车在预定地点停止的制动方式，用以区别遇到危急情况下的快速制动方式，其平均制动减速度不小于 1.0m/s^2。常用制动一般为电空混合制动，可以通过下列系统施加：司机控制手柄、自动速度控制系统、ATP（列车自动保护）系统等。

2）快速制动是为了使列车尽快停车而实施的制动，其制动力高于常用制动。上海和广州等城市的地铁列车设有快速制动手柄，而北京地铁使用的列车没有该制动形式。快速制动的制动过程可以施行缓解。

3）紧急制动指在行驶过程中或是在遇到紧急情况时，在最短距离（即最短时间）内将车停下的制动方式，它的制动力最大，紧急制动减速度一般不小于 1.2m/s^2。紧急制动采用空气制动完成，可以通过下列系统施加：司机控制器置于紧急位、紧急制动按钮按下、ATP系统触发、司机控制器警惕开关松开超过 5s、总风缸压力不足、列车解编时等；紧急制动一旦触发，在列车停车前不可缓解。

4）保持制动是只要列车处于静止状态，就会自动施加的制动，它能用于列车停车时防溜并可使列车在 30‰ 斜坡上开车和停车时不溜车。列车在静止状态保持制动，以约 55% 的最大常用制动力施加，当检测到列车速度大于 3km/h 或牵引转矩大于制动力时，其自动缓解。

5）停放制动是当列车长时间停放时施加的制动。当车辆长时间停放在线路上时，往往因受风力或其他某种外力的作用，发生溜车现象，为此，轨道交通车辆都必须安装具有防止溜车功能的停放制动装置，它是纯气动控制的制动，用综合压缩弹簧施加。停放制动可通过

项目一　列车操作认知

驾驶室内的相应开关来施加，或者当总风缸压力小于一定值时自动施加；当总风缸压力恢复时，停放制动能自动缓解。

（3）制动系统的组成　制动系统一般包括制动控制系统、风源系统、基础制动装置和空气制动防滑控制装置等。

1）制动控制系统的主要功能包括常用空气制动控制、常用电空混合制动控制、紧急制动控制、空气制动防滑控制、停放制动控制、车辆载荷信号检测及制动载荷补偿等，采用微机控制，每辆车都有本车制动计算机。

2）风源系统是向列车提供压缩空气的装置，包括空气制动所需的压缩空气。一般一列车有两套风源设备，主要有空压机、空气干燥器、风缸、压力传感器和安全阀等元件。压缩干燥的空气储存在风缸内，安全阀保护系统避免出现过高的压力，风缸的空气压力由压力表监视。

3）基础制动装置即空气制动的制动执行者，把作用在制动缸活塞上的压缩空气的推力扩大适当倍数后，平均传到各个闸瓦或盘形夹钳上，使其与车轮或制动盘产生摩擦，形成制动。

4）空气制动防滑控制装置在紧急制动和常用制动时都可以起作用。主要原理是通过防滑排风阀切断中继阀到打滑车轴制动缸的通路，对制动缸进行保压，如果滑行较大或保压后滑行持续增大，防滑阀还可排出一部分制动缸的压力空气，减小该轴上的制动力，以减小该轴上的滑动程度，使该轴恢复到黏着状态。

二、车辆电气系统

（一）牵引系统

城市轨道交通列车的牵引系统承担着驱动列车运行的任务，及在制动工况时实现电制动的任务。

为了能够获得最好的牵引和电制动性能，牵引系统分散地配置在列车的动车上，包括受流装置、逆变装置、牵引电动机、电气线路保护元件和牵引控制系统等。

目前我国的城市轨道交通列车已经全部采用交流牵引系统，牵引电动机多为交流三相笼型异步电动机。接触网采用直流电传输，通过受流装置摩擦取电，由逆变装置将直流电转换为交流电供给牵引电动机，通过减速齿轮组和轮对驱动列车运行。一辆动车的牵引电路工作原理图如图1-14所示，每辆动车上装有两台动车转向架，共四台牵引电动机，各驱动一个轮对。

再生制动时，牵引电动机变为发电机，产生的电能整流后，转变为直流电经由受流装置传回电网；若电网电压超过了限值，电能会消耗在电阻上（图1-14中的RB01和RB02）。

牵引控制系统的传动控制单元（DCU）采用直接转矩控制完成对牵引电动机的精确转矩控制。司机在驾驶室操作司机控制手柄对列车进行牵引、制动和惰性，随着牵引力或制动力大小的给出，DCU根据牵引力或制动力大小、检测到的网压值（来自电压传感器，图1-14中为VH1）以及本车和本单元拖车车辆载荷等信息［该信息由电子制动控制单元（EBCU）通过列车监控系统传递给DCU］发出触发脉冲，控制牵引逆变器根据牵引或电制动特性输出一定频率和电压的三相交流电给牵引电动机，产生列车的轮周牵引力或电制动力。DCU在控制逆变器的同时，对列车进行防空转及防滑控制。

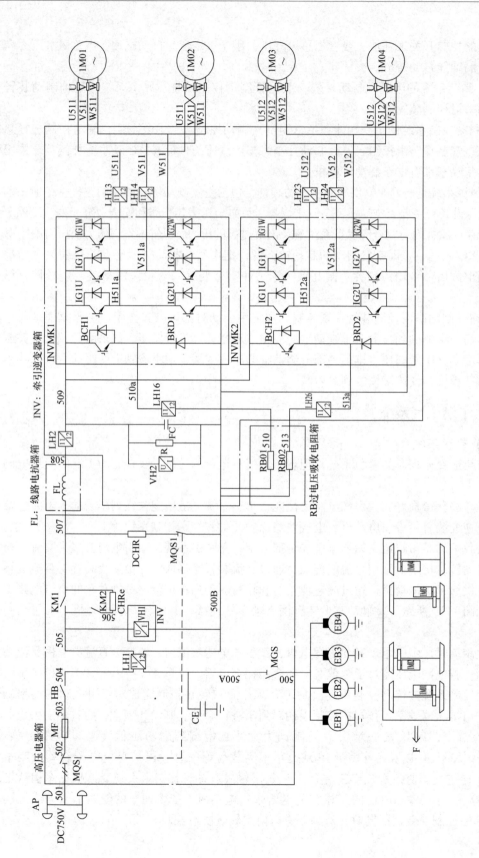

图 1-14 一辆动车的牵引电路工作原理图

（二）逆变装置

逆变装置是一种将直流电（DC）转化为交流电（AC）的设备，装设在车体下部。接触轨或架空接触网提供 DC 750V 或 DC 1500V 的电流，而现代调频调压车的牵引电动机和列车上一些辅助设备都需要交流电能，因此列车上需配置逆变装置。

根据逆变器提供交流电的对象不同，分为牵引逆变器和辅助逆变器。

牵引逆变器也称为 VVVF 逆变器，作为整个交传系统的重要组成部分，它的基本功能是：把从直流电源获得的直流电压变换成频率和幅值都可调的三相交流电，并给牵引电动机供电。当前牵引逆变器中开关器件以 IGBT（绝缘栅双极型晶体管）为主。

如图 1-14 所示，主电路由两个逆变器单元（INVMK1、INVMK2）组成，每个逆变器单元集成三相逆变器的三相桥臂及斩波相桥臂，驱动两台异步牵引电动机。两个逆变器单元集成在一个牵引逆变器箱中，驱动四台牵引电动机。逆变器控制装置即 DCU，采用"异步电动机直接转矩控制""黏着控制"软件和"交流传动模块化设计"硬件，主要完成对 IGBT 逆变器及交流异步牵引电动机的实时控制、黏着控制和制动斩波控制，同时具备完整的牵引变流系统故障保护功能、模块级的故障自诊断功能和一定程度的故障自复位功能以及部分车辆级控制功能。三相逆变电路由六个带无功反馈的二极管 IGBT 组成，电路工作时六个开关管顺序导通，得到需要的电压波形。为了能够驱动逆变器，需要由 DCU 发出控制脉冲，脉冲由通过安装在功率模块上的驱动电路使逆变器工作。

图 1-15 所示为一个牵引逆变单元（包含 DCU）。

图 1-15 牵引逆变单元

辅助逆变器能将直流电压（DC 750V 或 DC 1500V）逆变成三相交流电压（AC 380V）或单相 220V（频率 50Hz），为空调、空压机、电热供暖和照明等提供稳定的电压，另设 DC 110V/DC 24V 逆变电源。此外，辅助逆变器通过整流装置给蓄电池充电（DC 110V）。

（三）辅助电源系统

辅助电源系统包含的设备有辅助高压箱、辅助电源［逆变器与充电机箱和变压器箱，包含辅助逆变器（SIV）、蓄电池充电器（BCG）和 DC 24V 电源电路]、扩展供电箱和搭铁开关箱，其输出能力满足六辆编组列车各种负载工况的用电要求。

电网电压（DC 750V 或 DC 1500V）经过列车辅助高压箱后，作为 SIV 的输入电压。输入电压经过直流滤波电抗器、预充电电路和充电电路给滤波电容器充电，经过滤波的输入电压送入 IGBT 逆变器；控制单元输出 PWM（脉冲宽度调制）脉冲控制逆变器产生交流 PWM 电压；该输出电压经由三相电抗器、交流滤波电容器组成的低通 LC 滤波器滤波后，得到低谐波含量的正弦波电压；经过隔离变压器进行电气隔离和变压后，得到三相四线制的 AC 380V/50Hz 电压。

BCG 电路为蓄电池及 DC 110V 负载提供电源。逆变器电路产生的三相 AC 380V/50Hz 电压经三相电抗器、预充电电路、三相整流桥形成较稳定的直流中间电压，经 BCG 模块上的滤波电容器滤波后送给 BCG 的半桥逆变电路；控制单元控制半桥逆变电路产生高频 PWM 电压，经高频变压器变换、输出整流桥后，得到 DC 110V 输出电压。

DC 24V 电源模块将 DC 110V 电源经过高频 DC-DC 变换器变换为 DC 24V 的输出电压，给车辆仪表、前照灯和报警等负载供电。

辅助电源系统独立于列车牵引系统，只要 SIV 检测到 DC 750V 或 DC 1500V 高压供电，它就开始工作，向外提供三相 380V/220Vrms（有效值）/50Hz 电源及 DC 110V 与 DC 24V 电源，它不受牵引/制动指令的控制。SIV 具备 MVB 接口，通过 MVB 总线与 CCU（Communication Control Unit，通信控制单元）或 VCU（Vehicle Control Unit，车辆控制单元）交换信息，并可以通过总线进行控制。

图 1-16 所示为 SIV 主电路。

（四）TCMS

TCMS（Train Control and Management System，列车控制与管理系统）是一种能控制列车的牵引与制动、母线断路器、受供电装置、空调装置和 PIDS（乘客信息显示系统）等，能监控各种车载设备的状态、显示故障发生时的引导、记录累计行驶里程等各种信息的系统。列车诊断系统采用分布式总线控制方式，各总线系统符合 IEC 61375—1 列车通信网络国际标准和 TB/T 3035—2002 列车通信网络。

列车总线系统由具有冗余结构的列车级总线和车辆级总线组成，它们对有关的关键区域提供部分冗余，即在总线中单点故障不会导致列车正常运行停止。列车控制级上的列车级总线通过本地控制单元或网关与本地车辆级总线相连。其中车辆级总线通过本地控制单元或网关连接中央控制单元，传递列车数据，实现数据交换；车辆级总线通过总线插接器或 I/O 接口与各子系统连接，传递控制数据和信息数据等，控制各子系统完成相应的功能。

列车和车辆控制分为列车控制级、车辆控制级与子系统控制级三级（包括牵引/制动控制、空气制动、辅助电源、车门控制、乘客信息系统、空调供暖系统等），各控制级均具有冗余结构。制动系统采用 MVB（ESD+）方式通信，辅助供电系统和牵引控制系统采用 RS485（HDLC）方式通信，其他子系统采用 RS485（UART）方式通信。TCMS（列车控制和管理系统）的结构如图 1-17 所示。

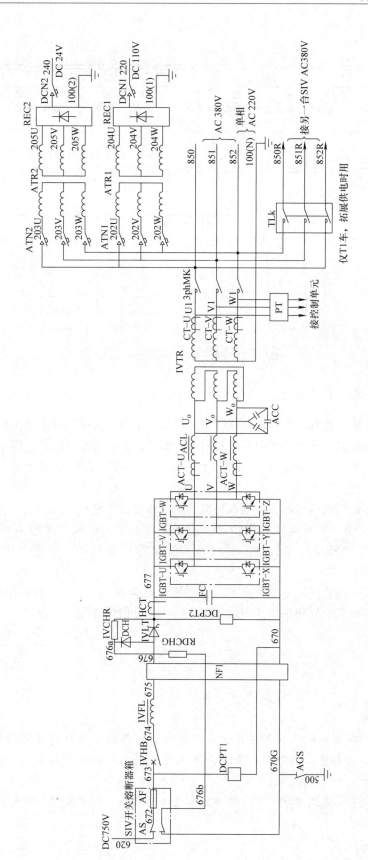

图 1-16 SIV 主电路

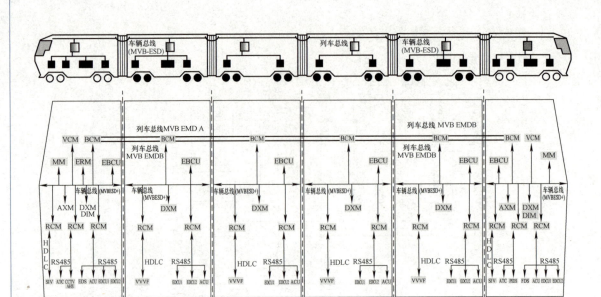

图 1-17　TCMS 系统的结构

三、电动列车安全操作规定

电动列车司机必须认真学习安全规章守则，经考试合格后，方准担任乘务工作。司机应熟练掌握电动列车的构造、作用和性能及应急故障处理知识，熟悉地铁线路、信号和站场设施。在经考试合格并取得"电动列车司机驾驶证"后，方准独立驾驶电动列车。工作时要严守工作岗位，不得擅离职守。

副司机、学习司机驾驶列车时，必须在司机的指导和监督下进行。

长期脱离本职工作，在重返工作岗位时，应花一定的学习时间去熟悉电动列车的性能、地铁线路、信号和其他行车设施，并经有关安全考试合格后，方能继续担任乘务工作。

车组安全员应经常检查列车上的工具备品，不符合安全技术要求的应及时修整或更换，保持齐全完好。电动列车上的防护用品应放在规定的处所并取用方便。

任务二　驾驶室设备认知

电动列车司机的主要操纵作业是在驾驶室内进行的，要求必须对驾驶室的布局结构、设备、按钮和开关非常熟悉，能做到伸手便立即准确无误地到达操作对象的位置，正确、高效地操作。

通过此项任务，学生应能够牢固掌握驾驶室各设备的位置、所有按钮和开关的功能及常规状态。

项目一　列车操作认知

 **知识目标**

1. 掌握驾驶室的结构。
2. 掌握驾驶室各按钮和开关的功能及常规状态。
3. 掌握信号显示屏上主要图标的含义。

能力目标

1. 能说出驾驶室的主要结构布局。
2. 能正确使用驾驶室的按钮和开关。
3. 能说明信号显示屏各图标的表达含义。

素质和德育目标

1. 培养观察能力。
2. 培养记忆能力。
3. 树立知行合一的意识。

 **任务设备准备**

列车驾驶模拟器。

 **相关理论**

一、驾驶室的结构

列车在每个 Tc 车前端设有一个驾驶室，驾驶室内设有操纵台等设备。驾驶室与客室之间的间壁上安装有向驾驶室打开的门。驾驶室两侧设有驾驶室侧门，门上有车窗。

驾驶室前方安装有前照灯（DC 24V，氙气灯泡）和防护灯（红色 LED，功率不大于 15W）。驾驶室前风窗玻璃采用高强度、高抗冲击性、带电热夹层的安全玻璃，前风窗玻璃附带电动刮水器和遮阳帘。北京地铁昌平线列车的驾驶室主要设备布局如图 1-18 所示。

除了图 1-18 中标出的几个主要驾驶室设备外，驾驶室内还有司机座椅、电热取暖设备、空调、左/右侧屏、车载无线电及驾驶室线槽系统等，驾驶室外有刮水器、电笛、终点站显示器和无线电台天线等。这些设备与客室内电气设备及车下电气设备共同完成车辆的牵引、制动、开关门、空调、照明、广播、紧急对讲、视频监视及列车自动控制、列车监控、车辆通信、车辆与地面通信等功能。成都地铁 1 号线列车的驾驶室设备如图 1-19 所示。

以上两种车型均为 B 型列车，若线路运行有地下区段，则在驾驶室前方的左侧设置紧急疏散。A 型列车一般布置有两个操纵台，右侧为主操纵台，左侧是辅助操纵台，主操纵台和辅助操纵台中间是紧急疏散。北京地铁 14 号线采用 A 型车，其驾驶室设备布置如图 1-20 所示。

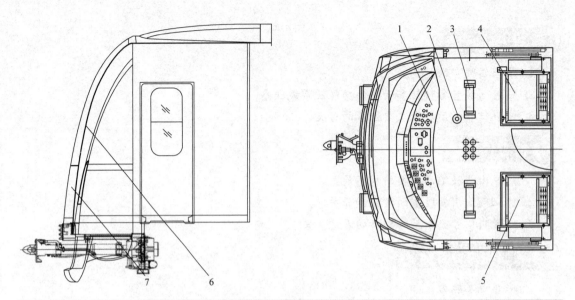

图1-18 北京地铁昌平线列车的驾驶室主要设备布局
1—操纵台 2—摄像头 3—驾驶室灯 4—继电器柜 5—信号柜 6—电热玻璃 7—前照灯

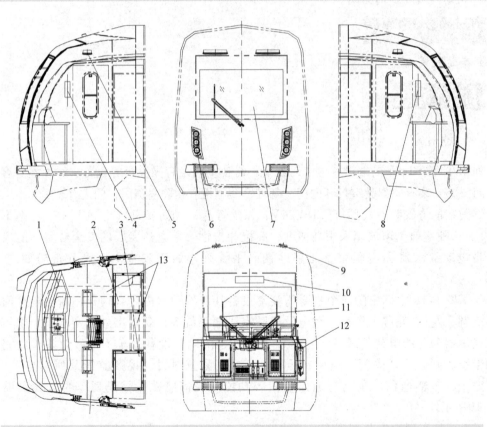

图1-19 成都地铁1号线列车的驾驶室设备
1—操纵台 2—继电器柜 3—信号柜 4—右侧屏 5—驾驶室灯 6—前照灯 7—电热玻璃 8—左侧屏
9—无线电台天线 10—终点站显示器 11—刮水器 12—刮水器水箱 13—驾驶室线槽

项目一　列车操作认知

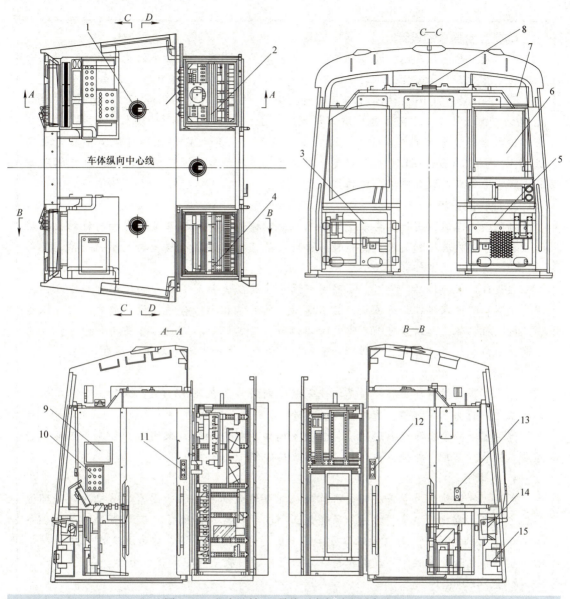

图1-20　北京地铁14号线列车驾驶室设备布置
1—驾驶室顶灯　2—继电器柜　3—辅助操纵台　4—综合柜　5—主操纵台　6—遮阳帘　7—终点站显示器
8—广播监听扬声器　9—CCTV显示屏　10—右侧屏　11—右开关门按钮板　12—左开关门按钮板
13—左侧屏　14—刮水器　15—前照灯及尾灯

 小贴士

驾驶室布局中的人机工程学

　　列车驾驶室是司机的作业场所,在驾驶室的设计中应用人机工程学,目的是使所设计的列车驾驶室不仅能满足司机的作业要求,而且能使司机操作方便、舒适和安全,减少体力疲劳和精神负担。

1. 操纵台面板的设计

列车操纵台是列车运行的人机界面，是列车乃至列车设备系统的集中反映，操纵台上器件设置是否科学合理，对司机能否全面准确地完成驾驶职能有很大影响。

GB/T 6769—2016《机车司机室布置规则》中 7.2 规定：正常运行时使用的操纵装置均应靠近司机，尽可能集中在司机操纵台上。UIC 617—6 中 OR7.3.2 规定：所有正常运行期间受监视的控制设备，应在司机清晰的视野之内，且尽可能集中在司机操纵台上。GB/T 6769—2016 中 3 规定：司机驾驶室的所有装置可由单人操作（即驾驶室的布置应做到所有装置可单人操作）。

2. 座椅的设计

在驾驶列车时，司机主要采用坐姿工作，座椅的设计与布置直接影响司机的乘坐舒适性和驾驶室内其他相关设施的布置。合理安置座椅，改善人与座椅之间的关系，能创造一个舒适安全的工作环境。

在设计司机座椅时，要求：①高度可调，范围应该满足不同身高使用者的要求，使用者的脚和腿能保持在舒适位置；②有靠背，靠背应该大小合适，设计成弯曲形，以适合人的腰椎形体，其斜度可根据需要加以调节，使其能分担部分体重及工作受力；③椅面的质地应柔软并具有一定的弹性和透气性，以缓冲局部压力，提高舒适度。

3. 降噪

列车噪声的控制和减弱一般是指使驾驶室内的声强在 80dB（A）的状态下，司机能持续工作，听力不受损伤，能接受音响信号。

驾驶室的降噪措施可以通过改善驾驶室墙体的材料和结构来实现，如采用阻尼材料层覆盖侧墙、车顶，敷设吸声材料，使用双层玻璃等。

4. 热环境

驾驶室的温热环境也是决定司机作业效能和健康的重要影响因素。司机所处的环境条件主要包括空气的温度、湿度和风速这三项物理因素。据研究，在夏季 18~24℃、冬季 17~22℃ 的条件下，司机的工作效率高、质量好，人机工程学称为温度的"快感带"。通过空调和电暖使驾驶室温度能保持在这一范围，可提高司机的工作效率。

5. 色彩和照明

好的色彩环境有助于提高工作效率，减少或避免差错，而坏的色彩环境将影响人的心理情绪和视觉功能，影响工作效率。驾驶室的色彩配置一般采用较低明度的偏冷色，使司机在视觉和心理上产生柔和安静的感觉，以愉快的情绪、饱满的精神投入工作。而照明环境应根据驾驶室的布局及窗户的方位情况来设计，既要满足工作照明，又要避免眩光。

二、操纵台

操纵台安装在 Tc 车驾驶室内，供司机驾驶列车使用。在功能上，操纵台分为列车牵引控制、制动控制、照明控制（驾驶室及客室照明）、门控制、广播控制、无线电台控制、空调控制、自动驾驶控制、前照灯控制、刮水器控置、电热控制、列车故障诊断及紧急对讲、视频监控等功能。中车青岛四方机车车辆股份有限公司设计的 SFM12 型车操纵台如图 1-21 所示。

虽然不同车型的操纵台各不相同，但所遵循的布置原则和实现的功能大致相似，下面以前面提到的北京地铁昌平线、成都地铁 1 号线和北京地铁 14 号线的驾驶操纵台为例介绍。

（一）北京地铁昌平线列车操纵台

北京地铁昌平线列车操纵台为全宽式操纵台，下部柜体采用铝合金型材焊接成形，表面喷漆；台面采用玻璃钢表面喷漆，台面玻璃钢外形轮廓以美工方案为准。显示控制功能区布置指示灯、电台主机控制盒、PIDS 控制器、列车状态显示屏、信号系统显示屏、压力表、CCTV 显示器。台面上布置辅

图 1-21　中车青岛四方机车车辆股份有限公司设计的 SFM12 型车操纵台

助系统控制、门控制、各种灯控制、司机控制器、紧急制动、ATO 发车、强迫泵风、强迫缓解等。台体前侧布置刮水器、喷淋装置、驾驶室电热玻璃、驾驶室电加热等。详细的布置如图 1-22 所示。

操纵台"信号按钮控制区"的面板布置如图 1-23 所示，"驾驶室控制区"的面板布置如图 1-24 所示。

（二）成都地铁 1 号线列车操纵台

成都地铁 1 号线列车的操纵台在结构上分为台面设备和台下箱柜两大部分。操纵台台面采用玻璃钢材料；下部柜体采用铝合金材料，分成左、中、右柜体，相互之间通过螺栓联接。整个操纵台在底部通过螺栓与车体固定。

在功能上，操纵台分为列车牵引控制、制动控制、空压机控制、受电弓控制、照明控制（驾驶室及客室照明）、门控制、无线电台控制、ATC/司机驾驶模式控制、前照灯控制、刮水器控制、电热控制、列车监控、列车广播、紧急对讲和视频监视等功能。

1. 操纵台概述

操纵台台面设有列车监控显示器、信号系统显示器、视频监视显示屏、速度表、双针压力表、无线电台控制器、司机广播控制器、司机控制器、扳键开关、转换开关、按钮及指示灯等。

操纵台左侧柜设有广播系统服务器、视频监视系统服务器和无线缓冲器等，中间柜设有驾驶室脚炉和插接器，右侧柜设有无线电语音台主机、无线电数据台主机、PWM 信号发生器、HUB（牵引系统用）及接线端子排等。

2. 操纵台台面布置

操纵台台面集中了与司机驾驶操作有关的大部分功能，如图 1-25 所示。

除操纵台台面外，台下箱柜的外侧立面上也安装了部分转换开关和按钮开关等，如图 1-26 所示。

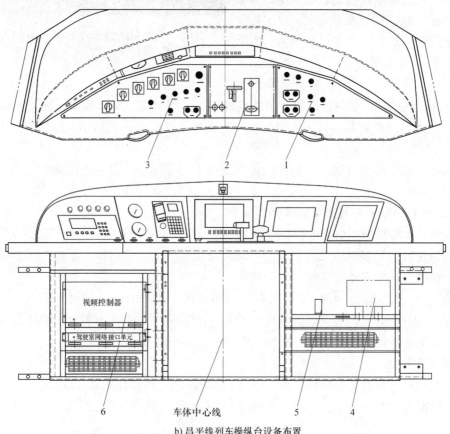

图 1-22 北京地铁昌平线列车操纵台
1—信号按钮控制区 2—司机控制器 3—驾驶室控制区 4—无线主机 5—插接器 6—PIDS 设备

3. 操纵台台下箱柜电器布置

在台下箱柜内，布置有与操纵台上开关、按钮相应的电气设备，主要包括广播系统服务器、视频监视系统服务器、无线缓冲器、驾驶室脚炉、插接器、无线电语音台主机、无线电数据台主机、PWM 信号发生器、HUB（牵引系统用）及接线端子排等，具体布置简图如图 1-27 所示。

项目一　列车操作认知

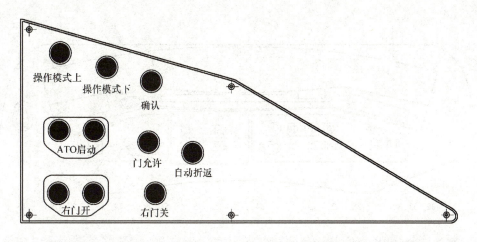

图1-23　操纵台"信号按钮控制区"的面板布置

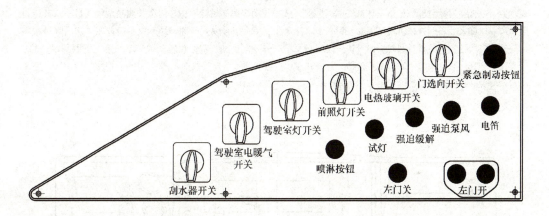

图1-24　"驾驶室控制区"的面板布置

（三）北京地铁14号线列车操纵台

1. 主操纵台

主操纵台作为司机驾驶的重要设备，完全符合UIC 651—2002标准和人机工程学的设计。操纵台面上设置有列车状态显示屏、信号显示屏、双针压力表、网压表、广播控制盒、无线电台控制盒、车辆控制相关指示灯、司机控制器和操纵台按钮板等设备；主操纵台内部设置有台体电气插接器、操纵台电热器。主操纵台的布置如图1-28所示。

1) 信号显示屏作为信号系统的输入和显示单元，可以显示列车在ATO等自动驾驶模式下的相关信息。

2) 列车状态显示屏作为列车管理系统的显示单元，可以显示列车子系统的工作状态和故障信息，并可以通过人机界面设置广播、空调和牵引系统的参数。

3) 广播控制盒作为广播系统的输入和显示单元，在半自动广播时可以通过广播控制盒进行起点站、终点站、越站、预录紧急广播的设置播放，可以显示紧急报警位置、起始站、终点站、当前站及广播状态。

31

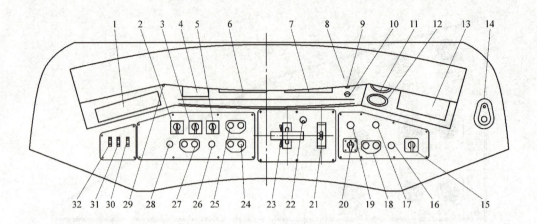

图1-25　成都地铁1号线列车操纵台面板布置

1—无线电台控制器　2—客室灯开关　3—驾驶室灯开关　4—PIDS司机控制单元　5—前照灯开关　6—TMS显示器　7—信号系统显示器　8—TCMS正常指示灯　9—制动缓解指示灯　10—门全关闭指示灯　11—双针压力表　12—速度表　13—视频监视显示屏　14—水箱注水口　15—信号模式开关　16—关右门按钮　17—降弓按钮　18—开右门按钮　19—紧急制动按钮　20—门选开关　21—方向手柄　22—钥匙开关　23—主控手柄　24—ATO发车按钮　25—折返按钮　26—鸣笛按钮　27—开左门按钮　28—关左门按钮　29—PIDS手持传声器　30—空压机启动开关　31—SIV启动开关　32—电制动开关

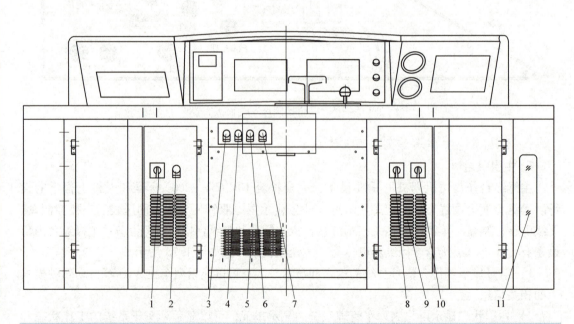

图1-26　成都地铁1号线列车操纵台柜体外部布置

1—刮水器开关　2—喷淋按钮　3—升弓按钮　4—复位按钮　5—驾驶室脚炉　6—停放制动施加/缓解按钮　7—强迫缓解按钮　8—驾驶室电暖器开关　9—驾驶室电暖器　10—驾驶室脚炉开关　11—水箱水标观测窗

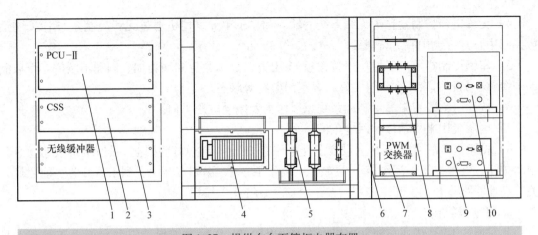

图 1-27　操纵台台下箱柜电器布置
1—广播系统服务器　2—视频监视系统服务器　3—无线缓冲器　4—驾驶室脚炉　5—插接器　6—端子排
7—PWM 信号发生器　8—HUB　9—无线电数据台主机　10—无线电语音台主机

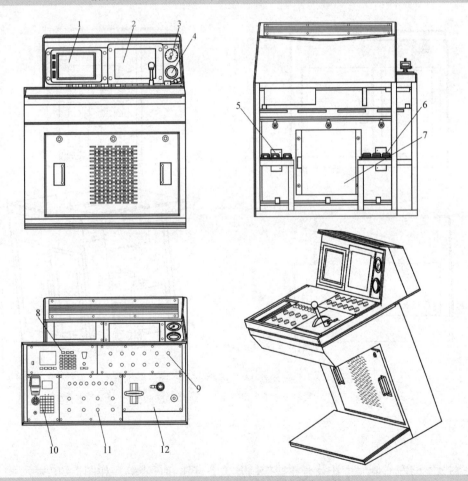

图 1-28　北京地铁 14 号线列车主操纵台的布置
1—信号显示屏　2—列车状态显示屏　3—网压表　4—双针压力表　5、6—电气插接器　7—操纵台电热器
8—无线控制盒　9、11—按钮板　10—司机控制器　12—广播控制盒

4）无线电台控制盒作为无线系统的输入和显示单元，司机通过无线控制盒与 OCC（运行控制中心）控制中心进行通话。

5）车辆控制指示灯区域位于按钮板 11 上方，显示紧急制动施加、制动不缓解、停放制动未缓解、ATP 切除、客室门关好、客室门旁路等状态。

6）双针压力表用来显示制动系统总风压力及制动缸压力值。

7）网压表用来显示接触网电压值。

8）按钮板 11、按钮板 9 上设置了受电弓升按钮、受电弓降按钮、强迫缓解按钮、紧急制动按钮、电笛按钮、刮水器水泵按钮、开闭门按钮、遮阳帘开关、刮水器开关、前照灯开关、高速断路器开关、开左客室门按钮及信号系统相关按钮。

2. 辅助操纵台

北京地铁 14 号线列车辅助操纵台图样如图 1-29 所示，辅导操纵台台面上布置有工具箱，辅导操纵台台体内部布置有刮水器水箱、无线电台主机和烟火报警主机，台体外部设有灭火器。

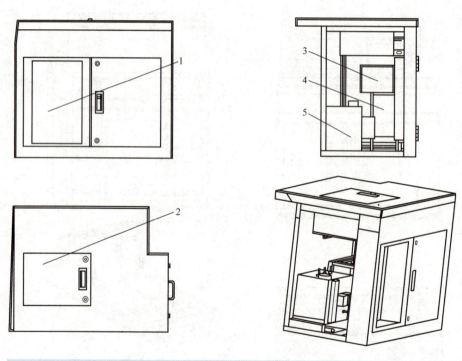

图 1-29　北京地铁 14 号线列车辅助操纵台图样
1—灭火器位置　2—工具箱　3—烟火报警主机　4—无线电台主机　5—刮水器水箱

三、左/右侧墙

在驾驶室的左右侧墙上还装有一些控制开关、按钮和仪表等，如图 1-30 所示。

对于地下线列车来说，驾驶室前方必须安装紧急疏散门，所以操纵台的宽度小于无疏散门列车的操纵台，一些开关和按钮（如客室电热、门关好指示灯）布置在墙面上，CCTV 监视屏也挂于右侧墙上。

项目一　列车操作认知

 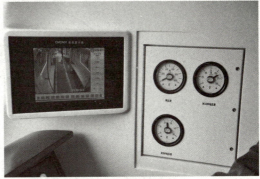

a) 驾驶室左侧墙　　　　　　　　　　　b) 驾驶室右侧墙

图1-30　左/右侧墙的开关、按钮和仪表

为了方便司机开关门作业，左右侧墙上分别有左右客室车门的开关按钮，BD24型列车的左侧屏布置如图1-31所示，右侧屏布置如图1-32所示。

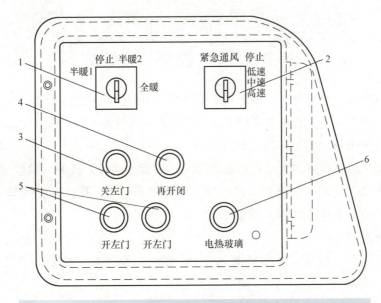

图1-31　BD24型列车的左侧屏布置
1—驾驶室电热开关　2—驾驶室通风开关　3—关左门按钮
4—再开闭按钮　5—开左门按钮　6—电热玻璃按钮

四、其他设备

（一）继电器柜

继电器柜一般设在驾驶室后部的右侧，负责TCMS、列车起/停控制、列车牵引/制动控制、列车门控制等逻辑控制及列车直流配电等功能。北京地铁昌平线列车继电器柜如图1-33所示。

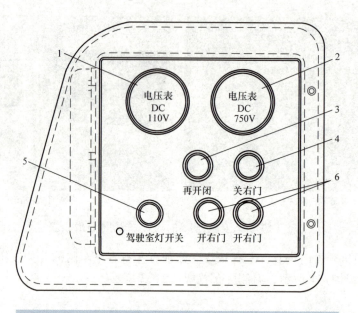

图 1-32　BD24 型列车的右侧屏布置
1—DC 110V 电压表　2—DC 750V 电压表　3—再开闭按钮
4—关右门按钮　5—驾驶室灯开关　6—开右门按钮

断路器的功能是过电流保护，开关组件的功能为强制操作及紧急操作，列车网络系统控制模块的功能为列车运行信息及主要设备状态监视和列车诊断系统，吸入式探头为烟火报警探头，端子排组件和继电器组件均为车辆所用。

断路器组件和开关组件与列车操作密切相关，如蓄电池投入开关、蓄电池断开开关等，还有各个旁路开关，它们与断路器组件一样，通常在非正常运营状态或列车故障状态下使用。断路器组件和开关组件如图 1-34 所示。

（二）信号柜

信号柜即综合柜，设在驾驶室后部的左侧。信号柜负责列车自动防护及自动驾驶等。BD24 型车信号柜设备布置如图 1-35 所示。

（三）前照灯

前照灯主要负责线路照明和信号指示。

前照灯采用整体密封式结构，包括远光灯、近光灯和防护灯。远光灯、近光灯灯泡型号均为 DC 24V、35W 的氙气灯泡；防护灯采用红色发光二极管，DC 24V 供电（功率不大于 15W）。

前照灯在功能上满足线路照明和防护灯。远光灯和近光灯采用开关控制供电方式，在操纵台上设有前照灯选择开关，可根据需要选择远光或者近光。

防护灯属于信号灯，其由列车的头尾转换自动控制。控制逻辑为：主控端激活时，列车后端的防护灯亮。前照灯的结构图如图 1-36 所示。

项目一 列车操作认知

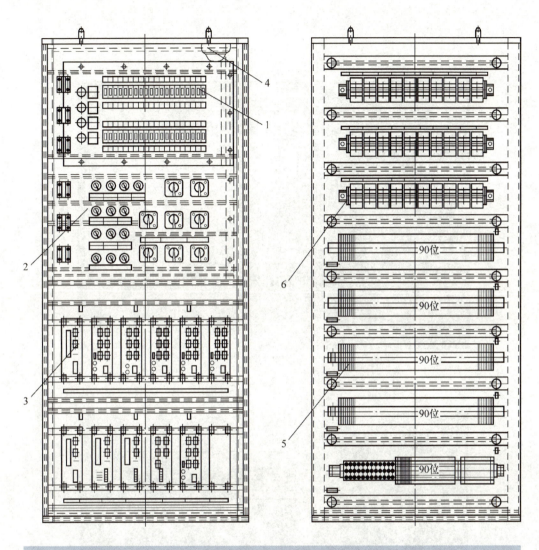

图1-33 北京地铁昌平线列车继电器柜
1—断路器组件 2—开关组件 3—列车网络系统控制模块 4—吸入式探头
5—端子排组件 6—继电器组件

五、车载信号显示屏

司机操纵列车人工驾驶或监控列车自动驾驶的过程中，应随时密切关注信号系统相关信息。车载信号系统的信息通过操纵台上的液晶显示屏呈现。各条运营线路采用不同公司的信号系统，则列车上车载信号显示屏的表现方式也不尽相同，但所展示的信息均包括列车速度信息、距离信息、运行等级及驾驶模式信息、超速报警信息等。下面以卡斯柯信号有限公司的车载信号显示屏（DMI，Driver Machine Interface）为例进行介绍。

如图1-37所示，DMI能呈现的信息主要有速度、列车位置、控制模式和信号系统运行状态等几大类。各图标的具体含义见表1-1。

37

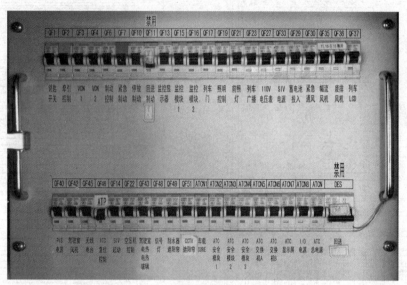

a) 断路器组件

b) 开关组件

图 1-34 断路器组件和开关组件

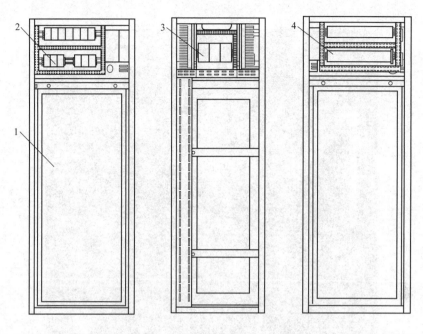

图 1-35　BD24 型车信号柜设备布置
1—车载 ATC 机柜　2—正面继电器屏　3—侧面继电器屏　4—接线屏

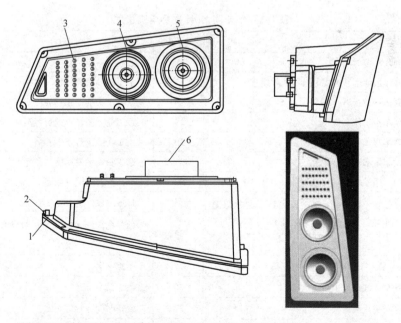

图 1-36　前照灯的结构图
1—密封垫　2—安装框　3—尾灯　4—远光灯　5—近光灯　6—滤波器

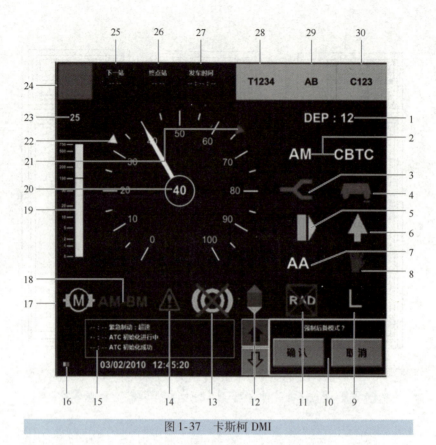

图 1-37　卡斯柯 DMI

表 1-1　卡斯柯 DMI 图标含义说明

图标序号	含　义	图标序号	含　义
1	剩余站停时间	16	系统生命指示
2	列车当前运营模式等级及驾驶模式	17	牵引制动状态信息（牵引、惰性、制动）
3	列车自动折返（ATB）	18	系统给出的最高驾驶模式及运营模式
4	列车指定停车窗	19	距离前方限制点的目标距离/m
5	列车提示开门方向	20	列车实际运行速度
6	发车请求和扣车请求	21	紧急制动触发速度（红色）
7	列车门模式控制状态（AA、AM、MM）	22	ATP 推荐速度（黄色）
8	信号触发紧急制动或列车原因引起紧急制动（车轮打滑、安全门未关闭）	23	目标速度
		24	信号系统制动标志（制动施加请求和紧急制动施加）
9	列车失去定位或列车跳停	25	下站站名
10	BM 强制/强缓确认状态提示对话框	26	终点站名
11	列车无线通信中断	27	发车时间
12	列车头尾激活状态显示	28	车次号
13	6 节车有 2 节以上失去制动力	29	目的地号
14	车载 ATP 故障	30	乘务员号
15	系统监视信息显示栏		

项目一　列车操作认知

列车实际速度、推荐速度和紧急制动触发速度以速度表的形式显示，其中白色长针指示列车实际速度，中间圆圈内的数字为实际速度值，黄色三角指示推荐速度，红色三角指示紧急制动触发速度，如图 1-38 所示。

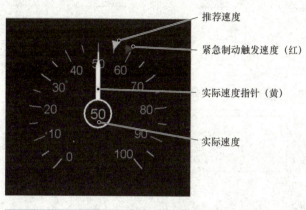

图 1-38　速度表说明

超速报警显示（图 1-37 中图标 24）为方形，当列车运行实际速度超过 ATP 推荐的速度但未达到紧急制动触发速度值时，显示为橙色四方形；当列车实际速度达到紧急制动触发速

拓展与提高

BD24 型列车操纵台

BD24 型列车由北京地铁车辆装备有限公司和长春轨道客车股份有限公司制造，用于北京地铁房山线，最高时速 100km/h，是北京地铁首次实现完全国产化的车辆，关键的车辆牵引、制动技术拥有完全知识产权。

操纵台只装在 Tc 车上，供司机驾驶列车用。

在结构上，整个操纵台分为台面设备和台下箱柜两大部分。操纵台台面采用玻璃钢材料；台下箱柜框架采用钢板材料，箱柜围板采用玻璃钢材料。整个操纵台在底部通过螺栓与车体固定。

在功能上，操纵台分为列车牵引控制、制动控制、照明控制（驾驶室及客室照明）、门控制、无线电台控制、自动列车控制、前照灯控制、多媒体控制及列车故障诊断等功能。

操纵台台面设有信号系统显示屏、列车状态显示屏、视频监控显示屏、无线电台控制器、双针压力表、司机控制器、广播控制盒、司机控制单元、按钮及指示灯等。

操纵台左侧柜设有驾驶室交换机、媒体播放主机、CCTV 主机、广播系统主机，右侧柜内有 UPS 电源、无线电台主机和刮水器水箱。操纵台台面集中了与驾驶操作有关的大部分功能，如图 1-39 所示。

操纵台台下箱柜电气设备主要有驾驶室交换机、媒体播放主机、CCTV 主机、广播系统主机、车载电台主机、刮水器水箱和 UPS 电源。具体布置如图 1-40 所示。

继电器柜设在驾驶室后面的右侧，负责本车直流配电、列车牵引制动等逻辑控制、广播系统控制中心及车辆电气节点。继电器柜设备布置如图 1-41 所示，继电器柜设备对照见表 1-2。

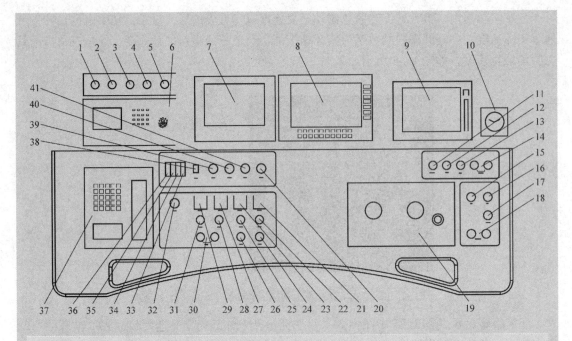

图1-39 BD24型列车操纵台面板布置

1—警惕蜂鸣器 2—门允许灯 3—CBTC/BM指示灯 4—开门灯 5—关门灯 6—车载电台控制盒 7—信号系统显示屏 8—列车状态显示屏 9—视频监控显示屏 10—双针压力表 11—CBTC/BM按钮 12—RM按钮 13—ATB按钮 14—ATO按钮 15—洗车按钮 16—复位按钮 17—关右门按钮 18—开右门按钮 19—司机控制器 20—SIV起动按钮 21—前照灯转换开关 22—强制泵风按钮 23—刮水器选择开关 24—电笛按钮 25—仪表灯按钮 26—喷淋按钮 27—开门模式选择 28—备用 29—左右门选择 30—开左门按钮 31—关左门按钮 32—紧急制动按钮 33—电制动投入 34—BHB开关 35—空压机开关 36—客室灯开关 37—司机控制单元 38—遮阳帘开关 39—紧急牵引按钮 40—保持制动切除 41—强迫缓解按钮

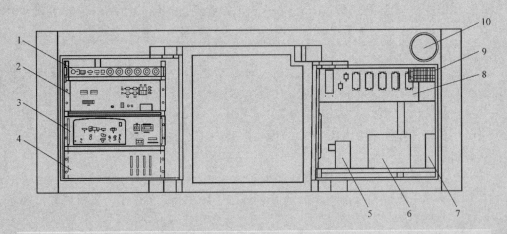

图1-40 操纵台台下箱柜电器布置

1—驾驶室交换机 2—媒体播放主机 3—CCTV主机 4—广播系统主机 5—UPS电源 6—车载电台主机 7—刮水器水箱 8—连接器组成 9—端子排 10—信号系统扬声器

项目一 列车操作认知

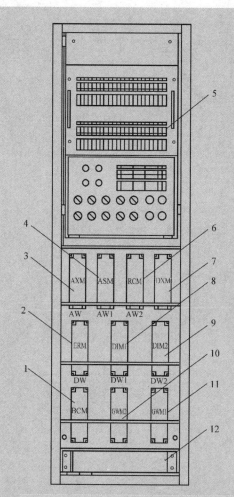
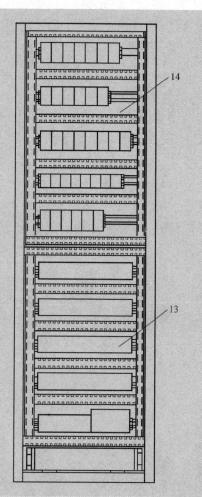

图1-41 继电器柜设备布置

1—BCM 2—ERM 3—AXM 4—ASM 5—开关屏 6—RCM 7—DXM 8—DIM1 9—DIM2
10—GWM2 11—GWM1 12—车载PIS主机 13—接线屏 14—继电器屏

表1-2 继电器柜设备对照

序 号	代 号	名 称	数 量
1	QF1	钥匙开关断路器	1
2	QF2	牵引控制断路器	1
3	QF3	GWM1电源断路器	1
4	QF4	GWM2电源断路器	1
5	QF6	制动控制断路器	1
6	QF7	紧急制动断路器	1
7	QF10	停放制动断路器	1
8	QF11	回送制动断路器	1
9	QF13	监控显示器断路器	1

(续)

序　号	代　号	名　称	数　量
10	QF15	监控模块 1 断路器	1
11	QF16	监控模块 2 断路器	1
12	QF17	列车门断路器	1
13	QF19	照明控制断路器	1
14	QF21	前照灯断路器	1
15	QF23	列车广播断路器	1
16	QF27	110V 电压表断路器	1
17	QF33	SIV 电源断路器	1
18	QF29	蓄电池投入断路器	1
19	QF30	紧急通风断路器	1
20	QF35	幅流风机断路器	1
21	QF36	废排风机断路器	1
22	QF37	列车 LCD 断路器	1
23	QF40	PIS 电源断路器	1
24	QF42	驾驶室风机断路器	1
25	QF45	无线电台断路器	1
26	QF46	ATC 电源复位控制断路器	1
27	QF14	SIV 起动断路器	1
28	QF22	空压机控制断路器	1
29	QF43	驾驶室电热、电热玻璃断路器	1
30	QF48	信号灯断路器	1
31	QF49	刮水器断路器	1
32	QF51	24V 备用断路器	1
33	ATCN1	ATC 车载 CORE 断路器	1
34	ATCN2	ATC 安全模块 1 断路器	1
35	ATCN3	ATC 安全模块 2 断路器	1
36	ATCN4	ATC 安全模块 3 断路器	1
37	ATCN5	ATC 交换机 B 断路器	1
38	ATCN6	ATC 交换机 A 断路器	1
39	ATCN7	ATC 显示屏断路器	1
40	ATCN8	ATC I/O 电路断路器	1
41	ATCN	ATC 总电源	1
42	QF15A	散热风机断路器	1
43	DES	回送开关	1
44	Q1	驾驶室风机电源断路器	1
45	Q2	电热玻璃电源断路器	1

(续)

序 号	代 号	名 称	数 量
46	Q3	驾驶室电热电源断路器	1
47	Q9	交流插座断路器	1
48	Q12	380V 备用断路器	1
49	SB1	蓄电池强投旋钮	1
50	ATCBPS	ATC 旁路旋钮	1
51	DBPS	ATC 门旁路旋钮	1
52	DRBPS	门关好旁路旋钮	1
53	SK2	零速旁路旋钮	1
54	BNBPS	缓解不良旁路旋钮	1
55	PBBPS	停放制动旁路旋钮	1
56	ESS	紧急制动旁路旋钮	1
57	TIS	列车完整性旁路旋钮	1
58	MRBPS	总风压力旁路旋钮	1
59	BATC	蓄电池合按钮	1
60	BATO	蓄电池断按钮	1
61	SA6	紧急通风按钮	1
62	CPHS	空压机加热按钮	1
63	HA2	零速旁路蜂鸣器	1
64	PBS-A	停放制动施加按钮	1
65	PBS-R	停放制动缓解按钮	1
66	MCOS	单元切除按钮	1

继电器柜中的断路器均应处于闭合状态（除回送制动断路器 QF11、ATC 电源复位控制断路器 QF46、回送开关 DES），各旁路开关均应位于"正常"位。当遇列车故障或突发事件时，视情况操作。旁路开关功能对照表见表 1-3。

表 1-3 旁路开关功能对照表

序号	名称	作用
1	蓄电池强投	当蓄电池电压过低不能正常启动时短接该开关
2	ATC 旁路	切除 ATC 信号系统，使用非限制人工驾驶模式运行（需行车调度员授权）
3	ATC 门旁路	列车在限制人工驾驶模式下进行开门时使用
4	门关好旁路	当司机台上开门灯点亮、关门灯未亮，导致全列车牵引无流时，将门关好旁路开关扳至"旁路"位
5	零速旁路	当 ATC 旁路开关在"旁路"位，发生全列车客车车门打不开时短接该开关
6	缓解不良旁路	当 TCMS 显示有车制动不缓解，或侧墙故障不缓解指示灯点亮影响列车牵引时，将缓解不良旁路开关扳至"旁路"位
7	停放制动旁路	当 TCMS 显示有车停放制动不缓解，或侧墙故障不缓解指示灯点亮影响列车牵引时，将停放制动旁路开关扳至"旁路"位

(续)

序号	名称	作用
8	紧急制动旁路	当列车发生全列紧急制动不缓解时使用,列车限速30km/h运行
9	列车完整性旁路	强迫列车完整性检测继电器得电
10	总风压力旁路	当总风压力正常,但发生紧急制动不缓解时,将总风压力旁路开关扳至"旁路"位

项目二

司机交接班作业

任务一 出勤作业

📖 任务说明

出勤作业是电动列车司机一天工作的第一项内容,从出勤准备开始,司机就应当进入严禁守时、有条不紊的工作状态。出勤作业在备班室中完成,主要任务是确认当天运营任务和注意事项、参加出勤答题考试、领取列车钥匙和准备行车备品等。

通过此项任务,学生能够熟练进行出勤作业,达到企业对地铁员工的出勤要求。

📖 知识目标

1. 掌握出勤前的各项要求和注意事项。
2. 掌握出勤的标准化作业程序。
3. 掌握司机手帐的作用和使用规则。

📖 能力目标

1. 能认真履行出勤前的准备工作。
2. 能规范使用司机手帐。
3. 能在指定地点,正确完成出勤作业。

📖 素质和德育目标

1. 爱岗敬业,培养良好的职业习惯。
2. 培养良好的时间观念。
3. 树立崇高的社会责任感和使命感。

📖 任务设备准备

司机包、司机手帐、专用钥匙、手持电台等。

相关理论

电动客车司机的出勤要做到：一备、二准、三报告、四确认、五阅、六记。

一备，即做好值乘准备；二准，即准时出勤；三报告，即按照规定时间，到达规定地点，端正站立，申请出勤；四确认，即确认行车备品齐全，作用良好；五阅，即认真阅读有关行车命令、通知及安全注意事项；六记，即将有关命令及事项记入司机手帐，并由派班员签字盖章认定。

一、出勤前的准备

出勤前的准备工作包括确认值乘班次、调整生理和心理状态、按要求着装等，达到行车的生理、心理和业务要求。

出勤前要充分休息，担当前一天夜班任务和第二天早班任务的乘务人员，出勤前必须按规定到车辆段值乘公寓或备班室休息不少于4h，由出勤值班员严格把关。班前10h和班中严禁饮酒，保证身体条件符合乘务工作的需要，以饱满的精神状态投入工作。

按规定穿着制服，对自身着装、发型和佩戴饰物等进行检查，保证规范上岗，并随身携带"电动列车操作规程""电动列车故障处理规程""突发事件应急处置预案"、电动列车驾驶证、司机手帐、笔等备品，如图2-1所示。

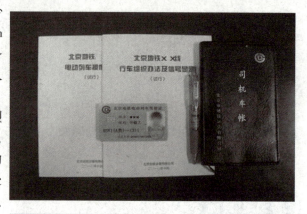

图2-1 行车备品

  小贴士

乘客服务规范之仪容仪表

1）配发制服的员工，上岗期间应着制服。
2）制服与便服不得混穿。
3）非工作时间，除集体活动或工作需要外，不得穿制服出入公共场合、乘坐列车。
4）衣着应干净整洁，所有纽扣要扣好。制服不得有褶皱、残破和污迹；衬衣平整，不得出现掉扣的现象，不得出现披衣、敞怀、立领、挽袖和卷裤腿等现象；在衣兜内不得放置硬币、钱包和钥匙等物品。
5）配发制服的员工，按季节穿着相应的制服。换装安排，根据当年气温情况，以公司所发布的通知为准；未接到换装通知，不得擅自更换不同季节的制服。
6）不同季节、不同类别的制服不得混穿。
7）穿着制服或穿戴有公司名称及logo的衣物期间，应行为规范，表情自然，谈吐文明；搭乘地铁列车时，应保持良好的站立姿态，不与乘客争抢座位。

二、出勤作业标准

1. 出勤地点

根据乘务中心的轮乘计划，司机的出勤地点或是车辆段（或停车场）的调控中心备班室，或是正线轮乘站的备班室。图 2-2a 所示轮乘图的出勤地点是车辆段，图 2-2b 所示轮乘图的出勤地点是轮乘站。

		五段	高005		184km	
始发站	车次	发车站	发车时刻	到达站	到达时刻	备注	终点站
五段	521092	五段	08:11:29	车西	08:55:10	段下车注意广播设置	车西
车西	522079	车西	09:00:56	潞城	09:59:07		潞城
潞城	521136	潞城	10:03:42	草房	10:22:49		金安桥
潞城	381141	草房	10:48:09	金安桥	10:54:39		金安桥
金安桥	382140	金安桥	12:00:56	海淀	12:16:09		潞城
金安桥	462146	海淀	12:46:33	潞城	13:55:33		潞城
潞城	461183	潞城	14:01:50	草房	14:20:57		金安桥

a) 五里桥车辆段出勤

		海五	高058		216km	
始发站	车次	发车站	发车时刻	到达站	到达时刻	备注	终点站
金安桥	422095	海五	09:29:07	潞城	10:39:07	段下车注意广播设置	潞城
潞城	421144	潞城	10:44:14	草房	11:03:21		金安桥
潞城	731149	草房	11:28:41	金安桥	12:35:11		金安桥
金安桥	732148	金安桥	10:48:09	海五	12:56:41		潞城
金安桥	772154	海五	13:27:05	潞城	14:36:05		潞城
潞城	771191	潞城	14:43:34	草房	15:02:41		金安桥
潞城	151196	草房	15:21:49	金安桥	16:28:19		金安桥
金安桥	152195	金安桥	16:32:14	海五	16:47:27		潞城

b) 海淀五路居站出勤

图 2-2 北京地铁 6 号线轮乘表

2. 准时出勤

在车辆段或停车场的备班室出勤时，由于需要预留出整备作业的时间，因此出勤时间应比发车时刻至少提前40min；在正线轮乘站出勤时，应于接车时刻前20min到达轮乘站备班室出勤。

3. 出勤作业规范

1）到达出勤地点，参加出勤答题考试并接受面部、指纹识别和酒精测试，如图2-3所示。

图2-3　出勤考试与指纹识别

2）认真阅读和记录重要通知及安全注意事项，及时抄写重要信息并保证透彻理解。对派班员传达的重要行车命令或通知要及时记录在司机手帐上，并由派班员签字确认，如图2-4所示。

图2-4　阅读通知并抄阅重要指令

3）左手托帽，帽顶向上，帽徽向前，手握帽檐，端正站立，向派班员报告组号、姓名、当日轮值任务、身体状况，并将记录的重要信息交给派班员确认并签字，如图2-5所示。

图 2-5　出勤唱诵

报告的规范用语："××组，×××（姓名），担当×××运营任务，身体状态良好，申请出勤。"

派班员确认司机符合值乘条件，核对出勤正确后回答："可以出勤。"

注意：双司机值乘组必须共同向当值人员报到。

4）若在正线轮乘站出勤，提前5min携带好行车备品到达接车地点，列车进站前站于端墙内面向轨道方向监护列车进站。

5）若在车辆段（或停车场）出勤，应与派班员核对列车车号和所在股道，并领取有关行车备品，包括专用钥匙、时刻表、相关单据及其他行车用品，如图2-6所示。

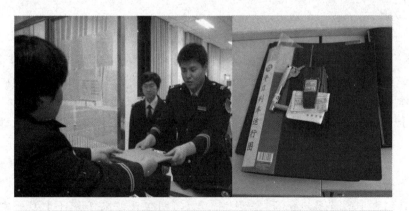

图 2-6　领取行车备品

司机确认手持电台作用良好、电量充足后将手持电台调至"车辆段/停车场"组别，确认四方钥匙、激活钥匙、PSL钥匙齐全、良好，手电作用良好，如图2-7所示。然后携带行车备品到达相应股道，按规定进行列车整备作业。

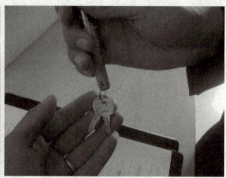

图 2-7 检查行车备品

4. 预备

正线轮乘站预备人员做好随时替班准备，做到随叫随到，并负责打扫轮乘站休息室及更衣室的卫生。

车辆段内担当第一预备的人员交接班时，接班人员要首先上车重新确认车辆状态，之后一人在车上待命，另一人在调控备班室待命，有事离开时要告知调控人员。

段内担当预备的人员负责打扫调控备班室的卫生。

5. 二次出勤

每完成一圈驾驶任务后，司机应在车站进行短暂休息（如图 2-2b 11：03：21～11：28：41 的间隔），当需再次接车时，司机应于所接列车进站前 3min（或发车前 7min）到轮乘站备班室唱诵："××组，接上（下）行，××××次。"派班员核对后回答"可以接车、注意安全"后，司机于列车到达时刻前 1min 到接车位置接车进站（以上时间规定仅作参考）。

 小贴士

司 机 手 帐

"手帐"一词源于日本，是用来记录备忘信息的笔记本，用以安排自己每天的工作、生活，兼具日记功能。司机手帐用于记录司机当天的工作任务，当日有效的调度命令，及通知的注意事项等，如图 2-8 所示。

司机手帐人手一本，且每一本手帐都有本乘务中心颁发的唯一编号。司机手帐固定部分内容包括：司机个人信息资料（需司机自行如实填写）、行车通信电话（各条线路的行车调度电话，各车辆段的车场调度电话，及各线路各车站的行车综控电话）、本线行车基地电话一览表，之后是标准格式的日记页部分，如图 2-9 所示。

标准日记页中的"当班记事"一栏中，应写明当天值乘任务（于上一次退勤时填写）、行车注意事项及重要通知，对于长期有效的调度命令或紧急要求，可抄录在手帐的最后两页，作为长期参考。填写完成后由备班室值班人员盖章生效。此外，运行过程中的列车安全运行情况也应详细记录在册。

项目二　司机交接班作业

图 2-8　北京地铁使用的司机手帐封皮及扉页

图 2-9　司机手帐的标准日记页

任务二　交接班作业

任务说明

交接班作业指电动列车司机在工作中与其他司机完成任务交接，主要交接车次、车号、列车状态、行车备品、继续有效的调度命令和行车注意事项等。

通过此项任务，学生能够熟练进行交接班作业，达到企业对地铁员工的交接班要求。

知识目标

1. 掌握交接班程序及注意事项。
2. 掌握交接班的交接内容。
3. 了解列车故障记录单的填写要求。

能力目标

1. 能在指定地点，准确完成司机交接班作业。
2. 能根据值乘情况，正确说出交接内容。
3. 能规范填写列车故障记录单。

素质和德育目标

1. 爱岗敬业，培养良好的职业习惯。
2. 培养良好的时间观念。
3. 培养团队协作意识。

任务设备准备

司机包、各种行车备品（司机手帐、专用钥匙、手持电台、列车运行故障记录单）、列车驾驶模拟器。

相关理论

一、交接班注意事项

交接班做到：一听、二查、三交接。

一听：听交班人员交接运营情况、车辆状况及有效命令等事项。

二查：认真查看有关命令、运营情况、车辆状况、列车运行故障记录单及工具备品。

三交接：端正站立、目迎、两转体。

1）端正站立。交接人员站在规定位置，端正站立。两手自然下垂，两脚并拢。

2）目迎。接班人员双目平视进站列车。

3）两转体。接班人员在规定位置站立，待列车进站时面向来车方向端正站立，目迎列车进站。当进站列车经过后立即转体面向列车车门，并注意监听列车有无异响。

二、交接内容

司机交接班时，应将与运营有关的情况和车辆状况交接清楚，以保证安全运营、正点服务。交接内容如下：

1）列车运行表号和车次。

2）列车到达时刻和运行早、晚点情况。

3）驾驶模式、列车状态及运行故障记录单。

4）行车备品（灭火器、止轮器、各种行车钥匙、随车工具等）齐全，工具箱锁闭良好。

5）继续有效的调度命令。

6）有关行车注意事项。

7）段内预备车交接做到：双方共同试车确认。

三、交接班作业标准

1. 中间轮乘站交接班

接班人员需提前 1~3min 到达指定地点，待列车进站前在头端墙位置面对轨道方向站立，监护列车进站；列车停稳后，面向轨道侧站立，与交班人员进行交接；交班人员确保良好坐姿及站姿，将列车平稳运行进站对标停车，按站台作业要求确认车门及屏蔽门全部开启后，与接班人员进行交接工作。

交接内容包括车次、列车状态、运行模式、继续有效的行车调度命令（必要时进行复诵）、行车备品及其他需交接的内容，如图 2-10 所示。

接班人员登乘驾驶室后，应对行车备品进行检查，通过列车状态显示屏认真确认列车设备工作状态是否正常及各开关按钮是否在正常位置，然后按照站台作业要求进行关门作业，确认车门及安全门全部关闭，确认发车条件后，驾驶列车继续运行，如图 2-11 所示；与此同时，交班人员站在端墙内规定位置处，面向站台侧站立，监护列车乘降情况，列车起动后，面向轨道侧站立，对列车进行监护，目送列车驶离车站，待列车尾部越过站台头端墙后，方可离开。

项目二 司机交接班作业

图 2-10　轮乘站交接班

图 2-11　接班人员继续运行列车

注意：监护列车进出站时若发现异常，应及时将情况汇报给正线轮乘站备班室当值人员；接车司机发车后，注意广播、列车状态及日志中内容的检查。

2. 终点站交接班

终点站交接班分为两种情况：车头交接（协助折返方式）和车尾交接（双端换控折返方式），以下介绍的均为单司机作业流程规范。

（1）车头交接（协助折返方式）

1）列车进站前，接班人员在站台头端位置面对轨道方向站立，监护列车进站。

2）交班人员确认车门、屏蔽门开启状态后，与接班人员进行相关内容的交接。

3）接班人员对相关内容确认，必要时进行复诵，经交班人员确认后交换三角钥匙。

4）交班人员下车，在站台等候列车发车。

5）接班人员在站台等候"一切妥当"手信号进行关门及入折返线作业。

注意：关门时机为站务人员给出的关门手信号，如不确定或看不清时，应及时与行调联系，不可臆测关门，造成载客入库。

6）交班人员站立目送列车驶离车站，方可离开。

（2）车尾交接（双端换控折返方式）

1）接班人员于列车进站前，在站台尾端位置面对轨道方向站立，监护列车进站；交班人员按标准化作业进行到站后的站台作业。

2）接班人员在列车到站开门后，使用三角钥匙开启后端门进入驾驶室检查各开关、仪表、按钮位置及列车状态是否正常，如图 2-12 所示。

图 2-12 后端驾驶室的检查

3）若使用自动折返模式，交班人员应在列车起动后，确认各开关、保险均正常，前往另一端交接行车备品；若使用自动驾驶或手动驾驶模式，交班人员应待列车入折返线停车并换端后，检查各开关、保险位置正常，列车起动出库时，前往另一端驾驶室交接行车备品。

注意： 若交班人员发现后端无接班人员上车时，应立即采取自行折返流程作业，并报告备班室。

4）接班人员监护或驾驶列车出折返线作业，待交班人员到达后进行交接工作；检查行车备品齐全并处于可用状态后，交班人员方可下车继续完成其他值乘任务。

注意： 出折返线时，随时注意信号、道岔、线路及列车状态并严格执行呼唤应答制度，交班人员到达后，对列车状态、行调命令等相关内容进行交接，必要时接班人员应对行调命令进行复诵。

 小贴士

交接班时如遇列车故障，不进行交接，处理完毕再交接列车。列车因故掉线时，一般由故障列车司机开车回车辆段/停车场，如运营调整需要服从当值安排。

3. 车辆段/停车场交接班

（1）交班人员的工作内容　段、场预备人员出勤后，需与下班人员在列车上共同对列车状态进行交接。交接内容：行车备品齐全良好、列车状态。如列车需要下线，需与接班人员进行列车状况、车辆段/停车场的命令、行车备品情况及各项安全注意事项的交接工作。

交接班完毕，交班人员携带司机包，返回备班室退勤。

（2）接班人员的工作内容　接班人员按规定出勤后，与交班人员在备车上共同对备车状态进行交接。交接内容：行车备品齐全良好、列车状态。如列车需要下线，需与交班人员进行列车状况、车辆段/停车场的命令、行车备品情况及各项安全注意事项的交接工作。

交接完毕、确认备车状态良好无异常后，接班人员返回备班室。

四、列车运行故障记录单

每天运营期间，每列车都配有一张运行故障记录单，要求轮乘司机翔实、完整地记录列车发生的故障,并于交班前填写好,以便及时进行交接。填写内容包括车号、日期、姓名、时间、车次、故障部位、故障现象及处理情况等,供后续值乘司机参考和维修人员的检修。电动列车运行故障记录单的填写范本如图 2-13 所示。

1	车号	10066	操纵车号	1号	出库时间	4时 40分
	司机	张三	副司机	李四	报修时间	填写实际出现故障时间

故障现象:
静动态试车良好,工具箱铅封良好,驾驶室内备品齐全,摄像头位置及两端监控良好

2	车号	10066	操纵车号	1号	运行时间	4时 40分至 6时 37分
	司机	张三	副司机	李四	报修时间	1600次 至 1031次

故障现象:
遇故障时此处填写故障发生的时间、车次、地点、故障现象,同时上报技术支持人员。
如:6时31分1031次××站5号车右三车门关不上,已隔离。

3	车号		操纵车号		运行时间	时 分至 时 分
	司机		副司机		报修时间	次至 次

4	车号		操纵车号		运行时间	时 分至 时 分
	司机		副司机		报修时间	次至 次

图 2-13 电动列车运行故障记录单的填写范本

序号"1"的第一栏是在列车出库前填写的临修时间,从序号"2"开始,记录列车在运行过程中发生的故障。报修故障之所以为"××次至××次",是要求填写司机值乘时负责这辆车运营的两个车次(上下行合起来为一圈,一圈有两个车次)。

任务三 退勤作业

退勤作业是电动列车司机一天工作的最后一项内容。退勤作业在备班室中完成,主要任务是汇报车辆状况、运行情况,上交列车钥匙、行车备品,核对下一次出勤任务等。
通过此项任务,学生能够熟练进行退勤作业,达到企业对地铁员工的退勤要求。

1. 掌握退勤的各项要求和注意事项。

2. 掌握退勤的标准化作业程序。
3. 了解司机报单的作用和填写规则。
4. 了解行车事故报告的填写规则。

能力目标

1. 能在指定地点，正确办理退勤手续。
2. 能规范填写司机报单。
3. 能规范填写行车事故报告。

素质和德育目标

1. 爱岗敬业，培养良好的职业习惯。
2. 树立诚实守信的意识。
3. 尊重劳动、知行合一。

任务设备准备

司机包、各种行车备品（司机手帐、专用钥匙、手持电台、司机报单、行车事故报告等）。

相关理论

电动列车司机的退勤应做到：一交接、二试验、三检查、四监护、五报告、六退勤。

一交接，即认真与检修接车人员进行交接；二试验，即对故障单所列故障及车门进行试验确认；三检查，即对列车服务设施进行检查；四监护，即列车交接完毕无其他作业时，断开各负载及蓄电池，并监护检修人员断开接触轨开关柜电源；五报告，即及时上报运行中发生的事故、晚点、服务纠纷及其他特殊事宜；六退勤，即轮乘人员到备班室唱诵退勤。

一、退勤作业标准

退勤作业分为班中退勤和轮乘结束退勤，均应先进行列车交接工作，再按规定要求着装到达退勤地点。

（一）班中退勤

与二次出勤相对，每完成一圈驾驶任务后，司机应立即到达备班室进行班中退勤，汇报有关运行情况和列车状况，若无异常，唱诵："××组值乘××××车××××次，列车运行正常，下次出勤时间××时××分。"派班员确认后回答："注意接车时间。"

若运行中发生事故、服务纠纷、车辆设备及其他有必要说明的问题时，必须及时上报，如："×××车，××号表，××××次，×时×分，在××站，发生××问题，如何处理，结果如何，是否晚点。"并根据需要写出书面报告，如图2-14所示。

（二）轮乘结束退勤

当日轮乘任务完成后，轮乘人员应进行退勤作业。

1. 正线轮乘站退勤

列车进站，与接班司机交接完毕后，退勤司机应按规定要求着装，到达备班室进行退勤，如图 2-15 所示。

图 2-14　填写行车事故报告

图 2-15　轮乘站退勤

退勤时真实、完整地报告当天运行情况，交回司机报单，与派班员核对实际驾驶公里数后确认有无其他工作安排，得到允许后方可申请退勤。报告的规范用语："××组，×××，担当×××运营任务结束，运行无异常，申请退勤。"若当日行车有异常情况时，需进行汇报，必要时填写"行车事故报告"配合事故调查工作。

双司机值乘组别需共同向派班员申请退勤。

若有需要进行集中培训、学习等其他工作安排时，按要求参加，结束后得到允许方可退勤。

2. 车辆段/停车场退勤

车辆段/停车场退勤的司机根据地铁公司要求，必要时应严格按照列车检查内容对列车进行认真检查与试验，完毕后与检修接车人员按表 2-1 所示的"列车交接单"中内容进行交接，如有故障及时填写"车辆故障维修单"（表 2-2）。列车的检查与试验方法参见项目三。

司机交接完毕后，按规定要求着装，携带相关行车物品到达车辆段调控中心备班室进行退勤。

向派班员汇报列车值乘情况及特殊事件，必要时填写"行车事故报告"配合事故调查工作。

归还行车备品及工器具，与派班员共同确认行车备品齐全、良好，唱诵"××组，担当××号表，×××车，列车运行正常，轮乘结束"，并交回司机报单，核对实际驾驶公里数。

双司机值乘组必须共同向派班员申请退勤。

段场备班人员需与接班人员共同上车确认列车状态，接班人员应按要求对备车进行整备测试，确保列车性能良好后与交班人员完成交接，交接完毕后交班人员方可向当值申请退勤。

担当夜班任务人员完成晚间段场退勤后，需与派班员核对次日出勤时间，及时返回公寓休息，不得擅自外出，公寓住宿按照"待乘休息管理制度"执行。

表 2-1 列车交接单

作业班组：　　　　　　　　　　　　　　　　　　　　　　　　　　　　　　　　　　年　　月　　日

序号	车号	入库时间	驾驶室设备								客室设备					签字栏	
			前照灯尾灯	开关仪表电器柜	列广监控设备	牵引制动系统	信号系统	照明电供暖引流风机	刮水器	驾驶室门	空压机	客室门	日光灯	电供暖空调通风	客室显示屏报警装置	贯通道	正线司机	列检员
1																		
2																		
3																		
4																		
5																		
6																		
7																		
8																		
9																		
10																		
11																		
12																		
13																		
14																		
15																		
16																		
17																		
备注																		

表 2-2 车辆故障维修单

年 月 日

车号	轮乘组号	报修司机	表号	股道	碎修	临修	掉线	救援
入库时间	时 分	发生故障时间	报修时间	时 分	修复时间		时 分	
司机报修内容								
试车司机确认内容								
修复内容								
承修人								

试车司机签字：　　　　　　　时间：　　时　　分

备注：

项目二　司机交接班作业

不管退勤地点是何处，为了保证司机准确履行值乘任务，需要在本次值乘任务退勤时在司机手帐上填写本次值乘任务的退勤时间，下次任务的值乘日期、时间、地点、运行图表号和位置图号等内容，然后唱诵"××组，××人，×年×月×日，担当××运营任务、×时×分，××（车辆段、停车场）出勤"，并由派班员核对无误后在司机手帐上签章，回答"出勤时间、地点正确，可以退勤"，如图2-16所示。

图2-16 填写下一次值乘任务

二、司机报单

司机报单重点记录乘务人员工作日的运行情况和运行公里，包括班组、车号、车次、始发站和到达站、始发到达时间、运行情况等，每值乘完一圈后，应及时填写，并于退勤时交回至备班室。北京地铁运营有限公司的司机报单见表2-3。

表2-3 司机报单

年　月　日

班		司　机			副司机	
第　　轮乘组		副司机			学员	
车号	表号	车次	始发		到达	运行情况
					运行列数	运行公里

按照表 2-3 填写的司机报单范本如图 2-17 所示。

图 2-17 司机报单（范本）

填写司机报单应注意如下内容：
1）按规定格式填写值乘人员姓名、日期、实际始发、到达时刻和走行公里等。
2）将实际始发、到达时刻及晚点原因记录清楚。

三、行车事故报告

发生或处置行车事故后，要在当日按照"行车事故报告"格式要求（图 2-18），将事故经过详细、如实地填写清楚，经派班员或带班主任审查登记后方可退勤。
填写行车事故报告要注意如下内容：
1）完整填写单位、姓名、车号、车次、发生事件的起始时间及恢复时间、地点、事故概况及签名。
2）字迹工整，语言简洁，叙述事件清楚、翔实、准确。
3）一式两份（复写）。

图 2-18　行车事故报告

根据以下案例，填写《行车事故报告》。

2018年9月6日18：36许，1号线大学城站下行站台，2136次车在进行关门作业的过程中，某乘客强行上车，导致其随身携带的文件包夹在第六个车门与屏蔽门之间，车站工作人员发现后没能及时按下紧急停车按钮。列车开动后，由于乘客包刮蹭屏蔽门导致区段锁闭，列车紧急停车，站务员到达第六个屏蔽门发现所夹的包，处理后列车驶离车站。此次夹物事件导致列车延误超过2分钟。

项目三

列车整备作业

任务一 接触轨供电列车的整备作业

任务说明

列车整备作业包括列车检查、起动列车和静态调试。GoA1～GoA4等级的列车均需进行整备作业。

列车检查是指在无电状态下对列车车体外观、车下设备和驾驶室设备等进行的检查，是保证列车安全无故障进入正线运营的重要程序之一。司机在备班室完成出勤作业后，就要到车库中对他当天要驾驶的第一班列车进行检查，按照"突出重点、照顾一般"的原则，对列车关键部位重点检查，其他部位适当注意。主要项目有列车可服务状态的确认，无电驾驶室设备的检查，转向架机械走行部位、高压母线、受流器状态、电气箱等车下设备的检查。

列车检查无异状后，就可以联系接触轨或接触网送电，将列车起动。列车起动后立刻进行静态调试，静态调试是保证列车安全无故障进入正线运营的重要程序。司机完成送电前列车巡视检查作业后，按规定送电，检查试验列车重要设备，确保状态良好、一切正常，能随时投入运营。

知识目标

1. 掌握列车送电前的检查项目及各项目的检查标准。
2. 掌握接触轨供电列车起动的标准程序。
3. 掌握列车静态调试的主要项目和方法。

能力目标

1. 能根据列车检查的标准巡视路线进行检查与试验。
2. 能按要求申请送电并起动列车。
3. 能在规定时间内熟练完成列车静态调试。
4. 能根据静态调试结果填写"列车状态记录单"。

素质和德育目标

1. 培养一丝不苟的工作态度。
2. 贯彻精益求精的工匠精神。
3. 遵守规程,保证作业质量和安全。
4. 爱护列车,钻研技术,树立不断创新的思维。

任务设备准备

列车驾驶模拟器、司机包、各种行车用品。

相关理论

一、巡视检查

(一) 巡视检查的试验要求

列车在出库前,担当该列车值乘任务的司机要对将要出库的列车进行全方位的检查和试验,以确保列车能够安全顺利地完成运营。

司机在调控中心备班室得知担任运营任务的列车车号及所在股道,于运行图规定出库时刻前 40min 领齐行车备品到达列车所在位置。送电前,司机应确认股道、车号、列车编组情况是否与出勤表记录一致,接触轨开关柜(图 3-1)是否处于断电加锁状态,如接触轨开关柜处于送电状态,应立即向备班室汇报。送电前应确认车体两侧、检修沟内无作业人员并且无异物侵入车辆限界,从而保证列车送电和移动时不会造成任何影响。在巡视过程中,要对列车关键部位外观和性能等进行重点检查,其他部位适当注意。

图 3-1 接触轨开关柜

送电后,司机应对列车进行再巡视,采用目测、耳听和鼻嗅等方式检查列车车下各电气箱、空压机和空气管路等工作状态是否正常,发现异常及时报告备班室。送电后巡视过程中,严禁触碰车辆高压带电部分。

送电、巡视完毕后,要对列车牵引、制动、客室门和广播等系统进行全面试验,保证各个系统运转良好,满足投入运营的条件。

送电前和送电后对列车的巡视有一套规范线路,各地铁公司根据自己的停车列检库布置、列车特点和规范要求等制定标准巡视路线。北京地铁某线路的巡视检查路线如图 3-2 所示。

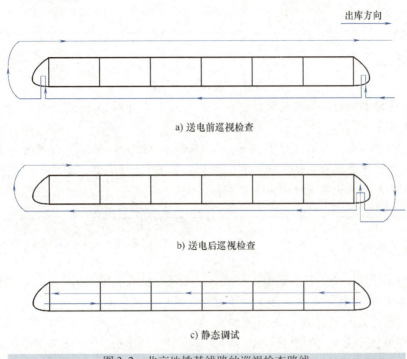

图 3-2 北京地铁某线路的巡视检查路线

(二) 送电前的巡视及检查

送电前巡视主要是对列车外观的检查。首先是车下检查,应对转向架机械走行部位、制动风源塞门、高压母线、受流器状态等进行全面检查:转向架的轴箱轮对外观良好,无裂纹;制动风源塞门均在开通状态,闸瓦密贴车轮;高压母线连接正确,外部绝缘层无破损;安全钢锁、高度调整杆状态良好,无脱落;受流器处于锁闭状态,安全锁环牢固稳定;各电气箱盖锁闭良好;车钩对中无异物;车体外观良好无倾斜;车头部风窗玻璃、刮水器、前照灯、逃生门、驾驶室侧门和 LED 显示屏无异常。

在巡视过程中,严禁打开车下各电气箱盖。如果遇特殊情况必须打开电气箱盖时,应首先使用隔离开关箱内的专用工具断开主隔离开关,并等候 3min 后方准许开启电气箱盖。图 3-3 所示为 DKZ15 型电动列车的受流器。

图 3-3 DKZ15 型电动列车的受流器

经登乘梯进入驾驶室，检查继电器柜内蓄电池投入开关、各断路器、旁路开关处于分断位，操作台上各开关按钮和司机控制器均在规定位置。灭火器压力正常、铅封良好，呼吸器、遮盖布、禁动牌、标志牌、信号器具（手信号灯、信号旗）、通信设备及工具备品齐全、作用良好。左、右侧驾驶室门、窗、侧墙按钮完好，座椅状态良好，各显示屏外观良好，空调出风口、遮阳帘外观良好无破损，驾驶室后端门及锁闭设备完好无破损。以上各项如有缺损，应立即上报。

> **小贴士**
>
> **驾驶室乘降安全规定**
>
> 列车位于停车列检库规定位置时，相关人员由列车脚踏板处上下列车。严禁任何人从无脚踏板处上下列车。
>
> 因列车检修作业，列车无法在规定位置停车时，相关作业人员由驾驶室上下列车。下车时要抓稳扶牢并认真确认地面位置，严禁从驾驶室处直接跳下。
>
> 客室保洁人员禁止从驾驶室上下列车。

二、起动列车

司机对列车巡视完毕，具备送电条件后，向车场送电人员申请送电，并在送电申请单上签字。申请送电标准用语："××道××车巡视正常，申请送电。"

注意：停送电人员在送电前必须认真执行"四确认一联系"制度，即确认作业股道、车型车号、接触轨开关柜闸刀位置、列车两侧及地沟无人作业，与司机联系，广播呼唤三遍后，方准送电。

列车送电后，司机进入驾驶室，通过网压表确认网压正常后方可起动列车，如图3-4所示。接着闭合控制开关屏上的蓄电池投入开关SBT（图3-5），观察DC 110V电压表（图3-6）和DC 24V电压表（图3-7）显示正常电压，列车状态显示屏显示正常。

图3-4　网压表显示750V

图3-5　蓄电池投入开关SBT

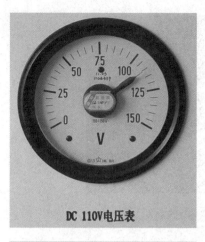 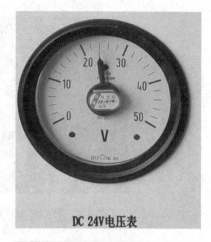

图3-6　DC 110V 电压表　　　　图3-7　DC 24V 电压表

将钥匙开关置于"开"位，方向选择开关扳至"向前"位，司机控制器手柄保持在"紧急"位，如图3-8所示。TCMS 自动确认操纵车后，司机进行列车初始设定，确认日期、时间和运行方向。

a) 钥匙开关"开"　　　b) 方向选择开关"向前"　　　c) 手柄"紧急"

图3-8　司机控制器各开关位置

闭合"SIV 启动"开关（图3-9），10s 后 SIV 启动（此开关禁止反复操作）；SIV 启动后，通过列车状态显示屏观察电压、频率应符合下列规定数值：

交流输出电压值为 $380 \times (1 \pm 5\%)$ V。

DC 110V 直流输出电压值为 $110 \times (1 \pm 3\%)$ V。

DC 24V 直流输出电压值为 $24 \times (1 \pm 3\%)$ V。

闭合"空压机启动"开关（图3-9），检查空压机运转状态是否符合下列规定：

1）观察列车状态显示屏，工作时的空压机应显示为实心绿框（图3-10），未工作时为空心绿框。

2）当空压机压力达到 (9.0 ± 0.2) bar⊖ 后，空压机将自动停止工作。

⊖　1bar=100kPa。

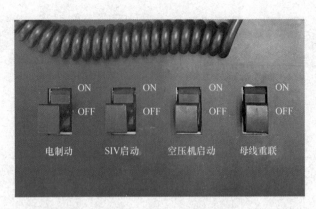

图 3-9 "SIV 启动"开关和"空压机启动"开关

图 3-10 空压机运转

3）每分钟内总风压力降低不大于 0.1bar。

确认双针压力表（图 3-11）显示正常，制动不缓解灯、紧急制动按钮施加灯灭灯；闭合客室灯开关（图 3-12），确认客室内照明及服务设施良好；检查前照灯照明，确认车载电台正常，列车广播、CCTV 系统显示屏正常。待列车状态显示屏显示停放制动缓解后，进行送电后的列车巡视检查。

图 3-11 双针压力表　　图 3-12 客室灯开关

接触轨送电后的巡视检查内容包括：

1）确认机械走行部位、高压母线、受流器状态，电器箱锁闭，车体外观无异常。

2）通过列车状态显示屏制动画面确认列车制动缸压力和其他制动系统状态显示正常，同时通过操纵台双针压力表确认制动缸压力正常。

3）车体外部各显示屏、显示灯作用良好。

4）确认车辆电器、机械部件无异音、异味、异状，无漏风。

5）确认闸瓦密贴轮对。

6）确认尾灯显示正常。

> **小贴士**
>
> **停车列检库作业的安全规定**
>
> 列车整备作业的工作地点在停车列检库。停车列检库是地铁车辆段最重要的设施之一，列车的停放、日常整备、技术检查和一般性故障处理都在这里完成。
>
> 司机在停车列检库中作业时，严禁有以下行为：
>
> 1）跳跃地沟及障碍物。
>
> 2）紧靠车辆行走。
>
> 3）横跨线路时从车辆下面钻越。
>
> 4）在接触轨防护板上或线路道心行走、停留和休息。
>
> 5）在移动中的车辆前方抢越线路。
>
> 6）横越道岔时，脚踏岔尖和道岔转动部分。
>
> 7）未蹬稳、未扶牢上下车。
>
> 8）上下车时跳跃。
>
> 9）上下车时背手关门。
>
> 10）车未停稳进行车钩摘钩及检修作业。
>
> 11）带电触动受流器、高压电器部分。
>
> 12）行走或搬运物品时侵入安全线。
>
> 13）抛掷物品、材料和工具。
>
> 14）未确认接触轨开关柜断电状态或未执行断电加锁制度进行作业。
>
> 15）带电触动受流器等高压部件。
>
> 16）对库内各种设备进行敲打、剔铲及擅自动用或毁坏。
>
> 17）吸烟或未经批准动用明火。
>
> 18）在没有踏板的车门处上下车。
>
> 19）在平交道逗留、休息。

三、列车静态调试

列车静态调试是保证列车安全无故障进入正线运营的重要程序，全自动运行的列车能自动进行静态自检和动态测试，非全自动运行的列车由司机在限制人工驾驶模式 RM 下操作进行，应确保在头尾两端驾驶室各进行一遍静态调试作业。试验过程中若发现列车故障及时向备班室报告，待检修确认后若不符合上线标准应当按照相关规定申请换车。

（一）试灯试验

按压"试灯"按钮，检查操纵台上各指示灯点亮情况，包括ATO启动、自动折返、开门指示、关门指示、紧急制动施加、停放制动施加和常用制动不缓解等指示灯。

（二）车载信号设备试验

列车正常送电后，确认信号系统显示屏启动，司机等待车载信号设备自测完成，司机控制器手柄由"紧急"位转至任意常用制动级位，确认信号系统显示屏上显示"初始化测试成功"。当车载信号设备启动且正常时，列车自动建立"车-地"通信及自动记忆定位。司机按动操纵台上"RM"按钮，进入限制人工驾驶模式，然后对列车其他系统进行试验。

若信号系统显示屏的信息栏显示：①ATC初始化失败；②生命游标不动；③一端或两端死机，则应进行车载信号设备的重新启动。方法为按压"ATC重启"按钮3s（图3-13）。

（三）制动试验

列车初始处于紧急制动状态，制动压力约为4bar。将司机控制器手柄下拉至"紧急"位，再移离"紧急"位，建立安全环路，通过列车状态显示屏和信号系统显示屏确认紧急制动缓解。

司机将司机控制器手柄置于"紧急"位，列车状态显示屏上显示各转向架制动系统施加紧急制动，同时观察制动缸（BC，Brake Cylinder）压力值，如图3-14所示。

图3-13 "ATC重启"按钮

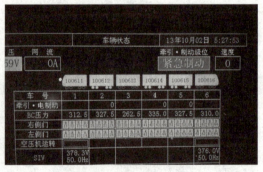

图3-14 紧急制动施加

将司机控制器手柄置于B4~B7级位，BC压力显示相应级数的制动压力（手柄在B4~B7任一级位时，松开警惕开关不会引起紧急制动）。按下紧急制动按钮，操纵台紧急制动按钮施加灯亮（图3-15），从列车状态显示屏确认列车紧急制动施加。

司机控制器手柄放置在制动"惰行"位至B3任一级位间，松开警惕开关后蜂鸣器提示，5s后列车紧急制动施加，重新将控制器手柄拉至B4~B7级位后，紧急制动缓解。

司机将司机控制器手柄再次置于"惰行"位至B3级位间，列车状态显示屏制动画面里保持制动项显示黄色，确认全列车保持制动作用良好，BC压力值显示正常。

按下"停放制动施加按钮"（图3-16），停放制动施加灯点亮，列车状态显示屏显示停放制动已施加（图3-17）；按下"停放制动缓解按钮"（图3-16），停放制动施加灯熄灭，列车状态显示屏显示停放制动已缓解。

项目三 列车整备作业

图 3-15 紧急制动施加指示灯

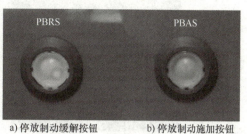

图 3-16 停放制动施加与缓解按钮

(四) 客室车门试验

在限制人工驾驶模式 RM 下，确认激活钥匙置于"ON"位，"门模式选择开关"置于"手动"位（图 3-18），将门使能旁路开关打至"旁路"位（图 3-19），将"门选向"开关打至相应侧（图 3-20），按下左右两侧开门按钮，查看操纵台上开门指示灯点亮，关门指示灯熄灭，观察列车状态显示屏上的车门开启状态，注意开门操作时压开门按钮的时间应多于2s。开门试验完毕且全列车门

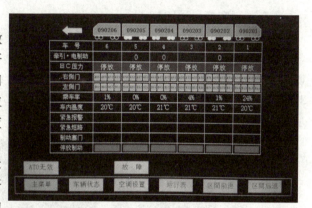

图 3-17 停放制动施加显示

开到位后，按下左右两侧关门按钮，听到客室蜂鸣器响，待全列车门关闭到位后，操纵台上"门关好指示灯"点亮。

图 3-18 "门模式选择"开关

图 3-19 "门使能旁路"开关

开门时，应听到提示音响。列车状态显示屏画面（左侧或右侧）各门显示由绿色变为黄色，便是车门开到位。按下关门按钮，应听到提示音响，列车状态显示屏画面（左侧或右侧）各门显示由黄色变为绿色，表示车门关到位，此时开门指示灯熄灭，关门指示灯点亮，表示车门全部关闭。列车状态显示屏上车门状态如图 3-21 所示。

进行客室车门试验时，操纵台及侧墙上的开关门按钮均需试验。

73

图 3-20 "门选向"开关　　图 3-21 列车状态显示屏上车门状态

(五) 列车牵引试验

牵引试验前,应按下操纵台上"复位"按钮 3s(图 3-22),待列车状态显示屏左上角显示网压正常后(图 3-23)方可进行。打开前照灯,按下"电笛"鸣笛一长声(3s 以上),确认无人员及异物,将司机控制器手柄置于"惰行"位,再推至牵引一位进行点动试验,观察列车状态显示屏上显示所有动车均有牵引电流、各车保持制动缓解(BC 压力值为零)后,立即施加常用制动停车确保安全。

 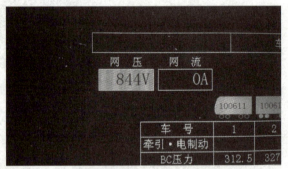

图 3-22 "复位"按钮　　图 3-23 列车状态显示屏的网压值

(六) 其他试验

1. 刮水器试验

按下操纵台"水泵"按钮,待刮水器喷水口喷水时,先扳动刮水器开关(图 3-24),观察刮水器工作是否正常,然后关闭刮水器开关,恢复"水泵"按钮,刮水器试验完毕。

2. 空调及列车广播试验

将列车状态显示屏(图 3-25)调至"空调设置"界面(图 3-26),单击"自动冷"开关,观察全列通风机是否工作,同时打开驾驶室通风机开关,观察驾驶室通风机出风口出风是否通畅,有无异响及异味,关闭驾驶室通风机,单击列车状态显示屏空调设置菜单中"OFF"键,关闭列车空调系统,然后进行广播系统测试及强制广播试验。广播控制器如图 3-27 所示。

3. 遮阳帘试验

按动操纵台遮阳帘开关(图 3-28),观察遮阳帘下降及上升是否顺畅,有无异响,试验完毕后将遮阳帘升至最顶端。

项目三 列车整备作业

图 3-24 刮水器开关

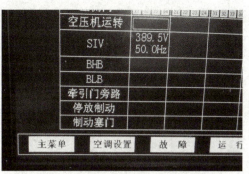

图 3-25 列车状态显示屏界面选择

(七) 客室检查

非出库端驾驶室试验完毕后,将列车退出激活,携带手持电台及钥匙,经客室去往出库端驾驶室,沿途检查客室设备状态。检查内容包括如下内容:

1) 客室照明正常点亮无破损。
2) 客室视频显示屏、门区电子地图正常点亮无破损。
3) 客室玻璃外观良好无破损。
4) 各电气柜无开启迹象。
5) 座椅、扶手杆外观良好。

图 3-26 "空调设置"界面

图 3-27 广播控制器

图 3-28 "遮阳帘"控制开关

四、填写列车状态记录单

司机应在运行图规定发车时刻前 10min 将列车整备完毕,严禁带故障上线运行。"列车状态记录单"要求司机对某一列车的运行状态及时进行记录,是司机交接班时交接的项目之一。每个地铁公司根据自己的要求制定不同格式的记录单,但内容大致相同。"列车状态记录单"见表 3-1,在库内试车完毕后,填写表中"出库前试车情况"部分。

75

表 3-1 列车状态记录单

车号：　　　　　　　　　　　　　　　　　　　　　　　　　　　　　　　　　　年　月　日

姓名(签字)	项目	开关	牵引系统	制动系统	门系统	空压机	SIV	ATP系统	广播、客室显示屏	报警装置反恐监控	照明	空调风扇	其他服务设施	备注
	出库前试车情况													
具体故障现象：														

运行中故障记录

姓名	时间	车次	区间	具体故障现象	备注

填表说明：试验项目良好画"√"，作用不良画"×"，详细故障填写在下方空格内。

故障禁止列车出库运营的情况

1）受流器及高压电路故障时。

2）MMI监控显示器、各仪表及指示灯（包括驾驶室内开关门灯、警告灯、门允许信号灯、缓解不良灯、网络故障灯、紧急制动灯和车体外侧门状态显示灯、制动不缓解灯等）不显示或显示不正常时，各开关按钮状态不正常时。

3）牵引电机故障时。

4）MMI监控显示器弹出故障画面，需要司机单击确认按钮方可恢复时。

5）空压机不能正常工作时。

6）牵引、制动电路故障影响行车时，如停放制动作用不良、保持制动不缓解、主控制器有一台作用不良等时。

7）辅助电路故障影响行车时。

8）蓄电池电压过低（SIV未运行时，低于80V）时。

9）前照灯、尾灯有一项不良时。

10）SIV有一台不能正常工作时。

11）客室照明故障时。

12）电笛作用不良时。

13）总风泄漏严重，每分钟超过0.1bar时。

14）制动系统作用不良时。

15）电动门作用不良时（包括车门防挤压功能不良）。

16）车下电气箱不能正常锁闭时，客室内电气柜不能正常锁闭时。

17）空气弹簧有泄漏现象及作用不良时。

18）转向架有裂纹时。

19）插接器、车钩、压溃管及缓冲装置有一项不良时，贯通道有异常时。

20）万向节、轴箱、齿轮箱不良或严重漏油时。

21）车体车顶安装不良、倾斜、变形超限时，危及行车安全的螺栓、销子松弛及机件弯曲变形时。

22）轮对有以下不良时：

① 车轴有横裂纹或电灼伤时。

② 车轴上有纵裂纹且长度超过25mm时。

③ 车轴磨伤深度超过2.5mm时。

④ 车轮踏面擦伤深度超过0.5mm时。

⑤ 车轮踏面上有孔眼、缺损或剥离长度超过40mm，深度超过0.7mm时。

⑥ 轮缘厚度在距离轮缘定点15mm处测量小于22mm，大于32mm时。

⑦ 轮缘垂直磨耗高度超过18mm时。

⑧ 两车轮内侧距不符合（1353±2）mm时。

⑨ 轮轴松弛时。

23）列车广播故障时（包括自动广播、人工广播、报警装置）。

24）客室探头及驾驶室监控作用不良时。

25）终点站屏、车内显示屏故障时。

26）司机对讲不良时。

27）通风系统不启动或作用不良时，夏季空调系统制冷功能不良时，驾驶室门、锁故障时。

28）紧急逃生门不能正常关闭时。

29）驾驶室玻璃，客室门、窗玻璃有严重裂纹或破碎时。

30）消防器材备品不齐或超过有效期时。

31）车载信号设备故障时。

32）列车车载信号出现冗余状态，经处理无效时（信号确认）。

33）列车无线电台通信设备故障时。

34）网路或网络故障时。

任务二　接触网供电列车的整备作业

任务说明

接触网供电列车的整备作业与接触轨供电列车的整备作业相差无几，不同之处是起动列车涉及受电弓的操作。

通过此项任务，学生掌握接触网供电列车的巡视检查、起动和静态调试。

知识目标

1. 掌握列车送电前的检查项目及各项目的检查标准。
2. 掌握接触网供电列车起动的标准程序。
3. 掌握列车静态调试的主要项目和方法。

能力目标

1. 能根据列车检查的标准巡视路线进行送电前检查。
2. 能按要求起动列车。
3. 能在规定时间内熟练完成列车静态调试。
4. 能根据静态调试结果填写"列车状态记录单"。

素质和德育目标

1. 培养一丝不苟的工作态度。
2. 贯彻精益求精的工匠精神。
3. 遵守规程，保证作业质量和安全。

4. 爱护列车，钻研技术，树立不断创新的思维。

任务设备准备

列车驾驶模拟器、司机包、各种行车用品。

相关理论

一、巡视检查

列车在停车库中停放时，受电弓处于降落状态，如图 3-29 所示，列车不带电。司机应于距离运行图规定的列车出库时间提前 40min，携带行车备品，经库内指定路线到达相应股道，核对车体号码及股道是否与当天驾驶列车内容一致。

图 3-29　降弓

在对列车进行送电前巡视检查时，重点检查车体各部件外观和车下设备状态：车体两侧无人员作业及异物侵入限界；车体无明显倾斜；车前方未悬挂"正在检修"或"禁止动车"等标识；车钩对中无异物，钩舌完好；风窗玻璃、刮水器、前照灯、尾灯、逃生门、驾驶室侧门、LED 显示屏等无异常；有检修平台的股道确认检修平台中部无人员，无大型异物侵界。

车下巡视检查完毕后，司机经登乘梯进入驾驶室，对驾驶室内设备进行一系列检查：左侧和右侧门窗、紧急解锁及侧墙按钮完好；操纵台外观良好无破损，紧急制动按钮在释放位，信号显示屏、列车状态显示屏及 CCTV 显示屏外观良好，车载电台、广播设备外观良好，如图 3-30b 所示；灭火器齐全；双针压力表、网压表和 DC 110V 电压表外观良好；空调出风口、遮阳帘外观良好无破损；驾驶室后侧控制柜内各按钮、保险开关、旁路开关处于正常位，外观良好，铅封齐全，如图 3-31 所示；紧急逃生门锁闭状态正常，手柄位置正确，安全销、铅封齐全，如图 3-32 所示；驾驶室后端门及锁闭设备完好无破损。

二、起动列车

以长春轨道客车股份有限公司生产的 DKZ53 型列车为例，介绍起动列车的过程。

闭合蓄电池，检查 DC 110V 电压表显示蓄电池的数值在正常工作范围内，用钥匙激活列车，检查总风压力并升弓。

a) 驾驶室各设备状态正常

b) 操纵台外观良好

图 3-30 驾驶室的检查

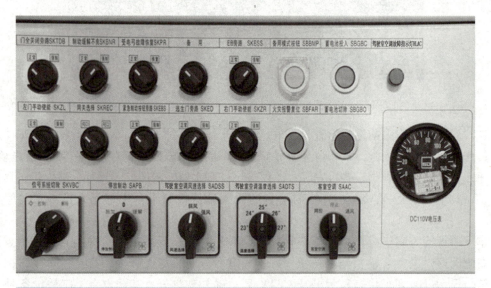

图 3-31 驾驶室后侧各开关

图 3-33 所示为 DKZ53 型列车的"受电弓选择"开关。该列车为六节 A 型车编组，有两辆 Mp 车（带受电弓的动车），开关扳至"升全弓"位时同时控制两个受电弓操作，"升 1 弓"单独控制受电弓 1 操作，"升 2 弓"单独控制受电弓 2 操作。

图 3-34 所示为"升弓泵启动"按钮。当列车蓄电池电压充足但总风压力低于 300kPa 时，按下此按钮能起动 Mp1 车的 DC 110V 升弓泵打风，至总风压力高于 300kPa 时，Mp1 车受电弓升起。具体来说，升弓方式如下：

1）总风压力大于 300kPa，以正常方式升弓：将"受电弓选择"开关打至"升全弓"位，按压"升弓"按钮（图 3-35）2s 以上，各 Mp 车受电弓同时升起。

图 3-32 紧急逃生门锁闭状态正常

图 3-33 DKZ53 型列车的"受电弓选择"开关

2）总风压力小于 300kPa 但蓄电池电压正常，用辅助风泵升弓：将"受电弓选择"开关打至"升全弓"位，按压"升弓泵启动"按钮，直到列车状态显示屏上显示的 Mp1 车受电弓"不可升弓"图标消失，再按压"升弓"按钮 2s 以上，Mp1、Mp2 车受电弓先后升起。

不论是哪种升弓方式，司机均需通过列车状态显示屏和网压表确认受电弓升弓完毕。

3）若总风压力小于 300kPa 且蓄电池电压不足时，不进行升弓，将情况上报，等待检修人员上车处理。

受电弓升起后，通过网压表确认接触网电压在正常范围，信号显示屏、列车状态显示屏及 CCTV 显示屏正常点亮；通过列车状态显示屏确认列车逆变器工作正常；开启驾驶室照明，确认驾驶室灯外观良好且正常点亮。

当需要降弓时，按压"降弓"按钮（图 3-36）将受电弓放下。

图 3-34 "升弓泵启动"按钮

图 3-35 "升弓"按钮

图 3-36 "降弓"按钮

三、静态调试

以 DKZ53 型列车为例介绍静态调试各系统试验。

1. 试灯试验

按压"试灯"按钮（图 3-37），检查各指示灯点亮情况（"升弓"按钮、"降弓"按钮、

"ATO 启动"按钮、"高速断路器合"按钮、"自动折返"按钮、左右侧开门按钮、车门全关闭、EB 施加、停放制动未缓解、ATP 切除、车门旁路、空调故障指示灯等指示灯)。

2. 建立安全电路

方向选择开关打至"前"位,司机控制器手柄拉至"紧急"位,再推至"制动"位,确认 EB 施加指示灯熄灭,通过列车状态显示屏和信号显示屏确认紧急制动缓解。

3. 制动试验

将司机控制器手柄拉至"紧急"位(图 3-38),确认"EB 施加"指示灯(图 3-39)点亮,列车状态显示屏和信号显示屏显示紧急制动施加。

图 3-37 "试灯"按钮

图 3-38 司机控制器位于"紧急"位

图 3-39 "EB 施加"指示灯

将司机控制器推至"0"位,确认"EB 施加"指示灯熄灭,列车状态显示屏显示列车保持制动施加。

将司机控制器手柄缓慢拉至"制动"位,通过列车状态显示屏确认列车制动力由保持制动缓慢上升至最大常用制动。

将司机控制器手柄缓慢推至"0"位,通过列车状态显示屏确认列车制动力由最大常用制动缓慢下降至保持制动。

拍下"紧急制动"按钮,确认"EB 施加"指示灯点亮,列车状态显示屏和信号系统显示屏显示紧急制动施加,将司机控制器手柄置于"紧急"位后再推至"制动"位,确认紧急制动缓解。

按压"空压机强迫启动"按钮(图 3-40),通过列车状态显示屏和双针压力表确认空压机正常启动。

将停放制动开关(图 3-41)打至"施加"位,"PB未缓解"灯(图 3-42)点亮,列车状态显示屏显示停

图 3-40 "空压机强迫启动"按钮

放制动已施加。

将停放制动开关打至"缓解"位,"PB 未缓解"灯熄灭,列车状态显示屏显示停放制动已缓解。

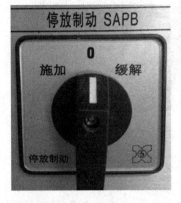

图 3-41 停放制动开关

图 3-42 "PB 未缓解"灯

4. 列车客室车门试验

1)将"门模式"开关(图 3-43)打至"MM"(手动模式)位。

2)将"门选择"开关(图 3-44)打至"左门"位,进行左侧车门开门试验,通过列车状态显示屏确认左侧车门全部开启到位;进行左侧车门关门试验,通过列车状态显示屏及"车门全关闭"指示灯(图 3-45)确认左侧车门全部关闭到位。

图 3-43 "门模式"开关

图 3-44 "门选择"开关

3)将"门选择"开关打至"右门"位,进行右侧车门开门试验,通过列车状态显示屏确认右侧车门全部开启到位;进行右侧车门关门试验,通过列车状态显示屏及"车门全关闭"指示灯确认右侧车门全部关闭到位。

4)将"门选择"开关打至"0"位。

注:进行开关门试验时,操纵台及侧墙开关门按钮均需试验一遍。

5. 牵引系统试验

按压"高速断路器合"按钮(图 3-46),观察指示灯点亮,通过列车状态显示屏确认高速断路器全部闭合。

图 3-45 "车门全关闭"指示灯　　图 3-46 "高速断路器合"按钮

注意：牵引系统试验前严禁闭合高速断路器。

6. 乘客服务类系统试验

开启客室照明，通过 CCTV 显示屏确认照明开启；将"客室空调"开关（图 3-47）打至"网控"位，进入列车状态显示屏空调界面，确认空调系统工作正常；进行广播系统测试及强制广播试验；切换 CCTV 显示屏屏幕，检查 CCTV 监控设备正常。

7. 其他试验

进行刮水器试验及前照灯功能试验等，"前照灯"开关如图 3-48 所示。

注意：刮水器试验不得无水操作。

图 3-47 "客室空调"开关　　图 3-48 "前照灯"开关

全部试车作业结束后，填写"列车状态记录单"。

小贴士

全自动运行列车的整备作业

司机出勤完毕后，携带好行车物品进入停车库相应股道，确认列车与"列车日志"上规定的车体号、股道一致，检查有无"车辆警示牌"、止轮器、接地杆等防护设备。

观察车头外观无破损，重点查看车头 LED 显示屏、风窗玻璃、刮水器、前照灯及尾灯；确认车钩外观良好、钩舌正常，车体无明显倾斜。驾驶室侧门无异常，车体两侧无人员，无大型异物侵入车辆限界；有检修平台股道确认检修平台上无人员，无大型异物侵界；车下检修地沟内无人员。

由登乘梯前往驾驶室进行驾驶室检查。司机打开驾驶台盖板，检查驾驶室照明，左、右侧驾驶室门、窗、开关门按钮正常。操纵台外观良好无破损，座椅状态良好，灭火器齐全、压力正常，火灾逃生面具正常；方向开关和司机控制器手柄位置正确；空调出风口、遮阳帘外观良好无破损；驾驶室后端门及锁闭设备完好；列车状态显示屏、信号系统显示屏及 CCTV 显示屏外观良好；双针压力表、网压表、DC 110V 电压表外观良好；各按钮、保险、旁路处于正常位，外观良好，封盖齐全；紧急制动按钮在释放位；车载电台、广播设备外观良好。门选向开关在"0"位、客室照明"关"位、开门模式选择"AA"位、驾驶室门保险锁闭位。

司机向调控中心备班室值班员申请将 SPKS（人员防护开关，Staff Protection Key Switch）打至"关"位，向 OCC 车辆调度申请远程唤醒，进行列车的静态自检。静态自检包括：网络本身自检、网络通信自检、牵引系统自检、辅助系统自检、车门自检、制动系统自检、空调系统自检、广播系统自检、烟火系统自检、PIS/CCTV 自检、走行部自检、Tc1 空压机自检、Tc2 空压机自检。

接着，列车自动进行静态调试（制动系统、客室车门、广播系统、照明系统）和动态测试（前后端牵引试验）。

全自动运行列车整备作业时，司机工作的注意事项如下：

1）司机监督到列车全列已上电时，向段/场列车调度汇报列车已上电；如果高压未上电时，汇报高压未上电，避免过度消耗蓄电池电量。

2）司机观察驾驶台列车状态显示屏和信号系统显示屏的唤醒过程，发生任意一项自检失败或静态调试、动态测试失败，均应立即汇报。

3）监督列车两端上电自检成功。

4）监督列车两端静态测试成功。

5）监督列车两端动态测试成功。

6）监督其他设备故障是否有情况。

7）列车动态测试过程中自动鸣笛，司机监听车辆鸣笛，如未鸣笛，司机应手动鸣笛。

8）在信号系统显示屏提示唤醒成功后，司机向行车调度员汇报列车唤醒成功，原地待命，按照调度命令准备发车。若信号系统显示屏提示唤醒失败后，司机向段/场列车调度报告，按照调度命令打开钥匙或等待人工远程再次休眠或再次唤醒处理。

项目四

段/场作业

任务一　出库与出段/场作业

任务说明

出库与出段/场作业是在库内整备作业完成、一切正常、列车符合投入运营标准后，运行出库及段/场的过程，是列车投入运营关键的操作之一，途经平交道、车场道岔区段以及小站台等重要区域，存在运行模式的转换和重要开关操作，其操作是否得当对场区内人身安全、列车能否顺利投入运营起着至关重要的作用。

通过此项任务，学生掌握列车出库和出段/场作业的标准程序和操作要求，熟练进行列车出库和出段/场作业，达到安全投入运营的目的。

知识目标

1. 掌握列车出库时机。
2. 掌握列车运行模式的转换时机。
3. 掌握列车出库和出段/场的标准化作业规范。
4. 掌握列车出库和出段/场的注意事项。

能力目标

1. 能正确使用限制人工驾驶模式 RM。
2. 安全熟练地驾驶列车进行出库与出段/场作业。
3. 遵守段/场作业的各项安全规定。

素质和德育目标

1. 培养安全意识。
2. 践行电动列车司机职业守则。
3. 具备时间观念，爱岗敬业。

项目四 段/场作业

任务设备准备

列车驾驶模拟器、司机包、各种行车用品。

相关理论

一、出库作业

1. 列车出库时机

出库前司机应通过运行时刻表确认出库时刻（图4-1），距出库时刻前10min打开库门（库门开关如图4-2所示），并确认库门开启到位（图4-3），在驾驶室等候出库信号机开放。

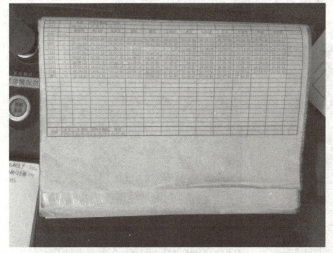

图4-1 运行时刻表

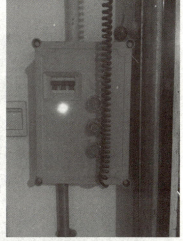

图4-2 库门开关

当出库信号机开放，由红灯变为白灯（出库信号如图4-4所示；部分地铁线路采用黄色灯光作为"允许出库"信号，调车时采用白色灯光），司机使用车载电台与段/场列车调度员联系，得到准许后，再次确认库门开启到位、平交道口及前方线路状态无异常，方可运行出库。

如果已到运行时刻表规定的出库时间，而段/场列车调度员还未授权出库命令时，司机应及时与段/场列车调度员核对列车出库时刻。

车载电台如图4-5所示。司机与段/场列车调度员联系的标准用语如下：

图4-3 车库大门开启

司机：××道（股道号）×××车（车号）出库信号已开放，可否凭信号显示运行出库。

87

a) 出库白灯

b) 库内调车信号

c) 红灯信号

图 4-4　调车信号机

段/场列车调度员：××道×××车凭信号显示运行至×号联络线。

司机：凭信号显示运行至×号联络线，×××车明白。

注意：确认命令时，需认真核对所授权列车的股道号、车号、出库时间及授权的运行终点位置并严格执行复诵程序。遇命令错误时，应及时纠正。

 小贴士

列车出库安全规章

列车整备作业完毕等待发车前，司机不得做与行车无关的事情并确保精神状态良好。列车出库前应开好库门、插好库门的安全销或挂好安全钩。列车出库前司机要确认各开关位置正确，注意行人及作业车辆动态。

2. 出库作业操作流程

司机得到段/场列车调度员出库的准许后，手指出库信号机，呼唤"出库白灯"，如图 4-6 所示。再次确认车库大门开启到位、安全妥当，人员已处于安全位置，手指库门开启到位标识、平交道口情况，呼唤"库门开启到位、平交道口无异常"，驾驶列车准备车库。出库时观察总风压力值，不得低于 800kPa。

图 4-5　车载电台

图 4-6　出库信号机的呼唤确认

观察列车前方无人员行走及轨道无异物后，鸣笛一长声（2s 以上），确认驾驶模式在"RM"，使用牵引一位动车，注意库内运行速度不得超过 5km/h。出库时，司机应随时观察前方线路情况，遇危及列车或人身安全的情况应立即采取紧急措施。

限速 5km/h 通过库门，将车头探出库外，在平交道前一度停车待发（正确位置：驾驶室前风窗玻璃与库门平行，方可停车），如图 4-7 所示。确认平交道及列车前方无人员行走或作业，鸣笛 2s 以上，再次起动列车出发。

图 4-7　车头探出库门

当列车头部驾驶室完全越过库外平交道后，可使用牵引二级提高车速，进入车场内运行。

 小贴士

B 轨列车出库规程

若待出库列车位于停车库的 B 轨，司机等待平交道信号机（图 4-4b）开放后，接收段/场列车调度员命令并进行复诵，手指确认调车信号机呼唤"信号白灯"，手指确认平交道口安全，呼唤"平交道口无异常"，驾驶列车运行至 A 轨规定位置停车。手动驾驶时库内运行限速为 5km/h。

二、出段/场运行

1. 列车出段/场运行的注意事项

1)列车在车场运行或作业时,必须断开"母线重联"开关、"电制动"开关(图4-8),断开"客室灯"等负载开关,只闭合"SIV启动"开关和"空压机启动"开关(出库时观察总风压力值,不得低于800kPa)。

2)正线采用列车自动驾驶(ATO)的线路,司机应通过车载信号显示屏确认列车预选模式在AM-CBTC模式。

AM-CBTC模式为CBTC级别下的自动驾驶,预选模式为列车当前可以升级到的最高级别,当列车经过有源应答器时,驾驶模式即可自动升级。

3)库内运行采用"RM",在车库大门进行探头作业后,待出库信号机开放,列车获得移动授权自动升级至线路要求的运营模式,列车凭车载信号及出库信号机、调车信号机的进行显示,按推荐速度运行至出段信号机前规定位置

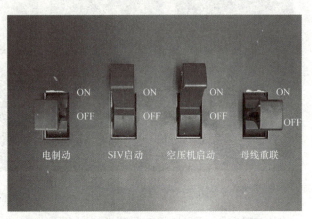

图4-8 电制动、SIV启动、空压机启动、母线重联开关

停车,一般推荐速度为20~25km/h。运行中遇段/场上下坡及弯道时,需严格控制列车的运行速度,避免超速。

4)精神集中,不间断瞭望,严格执行呼唤应答制度,确认途径的每个调车信号机显示及道岔开通方向正确;遇信号显示错误或道岔异常时,立即采取紧急停车措施,不可臆测行车。

 小贴士

一、北京燕房线全自动运行列车驾驶模式介绍

北京地铁燕房线采用交控科技股份有限公司信号系统,是我国第一条具有完全自主知识产权的全自动运行轨道线路。

1. FAM:全自动运行模式

全自动运行模式下,列车根据运营计划自动运行出库,实现区间自动驾驶、站台定位停车及车门控制、屏蔽门控制、自动换端,结束运营后自动回库并按照远程指令进行休眠。该模式为全自动运行线路的主要驾驶模式,仅当列车处于全自动驾驶区域中才使用。

此外,在全自动运行条件下,根据TIAS(行车综合自动化系统,Train Intergrated Automation System)设置的"雨雪模式"指令列车可以进入"雨雪模式",按最高运行速度不超过40km/h行车。

2. CAM：列车蠕行模式

列车蠕行模式也称为蠕动模式。在全自动运行条件下，当车辆网络出现故障，或车载 VOBC 与车辆设备通信故障时，申请获得远程授权后的一种驾驶模式，车载 ATP 限制列车在固定的低速 25km/h 之下运行。列车进入 CAM 模式后，ATP 应通过辅助驾驶设备向车辆输出 CAM 模式信号。

3. AM：列车自动驾驶模式

AM 模式为 ATP 监控下的列车自动驾驶模式。在该模式下，ATP 子系统保证列车的运行安全，ATO 子系统实现列车在区间的加速、巡航、惰行、制动、站台定位停车及车门、屏蔽门的控制。AM 模式的运行需要得到司机的人工确认，列车司机通过按压"ATO 启动"按钮来起动列车的自动运行。进入 ATO 驾驶模式后，若系统设备正常，没有人工干预，此驾驶模式维持不变。

在该模式下，站停时间结束时，车门、站台屏蔽门自动或人工关闭，司机按压"ATO 启动"按钮，列车离站。

4. CM：ATP 防护的人工驾驶模式

CM 模式为 ATP 监控下的人工驾驶运行模式，ATP 子系统实现列车自动防护的全部功能。

ATP 子系统确定列车运行的最大允许速度，司机驾驶列车在 ATP 保护的速度曲线下运行，在超过最大允许速度时实施紧急制动。站台停车、车门与屏蔽门的开关均由司机人工控制。

5. RM：限制人工驾驶模式

在 RM 模式下，车载 ATP 限制列车在某一固定的低速（如 25km/h）下运行，司机根据调度命令和地面信号显示驾驶列车。列车运行超过固定速度时，车载 ATP 设备对列车实施紧急制动，强迫列车停车。列车运行的安全由联锁设备、ATP 车载设备、调度人员和司机共同保证。

6. EUM：非限制人工驾驶模式

EUM 即 ATP 切除模式，在此模式下，车载信号设备的输出全部被切除，列车的速度、监控、运行及制动完全由司机操作，没有 ATP 超速防护。司机根据联锁设备状态和调度命令驾驶列车，负责列车和乘客的安全。

只有在设备发生严重故障且调度允许后才允许使用 EUM 驾驶模式，且司机必须按照规定的速度行驶，确保列车时速不会超过批准的最高车速（25km/h 或 40km/h）。

7. AR：无人自动折返模式

无人自动折返是指在无人折返站台由司机确认后，ATO 自动驾驶列车进入折返轨停车、完成列车换端、再自动驾驶列车回到目的站台的过程。正常情况下，无人折返过程中无须人工参与。

该模式下，车载信号设备在指定的无人折返站台提供无人自动折返的功能。无人自动折返功能的实施必须确保车门已经关闭且锁闭，两端驾驶室预设最高模式均为 AM-CBTC，ATO 设备工作正常。

二、列车控制级别介绍

1. CBTC：连续式列车控制

列车实时与轨旁设备交换信息，从而计算目标速度及目标距离（行车间隔最小）。

2. ITC：点式列车控制

列车每越过一个有源应答器与轨旁设备交换一次信息，直至运行至下一个有源应答器再次更新信息。

3. IXL：联锁及列车控制

列车不与轨旁设备交换信息，依靠地面信号机及道岔相互联锁确保行车安全。

2. 列车出段/场作业流程

列车头部驾驶室完全越过库外平交道后，可提高车速，进入车场内运行，速度不得超过 25km/h，遇视线不良时应降低车速。手指确认并呼唤沿途每一个地面调车信号显示及道岔开通方向，如图 4-9 所示。

a) 车场道岔

b) 车场调车信号机

图 4-9 车场运行时的呼唤应答

调车信号机的呼唤：信号白灯；道岔的呼唤：道岔位置正确。

运行至出段信号机（图4-10）前对标停车，将司机控制器手柄置于最大常用制动级位，闭合"母线重联"开关及"电制动"开关，在列车状态显示屏上操作开启客室照明和空调系统（图4-11）。

图4-10 出段信号机

图4-11 空调系统设置

小部分线路的列车和信号系统尚未升级，需由司机人工升级驾驶模式到规定的正线运行模式。采用CBTC系统的新型列车，驾驶模式可以自动升级。具体方法为：在出段信号机前方停车，等待列车从地面应答器接收到信号，控制级别升至AM-CBTC级别，同时TDT（关于TDT的显示规则详见项目五）指示发车时刻（图4-12）到达后，手指确认目标距离和目标速度，将司机控制器手柄置于"惰行"位，"ATO启动"按钮闪烁后，按下"ATO启动"按钮，列车自动运行至起点站。若因故未能升级至AM-CBTC级别，司机与行车调度员联系，得到准许后，以RM模式运行至起点站，列车头部驾驶室越过有源应答器后进行升级。

图4-12 出段信号机处TDT

任务二　入段/场与入库作业

任务说明

入段/场与入库作业是列车结束正线运营、运行回停车库的重要环节，途经车场道岔区段、平交道等重要区域，存在运行模式的转换操作和部分重要开关的操作，对司机的操作要求较高，同时也有一定的风险，应该给予重视。

通过此项任务，学生掌握车场和库内运行作业的标准程序和操作要求，熟练操作列车入段/场与入库，达到企业对电动列车司机的要求。

知识目标

1. 掌握列车运行模式的转换时机。
2. 掌握列车入段/场与入库的标准化作业规范。
3. 掌握列车入段/场与入库的注意事项。

能力目标

1. 能正确使用限制人工驾驶模式 RM。
2. 安全熟练地驾驶列车进行入段/场与入库作业。
3. 遵守段/场作业的各项安全规定。

素质和德育目标

1. 培养安全意识。
2. 践行电动列车司机职业守则。
3. 具备时间观念，爱岗敬业。

任务设备准备

列车驾驶模拟器、司机包、各种行车用品。

相关理论

一、入段/场运行

1. 列车入段/场运行的注意事项

回车辆段或停车场的列车在运营终点站出站后，凭出站信号机的绿色或黄色灯光显示进入联络线运行，运行时注意观察车载信号显示屏的各项信息。

进入段/场前，注意将在正线上闭合的"母线重联"开关、"电制动"开关和其他各负载开关断开，并视要求及时更换列车运行模式。

在段/场内操纵列车运行时，必须严格按照呼唤应答制度认真确认信号显示和道岔开通方向，严禁出现挤道岔事故。若遇到调车信号机显示红色灯光，应在其前方 10m 处停车，待信号开放后手指呼唤确认，再行发车。

挤 道 岔

某年某月某日，在某车辆段—车场的接车高峰时段，车场列车调度员按"列车到发时刻表"及运用计划办理西联方向回段列车乙入库进路，此时西联、东联两个方向回段列车乙、列车甲先后抵达小站台，如图 4-13 所示。

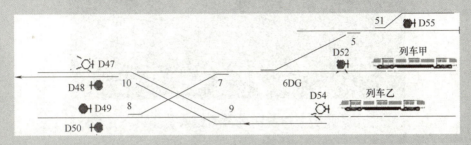

图 4-13　车场接车示意图

已具备入库条件的列车乙凭 D54 信号显示入库，列车甲在小站台等信号。车场列车调度员在监视列车运行时，突然发现 6DG 处出现红光带。调度员向小站台方向瞭望，发现列车甲已经越过 D52 信号机向车场方向驶来，一名调度员立即用广播让列车甲停车，另一名调度员手拿红色信号旗去瞭望台显示停车信号，但无济于事，列车甲已经驶过，此时控制台挤岔铃开始报警。

事故发生后，10 号道岔处于四开位置，其连接杆弯曲，被挤一侧岔尖部有轻微损坏，经抢修恢复。事故影响后续列车出入段及车场作业。

事故的直接原因：列车甲司机驾驶列车与列车乙前后进入小站台，在运行至一定位置时能看见 D54 信号机及 D47 信号机的显示，列车甲司机误认为信号已开放，在未认真确认 D52 信号机显示的情况下就盲目动车。而冒进 D52 调车信号机后运行时，又没有及时对线路及道岔位置进行瞭望和确认，挤 10 号道岔后，冒进 D47 信号机。

2. 列车入段/场作业流程

司机人工驾驶的情况下，在看到"注意进场信号"提示标处应适当降低运行速度，运行至进段高柱信号机前对标停车（图 4-14），将司机控制器手柄置于最大常用制动级位，断开"母线重联"开关、"电制动"开关、列车空调或电热、客室照明，保持辅助逆变器及空压机处于工作状态。

将手持电台调至"车辆段/停车场"组别，使用车载电台向段/场列车调度员申请回库。遇车载电台故障时，及时使用手持电台进行联系。得到段/场列车调度员的授权后，对授权列车停车股道进行复诵，待进段信号机开放后，执行手指呼唤确认程序，凭车载信号显示驾驶列车进入段/场。

司机与段/场列车调度员联系的入段（库）标准用语如下：

司机：×××车入段高柱信号已开放，可否凭信号显示运行回库。

图 4-14 进段信号机

段/场列车调度员：×××车凭信号显示运行至××道东库/西库/南库/北库。

司机：凭信号显示运行至××道东库/西库/南库/北库，×××车明白。

段/场运行一般限速 20~25km/h，司机应手指确认并呼唤沿途每一架调车信号机显示及道岔开通方向正确。遇信号显示错误或道岔异常时，立即采取紧急停车措施，不可臆测行车。

列车运行途中，司机注意观察列车运行方向与段/场列车调度员所授权到达的股道是否一致，遇进路错误时，及时进行汇报。

在入库平交道前一度停车，按规定运行入库。

二、入库作业

1. 入库作业的重要性

列车入库表示列车完成运营任务或因故无法继续投入运营从而运行回库，每当此时，司机经过一段时间的正线运营，体力和精力有所消耗，加上工作即将结束，不免在入库作业时有所懈怠，极易发生行车事故，所以进行入库作业更要提高警惕，站好最后一班岗。

2. 入库作业操作流程

1) 列车需在库外平交道前停车标处一度停车（规范位置：应在一度停车标前停车；若没有一度停车标，应在出库信号机前停车，确保能够清晰地观察到平交道、库门及前方线路情况），确认平交道处及所要停于的股道内无人员作业或行走，如图 4-15 所示。

2) 手指确认并呼唤库门开启到位及本股道接触轨处于送电状态。执行标准为：手指库门、前方线路、平交道口情况，呼唤"库门开启到位，线路状态良好，平交道无异常"。

3) 将前照灯置于"强光"位，鸣笛一长声（2s 以上），使用牵引一位动车，限速 5km/h 驶入库内，司机应随时注意行人和车辆状态，如图 4-16 和图 4-17 所示。

图 4-15　入库一度停车

图 4-16　鸣笛

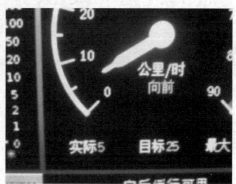

图 4-17　车速小于 5km/h

4）缓慢驾驶列车驶入库内，接近尽头线 20m 时，速度不得超过 3km/h，确保在规定位置对标停车，如图 4-18 和图 4-19 所示。

图 4-18　驶入库内

图 4-19　库内停车位置标

如果列车需停于 B 轨，则应在 A 轨处一度停车后，确认平交道及 B 轨处无车辆占用、无人员行走或作业，鸣笛一长声，起动列车停于 B 轨的规定位置。

5）停车后，断开车上各电器开关和蓄电池开关，将列车制动好，必要时放好止轮器，并申请断开本股道接触轨开关柜闸刀。凡离开车辆时，务必锁好驾驶室门窗，客室车门除需要开启外也需关闭。

注意： 部分地铁公司规定，列车入库后，司机在两端驾驶室分别对列车制动系统、监控系统、广播系统、各开关和仪表、继电器柜、前照灯、尾灯、ATP 系统、电暖引流风机、空调、客室紧急报警装置、驾驶室门、刮水器、空压机、辅助电源、客室侧门和侧墙灯等进行试验，试验完毕后再关停列车，并将运行中及入库试验巡视情况与检修中心进行车辆状况交接，发现故障及时报修。

全自动运行模式（FAM）下的段/场运行

在 FAM 模式下，列车在段/场内的运行自动进行，司机在驾驶室内监护列车。

一、列车出库与出段/场

列车成功唤醒后，可根据派班计划以及 TIAS 指定的运行方向，自动出库运行。列车唤醒即默认拥有全自动运行授权，段/场内运行时自动断开母线断路器、关闭空调和电暖。

TIAS 能根据派班计划，在规定时间自动触发办理出库进路，并根据时刻表自动触发车库库门打开。

由司机本地唤醒的列车，可由司机按人工流程升级 FAM 模式并根据车载信号显示屏的提示按下确认按钮发车。

在驾驶室监护列车的司机工作职责如下：

1）确认出库信号、线路道岔。
2）认真执行呼唤应答制度。
3）列车动车出库前，司机应观察车库门是否正常打开，当发现异常时，立即紧急停车。
4）列车在段/场内运行时，司机应不间断瞭望线路，发现有人在线路行走时，鸣笛警示并紧急停车。
5）列车运行时，司机发现异物侵入限界，应紧急停车。
6）列车运行时，司机不得擅自改变列车运行模式。

全自动运行的列车在通过转换轨时不停车，继续进入联络线运行。

二、列车入段/场与入库

完成当日运行计划的 FAM 列车进入转换轨后，自动进入车辆段/停车场回库。列车在段/场内运行时自动断开母线断路器、关闭空调和电热，并实现自动鸣笛。

TIAS 根据计划时刻表检查到结束当前表号任务的列车完全进入转换轨后，按照派班计划自动设置头码，自动或人工排列至库线的列车进路；列车完全进入库线后，自动为列车清除头码，延时一段时间后自动或人工向该列车发送休眠指令。

在驾驶室监护列车的司机工作职责如下：

1）列车在段/场内行驶时，司机应不间断瞭望线路，有人在线路上行走时，鸣笛警示并紧急停车。

项目四 段/场作业

2）列车运行时，司机发现异物侵入限界，应紧急停车。

3）列车运行时，无特殊情况司机不应鸣笛，不得擅自改变列车运行模式。

4）列车运行到库内股道停稳后，自动休眠。列车休眠成功后，司机向段/场列车调度员报告："××道××号列车休眠完毕。"

5）携带行车备品进行车厢巡视工作，经由出库端驾驶室登乘梯下车。

任务三　试车作业和洗车作业

任务说明

试车作业是在车辆段内试车线上对列车进行调试检查，是检验修完列车能否投入正线使用的必要程序。试车线没有地面信号系统进行防护，因此对于试车作业的要求更加严格。

洗车库环境特殊，为了防止发生事故，司机必须严格遵守洗车作业规范，提高洗车作业效率。

通过此项任务，学生应掌握试车作业和洗车作业的标准程序和操作要求，熟练进行试车线上作业、洗车库内作业，达到安全、高效和准确的工作目标。

知识目标

1. 掌握试车作业注意事项和操作规范。
2. 掌握洗车作业注意事项和操作规范。

能力目标

1. 能安全、独立完成试车作业。
2. 能安全、独立完成洗车作业。

素质和德育目标

1. 培养谨慎、一丝不苟的操作习惯。
2. 树立"安全第一"的意识，杜绝事故发生。
3. 爱护列车，文明工作。

任务设备准备

列车驾驶模拟器、专用钥匙、手持电台、列车状态记录单。

相关理论

一、试车作业

在车辆段内试车线运行前，列车应按规定联系试车线进行接触轨或接触网的送、停电及试车线信号系统进路开放等事宜。被指派进行试车的司机负责与段/场列车调度员联系进路。

运行前试车调车司机应确认有关人员都已处于安全位置，确认信号开放、道岔开通方向正确。司机从库内驾驶列车运行至规定位置调车信号机外方停车，凭信号机显示的进行信号进入试车线停车标处停车待试。

车辆段内试车线上的调试作业不得影响正常运行的列车，试车线最高运行速度为60km/h。列车在试车线调试时（特殊要求除外），应在运行前方驾驶室操纵，按规定速度调试运行，严禁退行。

在试车线调试的列车，由调试负责人指挥。试车中，试车调车司机按调试负责人的要求进行列车调试作业。需下车处理故障时，应联系妥当，并将列车制动妥当。司机在得到调试负责人故障处理完毕、有关人员已全部上车的通知后，方可再次动车。

试车过程中，任何一方人员需关断或恢复列车制动系统任何阀门时，必须经调试负责人同意方可进行操作。调试负责人负责将此情况及时告知试车调车司机，司机根据实际情况采取正确的制动方式。

试车中，列车在试车线双向运行时，接近尽头线停车标处，要控制速度不得超过5km/h。若冬季轨面有霜，应提前制动，适当延长制动距离。

当试车完毕需返回停车库或列检库时，应将列车停在规定位置调车信号机外方，试车调车司机利用专用电话与段/场列车调度员联系进路，确认信号机的进行显示后，方可越过该信号机，运行回库。

二、洗车作业

1. 作业流程

出库前，对列车进行整备作业，确保列车具备动车条件，可以进行洗车。

整备完成后，及时联系段/场列车调度员，按要求出库运行。在洗车前应与洗车值班员确认好是否需要洗车头和车尾，如列车需要洗车头和车尾时，经洗车值班员通知后，司机加强监控，确认好洗车信号进行洗车。具体作业流程如下：

1）按要求驾驶列车，运行至洗车库前，在平交道口处的进库信号机前一度停车。看进库信号机显示白灯（或黄灯），可继续运行。信号红灯表示列车不可越过该信号机，需立即停车。

2）确认库外的洗车机信号显示。信号绿灯表示洗车库准备就绪，可以进行洗车作业，此时司机在列车状态显示屏上选择"进入洗车模式"（图4-20），关闭辅助逆变器，确保刮水器旋钮在关断位。若洗车机信号为红灯，需停车待命，报告段/场列车调度员，按其指示办理。

3）以"洗车模式"限速3km/h进入洗车库，按洗车信号显示运行。在"前端洗车"信号机（红灯）处对标停车，进行头端洗刷。

4）待洗车信号开放（绿灯）后，运行至"尾端洗车"信号机（红灯）处对标停车，进行尾端洗刷。

5）待洗车信号机开放（绿灯），运行至前方停车标处，洗车完毕。退出洗车模式（图4-20），进行换端作业。

6）换端后，看信号显示运行至转换轨，与段/场列车调度员联系，按要求返回相应股道。

项目四 段/场作业

图 4-20 "洗车模式"设定界面

2. 注意事项

1) 洗车作业司机必须要集中精力,严格执行呼唤应答制度,严禁进行洗车作业以外的其他活动,确保洗车作业安全。

2) 一度停车后洗车司机应注意选择"进入洗车模式"。

3) 列车不能洗车作业时,司机应及时联系段/场列车调度员,在得到段/场列车调度员动车指令后,确认洗车机设备无侵限,方可动车。

4) 洗车过程中严禁列车后退。

5) 冰冷天气洗车应使用风窗加热功能,防止玻璃结冰造成无法瞭望。

项目五

正线运行操作

任务一 正线运行标准化作业

任务说明

标准化作业是为了增强司机安全意识、规范电动列车操作、保证行车安全和提高行车效率所制定的一系列标准作业制度,将有关列车操作的每一项工作进行动作分解,形成一种规范的作业程序,达到安全、准确和高效的运营目的。标准化作业是司机进行动车作业的前提条件和要求,包括出勤作业标准化、整备作业标准化、段场作业标准化和正线作业标准化等。

通过此项任务,学生养成规范操作的意识,保证正线作业程序的准确执行,保障列车运行安全。

知识目标

1. 掌握电动列车司机正线运行操作的标准化作业规范。
2. 掌握发车计时器(TDT)显示的含义。
3. 掌握熟记"五确认一执行"制度。
4. 掌握调度命令的执行规定。

能力目标

1. 能领悟标准化作业的目的和意义。
2. 能正确履行"五确认一执行"制度。
3. 能正确执行调度命令的复诵制度。
4. 会识读TDT。

素质和德育目标

1. 谨记"安全第一",培养严格按照标准化作业操作的习惯。
2. 培养良好的行为习惯和自我管理能力。

项目五　正线运行操作

3. 践行工匠精神，树立精益求精的作业目标。

列车驾驶模拟器、司机包、各种行车用品。

一、列车运行的一般要求

1. 安全驾驶

安全是地铁运营的第一标准，国内外轨道交通运营都把行车安全放在突出位置，行车安全的质量指标是衡量轨道交通运营管理的重要环节，是列车运行的永恒主题。为了减少和消除由各种因素造成的不良后果，电动列车司机作为第一线的操作者，在执勤时必须时刻牢记"安全第一、预防为主"的运营宗旨，确立安全行车和服务乘客的思想意识，并将之落实在工作的每一个细节、每一个动作中。

富有纪律性、严格执行规章制度的司机是保证安全行车的基本因素之一。在人与技术设备的有机联系中，人是最主要的方面。如果经常性发生人为失误，最精良、最先进的设备也会变得不那么可靠。国内外的多项事故分析与调查都表明，由于人为失误造成事故的比例大于技术缺陷所造成的事故比例。虽然随着全自动运行技术的普及，系统可靠性提高，"人"在地铁运营生产中的参与比例降低，但其在关键时刻的作用不会下降，反而应当是在提升，以保障安全标准贯彻落实。因此，行车人员树立安全意识，认真学习和遵守行车安全规定是十分重要和必要的。

小贴士

"五做到、七禁止"

"五做到、七禁止"总结了在列车运行中司机应做到的各项标准，每一名司机都应将其熟记于心并贯彻执行。

五做到：

1）精神集中、不间断瞭望、严格执行呼唤应答制度。

2）严守速度。

3）按规定鸣示音响信号。

4）认真观察仪表和指示灯的显示，遇有显示不正常时，应查明原因，采取适当措施，绝不可贸然行车。

5）遇有危及行车和人身安全时，应果断停车。

七禁止：列车行驶中，禁止司机有下列行为：

1）探身车外（监护车门及站内运行时除外）。

2）飞乘飞降。

3）跨越车厢（有防护通道的车除外）。

> 4）开门行驶（站内监护车门除外）。
> 5）处理故障。
> 6）往车外抛掷物件。
> 7）开启前照灯进站。

在驾驶列车运行时，司机应严守运行速度，严格按照车载信号显示的推荐速度驾驶列车，遵守各区段的限制速度。

如图 5-1a 所示，在列车以 ATP 防护人工驾驶模式运行时，ATC 系统会根据列车所处的区段和前后车距离等综合因素计算出本车当前的推荐速度，在速度仪表上以黄色指针表示，超过此速度 ATP 系统会产生报警；而红色指针指向的为紧急制动触发速度，一旦列车实际速度超过此速度，ATP 系统将自动启动紧急制动。

a）ATP防护人工驾驶模式下的速度表

b）限制人工驾驶模式下的速度表

图 5-1　车载信号速度表

在列车以限制人工驾驶模式即 RM 模式运行时，仅以车载 ATP 对列车速度进行防护，最高限速为 25km/h，如图 5-1b 所示。

在某些非正常条件下，列车运行也需严格遵守行车技术标准中制定的限制速度。电动列车运行限制速度见表 5-1。

表 5-1　电动列车运行限制速度（来源：北京地铁）

项　　目	速度/(km/h)
列车通过显示黄色灯光的信号机	在下一个信号机前能停车的速度
列车越过速度限制标	不得超过速度限制标所表示的速度
列车通过有屏蔽门的车站	50
列车通过无屏蔽门的车站	40
列车反方向运行	35
列车推进运行	30
使用引导手信号接车	25

（续）

项　　目	速度/（km/h）
列车退行	15
接入站内尽头线，自进入该线起	15
接近尽头线终端20m处起	5
非限制人工驾驶模式运行	不得超过线路的最大允许速度

下面对表5-1中的各项目做具体说明：

"通过显示黄色灯光的信号机"中的黄色灯光是指地面复式信号机（如果是防护信号机，则黄色灯光代表道岔为反位，应限速25km/h），在采用地面信号机作为运行判定条件之一时，黄色灯光表示"注意、减速"信息，前方下一个地面信号机可能显示红灯（意为停止），因此在遇有显示黄色灯光的信号机时，司机必须注意控制列车速度，做好在下一个信号机前停车的准备。

"列车越过速度限制标"是指司机驾驶列车在线路上运行时，除了要根据列车控制系统提供的推荐速度开行以外，还应密切关注位于线路右侧的限速标，遵守限速要求。限速标用数字标明限速线路地段的最大允许速度，如图5-2所示。如果限速标规定的速度限制解除，则用"限速解除标"标明，如图5-3所示。

图5-2　速度限制标

图5-3　限速解除标

"列车通过有屏蔽门的车站"和"列车通过无屏蔽门的车站"是指列车过站不停时的情况。考虑到屏蔽门起到的安全防护作用，有屏蔽门车站的通过速度高于无屏蔽门车站的通过速度。

"列车反方向运行"是指在双线单向运行的区间因某种需要，按有关规定临时组织列车在线路上与规定方向反向运行的情况。可理解为：在上行线路上行驶下行方向的列车，或在下行线路上行驶上行方向的列车。列车反方向运行的命令需由行车调度员发布，司机确认行车凭证，并根据综控员的发车手信号发车。

"列车推进运行"是指在尾端驾驶室按线路规定方向操作列车运行。列车推进运行的命令需由行车调度员发布。在列车运行过程中，前方操纵台因故不能操纵列车推进运行时，司机应立即将情况向行车调度员报告，采取更换操纵台的办法推进运行。

"使用引导手信号接车"是指在非正常情况下，当信号设备因故不能使用时，通过行车指挥人员（如综控员）的引导手信号告知司机"准许列车进入车站或车场"。昼间的引导手信号是将展开的黄色信号旗高举头上左右摇动，如图5-4a所示；夜间的引导手信号是将手信号灯开至黄色灯光，高举头上左右摇动，如图5-4b所示。

a) 使用信号旗　　　　　　　　b) 使用手信号灯

图 5-4　引导手信号

"列车退行"一般指列车由于某些原因必须向后退，如由区间向车站退行。列车需退行时，行车调度员先会同相关站综控员确认区段空闲后，方可准许列车退回。

"接入站内尽头线，自进入该线起"和"接近尽头线终端20m处起"都是说明在尽头线的运行情况。

"非限制人工驾驶模式运行"是指当车载ATP不能正常工作而必须使用非限制人工驾驶模式驾驶列车时，必须严格遵守线路规定的限制速度。由于车载信号设备被切断，此时ATS（自动列车监控）系统不能监测到该列车，从而无法判断该列车在线路上的实际位置，导致该车成为线路上的"盲区"。这种情况对于运营安全是极大的隐患，因此除非情况极其特殊，一般不采用非限制人工驾驶模式运行。

列车在弯道区段或道岔区段运行时，应严格按照限速规定运行。以构造速度为80km/h的线路为例，在通过不同半径的曲线区段，司机应遵守表5-2所列的限制速度。

表 5-2　曲线区段限制速度

条　件	速度/(km/h)
直线及曲线半径大于600m	80
曲线半径在600～395m	70
曲线半径在395～295m	60

(续)

条 件	速度/(km/h)
曲线半径在 295～195m	50
曲线半径在 195～150m	35

当然，不同的运营线路根据自身的线路条件会有不同的限速要求，这就需要司机牢记线路标识，按规定驾驶列车。

侧向过道岔的速度控制也与安全行驶密切相关。道岔是轨道的重要组成部分，也是轨道线路的薄弱环节之一。由于车轮在通过辙叉时，从两根翼轨的最窄处到辙叉心的最尖端之间有一段空隙，为道岔的有害空间，如图 5-5 所示。车轮通过此处时，有可能因走错辙叉槽而引起脱轨，这个有害空间的存在限制了列车侧向通过道岔的速度。一般地，城市轨道交通线路铺设的道岔为 7 号道岔和 9 号道岔（正线铺设 9 号道岔，车场线路铺设 7 号道岔），侧向通过速度见表 5-3。

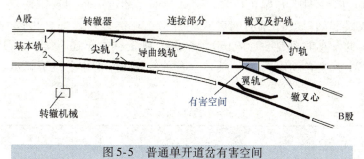

图 5-5　普通单开道岔有害空间

表 5-3　道岔侧向通过速度

道 岔 型 号	速度/(km/h)
9 号辙叉（曲线尖轨）	35
9 号辙叉（直线尖轨）	30
7 号辙叉	25

2. 准点运行

为了提高轨道交通的运营效率和服务质量，除了坚持"安全第一"的原则外，地铁运营还需保证高正点率，这就需要司机严格按照列车运行图规定的运行时刻操纵列车。北京地铁各线的正点率能达到 99.5% 以上，这与司机规范的驾驶行为、处理故障和突发事件的高能力是分不开的。

司机在值乘时，需携带列车运行图、运营时刻表等文件，严格按照信号的显示和运行图行车，不违章行车、不臆测行车、不盲目抢点运行，确保列车安全正点。目前，地铁各站都安装有 TDT，在进行站台乘降作业时，司机通过观察 TDT 上显示的时间，就能较好地掌握当前车次早晚点的情况。列车 TDT 如图 5-6 所示。

TDT 一般固定于车站列车到发线的前上方，显示的时间以秒为单位，为自列车到达车站距列车运行图规定的发车时刻的时间差。如果 TDT 在倒计时，那么当前还没有到达运行图

图 5-6　列车发车计时器 TDT

规定的发车时刻；如果 TDT 开始正计时，那么当前已超过运行图规定的发车时刻。图 5-6 所示的车站为线路起始站，停站时间较长，TDT 正在倒计时，那么可以判断出，运行图制定的本次列车的发车时刻是 10:19:30，当前距离正点发车还有 294 s（4′54″）。当列车驶离站台后，TDT 就会自动熄灭，直到下一趟列车进站停稳才会继续显示。TDT 的显示内容详见表 5-4。

表 5-4　TDT 的显示内容

项　　目	显 示 内 容
未到达规定的发车时刻	倒计时
到达规定的发车时刻	000
超过规定的发车时刻	正计时
提前发车	000
扣车	H
列车通过	- - -
倒计时溢出	=
正计时溢出	= =

注："溢出"是由于 TDT 最多只能显示三位，当正计时或倒计时超过 999 s 时就会造成溢出。

3. 司机标准坐姿

当列车以自动驾驶模式运行时，司机应将双手放于操纵台面上，坐姿端正，双眼平视前方，认真观察前方线路情况，密切注意列车运行状况，如图 5-7 所示。

当列车以人工驾驶模式运行时，司机应用右手紧握司机控制器手柄操纵列车运行，左手放于操纵台面上，双眼平视前方，认真观察前方线路情况，密切注意列车运行状况，如图 5-8 所示。

双司机值乘时，非操纵者应坐在操纵者平行位置左侧，进站时起立并协同确认线路情况及列车运行状况。

项目五　正线运行操作

图 5-7　列车自动驾驶模式下的坐姿

图 5-8　列车人工驾驶模式下的坐姿

在区间运行时，司机应做到瞭望线路情况、信号情况，注意观察各仪表显示和车辆状况。列车自动驾驶时注意观察信号系统显示屏，人工驾驶时，注意控制列车速度，严格按速度命令及线路规定运行。此外，注意监听列车广播，在换乘站、终点站严格按照规定内容使用人工广播，做好优质服务，提示乘客。

4. 调度命令的执行规定

在以 GoAl～GoA2 级别运营时，地铁行车组织实行"行车调度员—司机"的二级管理制度，综合控制室值班员（简称为综控员）辅助行车工作。运营线路的行车组织工作由行车调度员统一指挥，列车运行由司机负责，车站的行车工作由综控员负责，车辆段和停车场的行车工作由段/场列车调度员和调控中心值班员负责。

如果说行车调度员是列车运行的控制器，那么司机就是列车运行的执行机构。在运营线上驾驶列车运行的司机必须服从行车调度员的指挥，发现突发情况及时向行车调度员汇报。表 5-5 列出了一些需发布行调命令的情况，即表中的各项需经行车调度员允许方可实行。对于司机来说，诸如有关人员登乘驾驶室、限速运行、清客等情况，必须通过车载电台或手持电台向行车调度员汇报，得到授权后再执行。

表 5-5　需发布行调命令的情况

序　号	命令项目	受　令　者	
		司机	综控员
1	封锁、开通区间时	○	○
2	开行施工列车、试验列车时	○	○
3	有关人员登乘驾驶室时	○	
4	封站或解除封站时		○
5	控制权转换时	○	○
6	按电话闭塞法行车时	○	○
7	临时变更或恢复原行车闭塞法时	○	○

（续）

序　号	命 令 项 目	受　令　者	
		司机	综控员
8	列车反方向运行时	○	○
9	列车限速运行时	○	
10	区间疏导乘客时	○	○
11	有车线接车	○	○
12	列车在站通过时	○	
13	列车清人时	○	○
14	列车救援时	○	○
15	列车跨调度区段运行时	○	○
16	车站与车站间调车	○	○
17	列车在车辆段与国铁专用线间运行时	○	○
18	行车调度员认为有必要发布上述以外的命令	○	○

调度命令根据不同内容，需在执行前以书面或口头形式发布给命令执行人；若无法直接发布时，由综控员以书面形式转交给命令执行人。

司机在接到行车调度员发布的命令或由综控员转达的调度命令后，相互间应认真履行调度命令复诵制度，并由传达人确认无误后执行。对于行车调度员发布的口头命令，司机应及时记录在“口头调度命令”单上，图5-9所示为临时加开或停运列车的口头调度命令记录单。接到由综控员转交的调度书面命令时，要进行复诵，确认日期、时间、车次、内容和调度员代号；有疑问或不清时，需及时提问，核实清楚，并认真执行。

口头调度命令

（临时加开或停运列车）

年　月　日　时　分

受令司机		调度员姓名	
内容	加开回空列车 ______站至______站/段加开回空车______次。 加开临客列车 ______站至______站加开临客______次。各站停车上下人。		

图5-9　临时加开或停运列车的口头调度命令记录单

GoA3~GoA4 级别的线路不设置驾驶室和司机，有关行车人员服从行车调度员的指挥，执行行车调度员命令，按照列车运行图组织行车。

司机与行车调度员的联控用语

案例一

001 车采用 ATP 防护人工驾驶模式运行至下行 A 站至 B 站区间发现异物侵限。司机施加紧急制动，停在侵限异物前方。

司机：001 车呼叫行调，请回话。

行调：行调有，请回话。

司机：001 车在下行 A 站至 B 站区间，A 出站约 400m 处发现有异物在线路中。目前已施加紧急制动，停在异物前方。请回话。

行调：影响行车吗？

司机：001 车发现异物是一个白色扳手，放在两轨间的道床上，暂时不影响行车。

行调：001 车按警戒速度驾驶，通过异物区段后向我汇报。

司机：按警戒速度驾驶，通过异物区段后汇报，001 车司机明白，通话完毕。

案例二

008 车运行至 C 站至 D 站上行区间，司机发现驾驶室台右下机柜有烟冒出，并伴有烧焦气味。

司机：008 车呼叫行调，请回话。

调度：行调有，请回话。

司机：008 车以自动驾驶模式运行至 C 站至 D 站上行区间，驾驶室右下机柜有烟冒出，并伴有烧焦气味，请回话。

调度：008 车是否有明火，是否需要清人掉线。

司机：008 车刚才冒了一股白烟，目前烟已经消失。司机申请开柜子查看一下，再行汇报。

调度：抓紧时间开柜门检查。

司机：开柜门检查，008 车司机明白。

司机：008 车右下机柜内有一保险跳开，无明火迹象。目前车载信号正常，列车还在继续运行，请回话。

调度：008 车改 ATP 防护人工驾驶模式，随时注意列车状态，进站后清客作业。请回话。

司机：改 ATP 防护人工驾驶模式，随时注意列车状态，进站后清客，008 车收到，通话完毕。

二、"五确认一执行"制度

驾驶列车运行中司机应做到"五确认、一执行"。

(一) 五确认

"五确认"用 30 个字概括了司机在操纵列车时必须注意的方面,要求司机必须熟记并严格执行。

1. 确认信号、凭证

开车前要确认信号显示及各种行车凭证无误后,方可按规定动车。

2. 确认线路、道岔

驾驶中应不间断瞭望,确认线路无人员及障碍物,并认真确认道岔的开通方向。

3. 确认关门状态

运营中司机需通过 PSL(屏蔽门就地控制盘)指示灯确认屏蔽门关闭状态;并通过列车关门指示灯和列车状态显示屏的门光带显示,确认车门已关好;屏蔽门与车门间的间隙无夹人夹物后方准上车。

4. 确认操纵部件

列车在始发前及折返时(包括库内动车前),必须全面确认驾驶室各按钮、开关及手柄位置;特别应注意确保更换操纵台时两端驾驶室的操纵部件位置正确。

5. 确认车次、时刻

动车前要认真确认规定开行的车次与运行时刻,由车辆段发车时要特别注意运行方向。

(二) 一执行

"一执行"是指列车运行中,司机要认真执行呼唤应答制度。进行呼唤应答(也称为手指呼唤确认)时,手臂平直伸展,食指伸出,准确指出所呼设备,同时呼唤设备状态,要求做到手指(指出确认物)、眼看(观察确认物状态)、嘴呼唤(呼出确认物状态)三点同步完成,如图 5-10 所示。

a) 道岔呼唤　　　　　　　　　　b) 指示灯呼唤

图 5-10　呼唤应答制度

北京地铁公司将呼唤应答制度归纳为 12 个字,即:

1) **彻底瞭望**。做到动车集中看,瞭望不间断。
2) **确认信号**。做到听不清就问,看不清就停。
3) **高声呼唤**。做到一人问两人看,手指眼看同呼唤。

各地铁公司都要求司机必须严格执行呼唤应答制度,其目的是保证地铁列车的行车安全。地铁列车司机在隧道或者高架上驾驶列车,周围环境单调枯燥,时间一长,容易产生视觉疲劳和注意力不集中;而列车运行中会遇到很多指示灯、信号灯、标识和道岔等,要求司机必须集中精力辨识和确认。为了防止司机走神，使其注意力高度集中，司机在行车中应按照"手指呼唤"的一套标准化规范进行作业。呼唤应答制度对站姿、坐姿、行走标准、呼唤时机、呼唤内容等都具有严格、规范的执行要求，北京地铁公司甚至将"司机在值乘中未按规定要求执行呼唤制度"列为 C 类一般事故，可见该项制度受重视的程度和其重要性。

根据运营列车采用单司机还是双司机制度，呼唤应答的要求不同，各城市地铁公司根据自己的企业制度和企业文化要求，呼唤时机和呼唤内容设计得也不一样。以某条线路为例进行介绍，见表 5-6，学生应重点掌握呼唤应答制度，经练习后会看、会指、会呼唤。

表 5-6 呼唤应答的时机和内容

	呼唤时机	手指设备	呼唤内容（非操纵者）	应答内容（操纵者）
CBTC 级别列车	发车条件具备，出站前	信号显示屏发车允许图标	车载信号	允许发车
非 CBTC 级别列车	发车条件具备，出站前	出站（出段）信号机	出站（出段）信号	出站（出段）绿灯
	发车条件具备，出站前方有道岔时	出站兼防护信号机	出站信号	出站绿灯/出站黄灯
	距区间主体信号机 100m 且信号显示绿灯时	主体信号机	信号绿灯	绿灯通过
	距区间主体信号机 200m 且信号显示红灯时	主体信号机	信号红灯	红灯停车
	距防护信号机 100m 且信号显示绿灯时	防护信号机	防护信号	绿灯通过
	距防护信号机 100m 且信号显示黄灯时	防护信号机	防护信号	黄灯减速
	距防护信号机 200m 且信号显示红灯时	防护信号机	信号红灯	红灯停车
通用	距道岔 30m 且看清道岔开通方向	道岔	道岔位置	位置正确
	车头越过站台非出库端墙	前方线路	列车进站	对标停车

注：1. CBTC 级别列车运行时，区间信号机灭灯，不呼唤。
　　2. 防护信号机黄灯时，要注意减速并确认道岔位置是否正确。

在进行呼唤应答时，不得间隔其他确认物，如信号、道岔、站台。双司机值乘时非操纵者进行呼唤，操纵者进行应答。单司机值乘时仅进行表中的应答内容。列车进站过程中，如遇出站信号机显示红灯，司机在站台规定位置停车，无须手指呼唤红灯显示的出站信号。

任务二　CBTC下的正线运行

任务说明

列车正线运行是运营任务的主要过程，是司机工作内容的主体部分。正线运行时，司机应严格执行、遵守列车操作的各项规章制度，保证安全、平稳、正点运送乘客。本项目所指的"正线运行"仅指列车在区间的运行，不包括站台作业和折返作业。CBTC下的运行指正常情况下的电动列车操作，不包含故障条件和非正常情况（如特殊天气、反方向运行等）的驾驶操作。

通过此项任务，学生掌握列车正线运行的规定，能严格按照要求熟练驾驶列车。

知识目标

1. 掌握CBTC系统的特点和应用。
2. 了解闭塞的基本理论和原理。
3. 掌握不同驾驶模式下的列车平稳操纵方法。

能力目标

1. 能进行列车自动驾驶的操作。
2. 人工驾驶时，能平稳进行列车的牵引和制动操作。
3. 能正确判断列车的各种驾驶模式及使用条件。
4. 熟练掌握一种车型操纵台的操作，并举一反三熟悉各类操纵台。

素质和德育目标

1. 谨记"安全第一"，培养严格按照标准化作业操作的习惯。
2. 培养创新意识，适应技术发展。
3. 爱护列车，文明生产。

任务设备准备

列车驾驶模拟器、司机包、各种行车用品。

相关理论

一、CBTC系统

CBTC系统（Communication Based Train Control System，基于通信的列车自动控制系统）是当前ATC系统的主要制式。它采用先进的通信、计算机技术，实现了移动闭塞方式，能连续控制与监测列车运行，摆脱了用轨道电路判别对闭塞分区占用与否的方法，突破了固定

项目五 正线运行操作

闭塞的局限性;易实现列车与轨旁设备的双向通信且信息量大,改变了以往列车运行时信息只能由轨旁设备向车上传递、信息量少的缺点,大大减少了轨旁设备,安装维修方便,在进一步完善其降级使用模式后,有利于降低运营成本;便于短编组、高密度运行,可缩短站台长度和端站尾轨长度,提高服务质量,降低土建工程投资。

CBTC 系统的三大关键技术是车—地双向通信系统技术、列车定位技术和列车完整性检测技术。作为 ATC 系统的实现形式之一,CBTC 的行车控制含有不同层次的轨道自动化水平,包含以下几种主要功能:列车自动防护(ATP,Automatic Train Protection)、列车自动运行(ATO,Automatic Train Operation)、列车自动监控(ATS,Automatic Train Supervision),可以做到 90 s 的行车间隔,满足客流不断增长的需要。CBTC 系统还能够实现移动闭塞、点式固定闭塞、联锁控制三级控制模式,并可以自由切换与升降级。

CBTC 系统确立了"信号通过通信"的新理念,使列车与地面(轨旁设备)紧密结合、整体处理,改变以往车—地相互隔离、以车为主的状态,这意味着只要车—地通信采用统一标准协议后,就易于实现不同线路间不同类型列车的互联互通。

当前,CBTC 系统已经成为城市轨道交通领域的最核心技术之一。北京地铁燕房线作为我国首条具有完全自主知识产权的全自动运行线路,采用 CBTC 作为信号系统;已于 2019 年 9 月正式开通运营的北京地铁新机场线全自动运行时速可达 160 km/h,也采用了 CBTC 作为信号系统。我国多个城市的城市轨道交通线路已经或正在规划使用 FAO(Fully Automatic Operation,全自动运行)产品,未来 I-CBTC(基于通信的互联互通列车运行控制系统)将实现不同设备厂商地面设备与车载设备间的互联互通,国产 CBTC 系统势必会迈向新的高度。

小贴士

闭塞方式

每一条地铁线路在运营前都要考虑这样的问题:当车站向区间发出第一列车后,用什么样的手续、经过多长时间才能向该区间发出第二列车?这一间隔时间如何确定?这就是"闭塞"解决的问题。

为了防止列车在区间内发生冲突或追尾事故,在同一区间或双线区间的同一方向内,同时只允许有一个列车运行,这种方式称为闭塞。为施行闭塞而采用的设备称为闭塞设备。不同的闭塞设备形成了不同的行车闭塞法。

我国第一条地铁线路——北京地铁 1 号线运营初期,列车是以相邻站的进出站信号机为界,只准许一个站间区间有一个列车。随着科学技术的进步,地铁自动化设备的完善,现在可以以闭塞分区为分界点,保证在同一时间、一个闭塞分区内只有一个列车运行,大大提高了区间通过能力和确保列车运行的安全。

从闭塞原理和实现形式将闭塞分为固定闭塞、准移动闭塞和移动闭塞。固定闭塞将线路划分为固定的区段,前后车的位置间距都是用固定的地面设备来检测,系统只能知道列车在哪一个区段中,而不知道在区段中的具体位置;准移动闭塞对前行列车的定位仍然沿用固定闭塞的方式,而后续列车采用移动的方式,即可以精准定位;移动闭塞的特点是前后两车均采用移动式的定位方式，即前后两辆列车均可精准定位，其闭塞区间是假想的，各个闭塞分区之间没有固定的间隔点。三种闭塞方式的比较如图 5-11 所示。

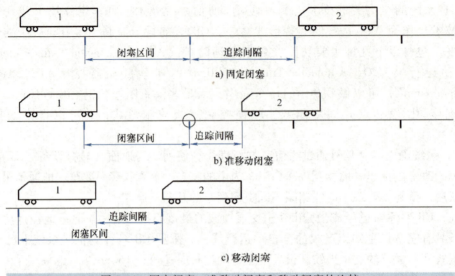

图 5-11　固定闭塞、准移动闭塞和移动闭塞的比较

从图 5-11 可以看出，移动闭塞在保证行车安全的前提下，实现了前后车的最小距离间隔，大大提高了区间通过能力。目前各城市新修地铁线路的信号系统都是基于移动闭塞的原理进行设计的，最小行车间隔能达到 1.5min。

二、列车的基本操作

有了 CBTC 系统的支持，地铁列车的运行能够实现全自动运行、自动驾驶、带 ATP 防护的人工驾驶，降低了人为失误导致的事故发生率。

（一）列车全自动运行模式下的操作

在 FAM 模式下，列车从被唤醒开始，就进入自动化工况，根据中心指令投入全自动驾驶服务，实现根据时刻表运行图自动驾驶列车进站停车，完成当日任务后，根据中心指令和电子地图预定义的清客站台执行固定清客或临时清客。随车司机无须控制列车，其标准作业内容如下：

1）列车正线运行时，无线手持电台应调至相应频道。
2）注意瞭望前方线路，观察仪表、指示灯、列车状态显示屏和信号系统显示屏的显示状态。
3）手指确认呼唤道岔、站名标。
4）列车客室广播故障，司机应以普通话进行人工广播报站。
5）列车运行时，无特殊情况不应鸣笛，发现有人或异物侵入限界时应紧急停车。
6）FAM 运营模式时，发现列车故障应向行车调度员报告，根据调度命令进行相关处置。

项目五　正线运行操作

 小贴士

轨道交通自动化等级定义

自动化等级	列车运行类型	行驶中调整列车	列车停车	关闭车门	干扰事件下运行
GoA 1	带司机的 ATP	司机	司机	司机	司机
GoA 2	STO	自动	自动	司机	司机
GoA 3	DTO	自动	自动	乘务员	乘务员
GoA 4	UTO	自动	自动	自动	自动

（二）列车自动驾驶模式下的操作

1. 列车自动驾驶的启动

列车自动驾驶系统能够启用的前提是地面和车载设备系统满足 ATO 驾驶条件。

1）将驾驶模式选择为"自动驾驶"（AM、ATO 等），司机待发车灯点亮后，将方向转换开关置于"前"位，司机控制器手柄置于"惰行"位，ATO 启动灯点亮，如图 5-12 所示。

a) 方向转换开关置于"前"位

b) 司机控制器手柄置于"惰行"位

图 5-12　列车自动驾驶起动步骤一

2）司机按下"ATO 启动"按钮，进入 ATO 自动驾驶，如图 5-13 所示。

a) BD24型车"ATO启动"按钮

b) SFM05型车"ATO启动"按钮

图 5-13　列车自动驾驶起动步骤二

117

3）列车以 ATO 驾驶时，司机应随时查看信号系统显示屏上显示的运行模式、列车状态显示屏上显示的列车运行状态和各状态信息。信号系统显示屏和列车状态显示屏如图 5-14 所示。

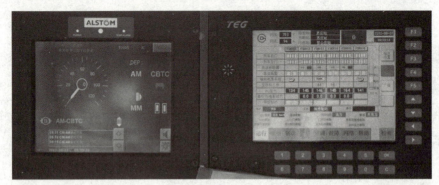

a) BD24 型车显示屏

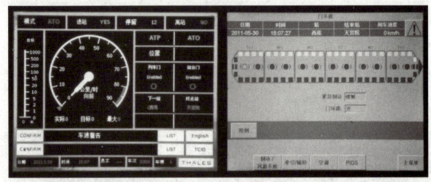

b) SFM05 型车显示屏

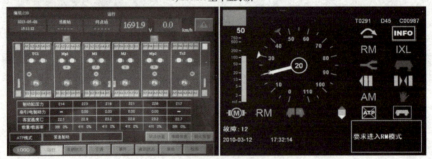

c) DKZ53 型车显示屏

图 5-14　信号系统显示屏和列车状态显示屏

小贴士

信号显示屏和状态显示屏的英文缩写

各种车型的列车信号显示屏和列车状态显示屏英文名称不一，如北京地铁房山线的 BD24 型车将信号系统显示屏称为 DMI，列车状态显示屏称为 TCMS，北京地铁 4 号线的 SFM05 型车将信号系统显示屏称为 TOD，列车状态显示屏称为 HMI，北京地铁 10 号线的二期车辆 DKZ34 型车将信号系统显示屏称为 HMI，列车状态显示屏称为 MMI。

2. 列车自动驾驶时的注意事项

1）ATO 自动驾驶时，车辆运行不需要司机操作司机控制器手柄，当手柄离开"惰行"位时，列车将退出 ATO 自动驾驶。

2）列车到站停车开门后，应将司机控制器手柄置于"制动"位。每站发车时司机根据出站信号机显示的绿色或黄色灯光，按下"ATO 启动"按钮，给出发车指令。

3）列车在自动运行时，司机应随时保持警惕，将双手放于操纵台上（有些地铁公司要求司机将右手轻放在司机控制器或快速制动手柄上），在运行中如果发现区间内有人员及影响行车的障碍物，或发现线路有异状及其他异常情况时，应立即停车，并向行车调度员报告情况，按其指示办理。

4）运行中，要正确开放广播、乘客信息显示系统；按规定适时开闭冷暖通风设备；通过 CCTV 系统观察车厢内情况，发现问题要果断采取有效措施，必要时用人工广播对乘客做好宣传解释工作；会车时，要实施前照灯减光，严禁关闭前照灯。

5）列车进站要注意瞭望站台情况，危及人身安全时，要果断采取紧急停车措施。

6）在列车自动驾驶模式下，列车的起动、加速、惰性、制动、精确停车、开关门及折返等所有运行指令都由车载信号设备控制发出，通过信号系统与列车网络通信提供给列车牵引和制动系统，不需司机操作。ATO 在 ATP 的监督下根据给定速度曲线控制列车的运行，并在超过最大允许速度时实施紧急制动。进入 ATO 驾驶模式后，若系统设备正常，没有人工干预，此驾驶模式维持不变。

 小贴士

驾驶模式的转换

运营时间段内，驾驶模式由高到低转换时（AM 转 CM 除外），必须得到行车调度员允许后方可进行操作；驾驶模式从低向高转换时，司机自行进行操作。几种驾驶模式的转换方式如图 5-15 所示。

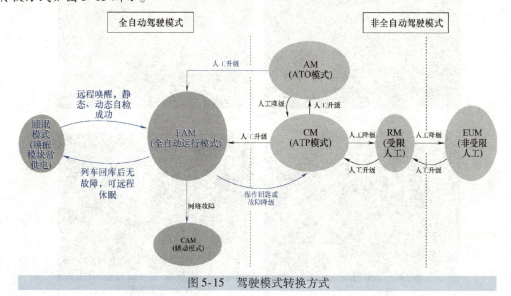

图 5-15 驾驶模式转换方式

(三) 列车人工驾驶模式下的操作

1. 列车人工驾驶模式

列车人工驾驶模式有三种：ATP 防护人工驾驶模式、限制人工驾驶模式和非限制人工驾驶模式。

地铁规定，正线运行采用 ATP 防护人工驾驶模式（CM、SM、ATPM 等），在此模式下，司机人工操作列车，列车的速度、监控、运行及制动等所有运行指令在车载信号设备的限制下，由司机人工操作，ATP 根据给定的速度曲线监督列车的运行，并在超过最大允许速度时实施紧急制动。使用自动防护人工驾驶模式的运行必须保证车载信号设备和地面信号设备均正常工作。

在 RM 模式下，地面信息向列车的传输被切断，列车的速度、监控、运行及制动由司机操作，车载信号设备仅对列车特定速度（25km/h）进行速度监督。ATP 在列车超速（大于 25km/h）时实施紧急制动。在正线上使用 RM 模式需经行车调度员允许；部分车辆段、停车场内由于无相应地面信号设备，采用 RM 模式操作列车。

非限制人工驾驶模式（EUM、NRM、BY 等）即 ATP 切除模式，用于在车载信号设备关断情况下的列车运行。在该模式下，列车的速度、监控、运行及制动完全由司机操作，没有 ATP 速度监督，司机根据信号机的显示和行车调度员的命令驾驶列车。

地铁公司规定，在装有 ATP、ATO 车载设备的列车运行中，司机要根据运行区段实行的闭塞方式，正确选用列车驾驶模式。遇车载信号设备发生故障时，司机应立即将情况报告给行车调度员，按其指示运行。

人工驾驶的列车在运行过程中，根据实际需要，司机应推动司机控制器手柄到相应牵引或制动位，实现列车牵引加速与制动减速。

2. 列车牵引操作

列车牵引通过操作司机控制器完成，不同列车的司机控制器如图 5-16 所示。

a) SFM13 型车

b) DKZ34 型车

c) SFM04 型车

d) SFM05 型车

图 5-16　不同列车的司机控制器

牵引位也称为"P"位,部分列车将牵引分为4个级位,分别是P1、P2、P3和P4,P1为牵引一位,是最小牵引位,P4为最大牵引位,每个级位有相应的牵引力。为了保证行车安全和乘坐舒适性,要求司机在将列车由静止起动运行时,必须逐级推动司机控制器,由制动级位至惰行位再到牵引位,严禁由制动级位直接推向牵引级位。一般是用牵引一位将列车牵引起来后,才能推至牵引四位加大牵引力,待列车运行平稳、接近目标速度后再根据线路情况操作司机控制器。

在操作司机控制器动车前,司机应仔细确认列车各仪表(如网压表、双针压力表、蓄电池表等)显示正常,各控制开关(如方向转换开关、左右门选择开关等)在正确位置,确认列车状态显示屏上以下信息:无制动塞门关闭显示、无停放制动显示,确认车门全部关闭。

> **小贴士**
>
> **司机控制器的介绍**
>
> 司机控制器(MC,Master Controller)是列车牵引控制系统的重要组成部分,它由三部分组成:钥匙开关、主手柄和方向选择开关,如图5-17所示。这三者之间设有机械联锁:只有在钥匙开关打至"开"位、主手柄位于"紧急"位时,方向选择开关才能操作;而当方向选择开关位于非零位,即"前"或"后"时,主手柄才能操作;同时钥匙开关起着控制联锁开关的作用;只有当主控手柄在"紧急"位、方向选择开关在"0"位,且将钥匙开关转到"关"位时,钥匙才能取出;钥匙取出后手柄不能动作。
>
>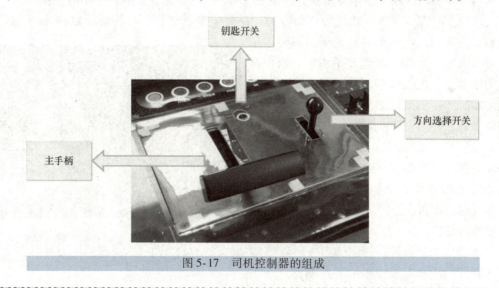
>
> 图5-17 司机控制器的组成

3. 列车制动操作

(1)车辆制动形式和控制 车辆的制动形式有常用制动、紧急制动、保持制动和停放制动,除停放制动外,其余几种制动形式都可以通过操作司机控制器手柄来实现。

常用制动是经常使用的,用以调节列车运行速度或使列车在预定地点停止的制动方式,是用以区别遇到危急情况下的快速制动方式,最大制动减速度一般不小于$1.0 m/s^2$。部分列车将常用制动分为7个级位,分别是B1~B7,B1为制动一位,B2~B7的制动力依次增大,B7为最大常用制动级位。常用制动采用两种不同的制动系统:电制动和空气制动。电制动的启用与否可以由司机通过电制动开关来控制。电制动投入开关如图 5-18 所示。

紧急制动是在行驶过程中或是在遇到紧急情况时，在最短距离（最短时间）内将车停下的制动方式。紧急制动的减速度一般大于 $1.2m/s^2$，其制动力最大，采用空气制动的方式。

另外，紧急制动也可以通过"紧急制动"按钮实施，图 5-19 所示为 DKZ34 型车的"紧急制动施加"按钮和"紧急制动施加指示灯"。

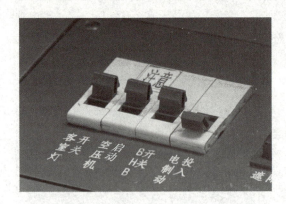

图 5-18 电制动投入开关

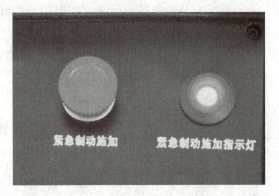

图 5-19 DKZ34 型车的"紧急制动施加"按钮和"紧急制动施加指示灯"

保持制动能用于列车停车时防溜并可使列车在 30‰ 斜坡上开车和停车时不溜车，只要列车处于静止状态，保持制动就会自动施加。在列车静止状态，保持制动以约 55% 的最大常用制动力施加。当列车停站完毕，需要走车时：若牵引力达到 10%（起动牵引力克服保持制动的制动力）时，保持制动缓解，可以防止列车起动时产生倒溜；如果此时不缓解，牵引系统将被保护，不再施加牵引力，为实现走车，司机可按压"保持制动切除"按钮，强制缓解保持制动。BD24 型车的"保持制动切除"按钮如图 5-20 所示，按下后该按钮指示灯被点亮；恢复时，需再次按下"保持制动切除"按钮，使指示灯熄灭。

图 5-20 中的另外一个按钮——"强迫缓解"按钮可用于缓解故障车的常用制动。当列

图 5-20 BD24 型车的"保持制动切除"按钮和"强迫缓解"按钮

车状态显示屏显示有车制动不缓解，或某节车侧墙制动故障不缓解指示灯点亮时，可按下"强迫缓解"按钮（按下时该按钮指示灯点亮）。"强迫缓解"按钮在头车操纵，能缓解常用空气制动，但只能对故障车进行缓解。

（2）制动操作的注意事项　司机视列车运行情况操作常用制动 B1~B7，达到平稳制动。实施常用制动时，应考虑列车速度、线路情况和列车载重等条件，准确掌握制动时机和减速度大小，保持列车均匀减速。运行中严禁突然使用较大的制动力，否则会影响乘坐舒适性，也有可能发生危及乘客人身安全的情况。

列车进入车站实施减速直至停车的过程，要求必须逐级制动，即司机控制器首先从

"牵引"位退回"惰行"位，再由 B1 逐级经过 B2、B3 达到"高级"位制动。保证进入停车范围停车时，做到一次停妥。根据各城市轨道交通运营线路的构造速度（多为 80km/h），B4 或 B5 级位的制动力已能充分满足列车停车要求。特殊天气运行时应提前制动，适当延长制动距离，确保在站台规定位置停车。

前面在介绍制动形式时已经说明，目前城轨车辆可以使用电空制动结合的方式，但由于电制动不考虑钢轨与车轮间的黏着限制，因此地面线在雨天运行时，为防止打滑，应关闭列车电制动。另外，车场运行也应关闭电制动。这是因为车场供电分区比较短，承受不了再生制动返回电网中的电能。

列车运行中发生紧急情况危及行车安全时，司机应迅速采取紧急停车措施。

任务三 站台作业

任务说明

站台作业是司机驾驶列车到站停稳后所进行的操作，包括开关车门、监控乘客上下车、监控设备状态等工作内容。在每天的运营工作中，站台作业关系到列车在站台的运行安全及乘客在站台上下车安全，在列车运行过程中占有重要地位。站台作业必须遵守标准化规范，以达到安全运营的目标。

通过此项任务，学生能够熟练进行列车在站台的标准化作业，达到地铁安全、准确、服务和高效的目的。

知识目标

1. 掌握站台作业相关信号、设备的工作状态。
2. 掌握电动列车司机站台作业的标准化规范。
3. 了解 PSL 灯光显示的含义。
4. 掌握终点站站台作业的注意事项。

能力目标

1. 能准确进行制动操作、平稳对标停车。
2. 能正确进行开关门作业。
3. 会确认列车的发车条件。
4. 能熟练进行站台作业，并执行呼唤应答程序。

素质和德育目标

1. 培养严谨、规范的安全操作意识。
2. 培养精益求精的工匠精神。
3. 爱护列车，文明生产。

任务设备准备

列车驾驶模拟舱、PSL、司机包各种列车用品。

相关理论

一、列车自动驾驶模式下的站台作业

（一）列车进站

在列车自动驾驶条件下，进站速度的变化及列车停车全由 ATO 系统控制。接近站台时，ATO 基于列车实时速度和与设定停车点的距离计算制动曲线，采用合适的制动减速度使列车准确、平稳地停在规定的停车位置。列车停稳后，ATO 控制列车制动系统继续施加保持制动，避免列车溜车。ATO 可以与站台屏蔽门（PSD，Platform Screen Door）的控制系统全面接口，保证列车精确可靠到站停车。

在列车自动运行进站的过程中，司机应加强对线路的瞭望（尤其是未安装屏蔽门的线路），发现异常果断采取措施；通过信号显示屏查看列车速度，确保 ATO 系统运行正常；通过列车状态显示屏密切观察车门状态，以防出现意外；保证列车对标停车。在进站停车的过程中，目标速度指向零，如图 5-21 所示。

注意：列车在自动驾驶模式下运行时，司机控制器手柄位于"惰行"位，而有些地铁公司要求，列车停稳后，司机应将司机控制器手柄拉至常用制动级位。

（二）开关门作业

1. 门模式

目前安装有 ATO 系统的列车对车门的控制有三种模式：自动（AA）、半自动（AM）和手动（MM），可以通过"开门模式选择"开关控制车门打开和关闭方式。"开门模式选择"开关如图 5-22 所示。

图 5-21　进站目标速度

图 5-22　"开门模式选择"开关

"自动"模式下，客室车门可以通过 ATO 系统的控制自动打开、自动关闭，ATO 是车门控制命令的发出者。当列车到达定位停车点，ATO 发出停车信号给 ATP，以保证列车制动；ATP 检测车速为零，发送列车停站信号给站台定位接收器，此时 ATP 发送允许车门打开信号，车辆收到 ATP 发送的允许车门打开信息，发送相应的车门打开信号给 EDCU（Electronic Door Control Unit，电子门控单元），打开规定的车门，同时车辆发送信息给地面，打开相应的屏蔽门。当列车开门时间到达设定值，该关闭时，ATO 再向各客室车门的 EDCU

发送关门信号，关闭车门。

"半自动"模式下，ATO 控制客室车门自动打开，司机手动关闭车门；"手动"模式下，客室车门的打开和关闭全由司机人工控制。

目前在北京地铁，为了保证行车安全和乘客人身安全，门模式采用"半自动"或"手动"。如图 5-23 所示，北京地铁房山线门模式为"手动"，为了防止司机的误操作，"开门模式选择"开关被加封。

2. 开关门

由于 EDCU 的零速保护功能和 ATC 系统的限制，列车只有在规定停车范围内停稳后才能

图 5-23 加封的"开门模式选择"开关

打开车门。司机通过门允许灯（图 5-24）点亮或信号显示屏（图 5-25 或图 1-37 中的图标 4）上的列车到达状态确认车门允许打开。

图 5-24 门允许灯点亮

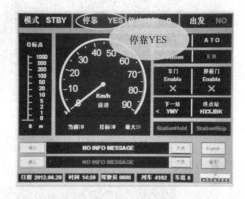

图 5-25 信号显示屏"停靠 YES"

在门模式"手动"的情况下，司机确认车门打开方向，扳动"左右门选择"开关（图 5-26），按压操纵台上相应侧的红色开门按钮（图 5-27）多于 2s，打开站台侧的客室车门。若列车有两个开门按钮，需同时按下才能打开车门。车门打开时，能听到提示音响。

a) BD24 型车

b) DKZ34 型车

图 5-26 "左右门选择"开关

司机应起身，站在驾驶室侧门处等待列车状态显示屏显示全列客室车门打开情况，待客室车门全部打开后，打开驾驶室门走出驾驶室。客室车门全部打开时，列车状态显示屏上的门光带显示黄色，如图 5-28 所示，列车右侧车门光带为黄色，表示全列开到位，左侧车门光带为绿色，左侧全列车门处于关闭状态。

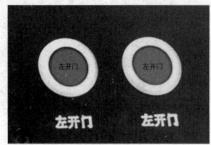
a) DKZ34型车"左开门"

b) DKZ34型车"右开门"

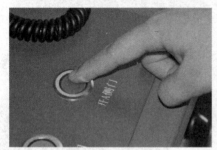
c) SFM05型车"开A侧门"

d) SFM05型车"开B侧门"

图 5-27　客室车门开门按钮

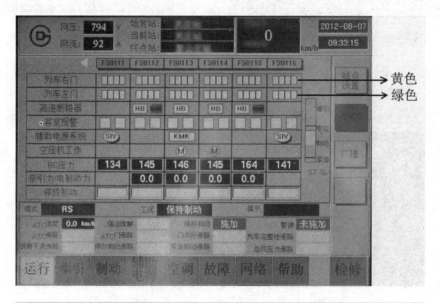

图 5-28　列车状态显示屏的门状态显示

对于装有屏蔽门的站台，司机还需确认屏蔽门打开情况。屏蔽门的状态由 PSL（PSD Local Control Panel，屏蔽门就地控制盘）显示，PSL 安装在端门墙上或司机门旁，如图 5-29 所示。

司机在驾驶室侧门外立岗，监控乘客在站台的上下车情况并观看 TDT 倒计时，如图 5-30 所示；司机还可通过站台端部的 CCTV 监控系统查看乘客上下车情况。遇到站停时间较长时，需保持标准站姿，禁止斜探身体监护站台或随意走动及做与行车无关的事情。

待 TDT 倒计时到规定发车时刻前约 10s，司机站在车外，按下驾驶室侧墙上的关车门按钮 2s 以上，关闭客室车门，在全列车门关闭到位前，手指不得离开关门按钮，如图 5-31 所示。若客流量较大，必要时，司机应通过广播系统通知乘客车门即将关闭，防止乘客冲门被夹等危险发生。

图 5-29　就地控制盘 PSL

注意：双人值乘时两人均需下车在各自规定位置处进行监护，遇站停时间较长时，需保持标准站姿，不得随意走动及做与行车无关的事情。

a) 北京地铁房山线

b) 北京地铁4号线

图 5-30　站台立岗

a) 右侧墙关门按钮

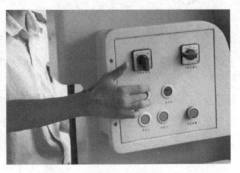

b) 左侧墙关门按钮

图 5-31　关门操作

司机在按下关门按钮后，应及时返回规定位置认真观察车门关闭过程中有无异常情况，认真观察乘客乘降情况，并通过 PSL 确认屏蔽门关闭情况。屏蔽门全列关闭到位时，门锁紧灯点亮，如图 5-32 所示。

司机确认客室车门和屏蔽门全部关闭后，还需仔细确认车门和屏蔽门之间的间隙无夹人及异物，如图 5-33 所示。

图 5-32　PSL 门锁紧灯指示

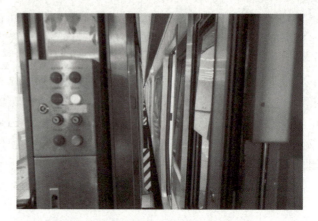

图 5-33　车门与屏蔽门的间隙

案例

上海地铁夹人事故

2007 年 7 月 15 日下午 3 时 34 分，上海轨道交通 1 号线上海体育馆站下行（往莘庄方向）站台上，一名男性乘客在上车时被夹在屏蔽门和列车之间，列车正常起动后，该乘客不幸被挤压坠落隧道不幸身亡。事故发生后，车站立即拨打急救电话，将这名男子送往医院。不过，这名男子在送往医院前已经死亡。

上海地铁运营有限公司表示，当时，列车蜂鸣器与屏蔽门灯光已经发出警示，列车即将开动。

在这种情况下，这名乘客仍强行上车，由于车内拥挤，他未能挤进车厢。这时，屏蔽门已经关闭，列车正常起动，这名男子遂被挤压坠落隧道。

确认完客室车门和屏蔽门之间没有人及异物后，司机走进驾驶室，确认客室车门关闭情况，将"左右门选择"扳回"0"位，并关上驾驶室侧门。客室车门关闭情况可由关门灯（或门全关闭指示灯）查看，当全列客室车门关闭到位时，该灯点亮，如图 5-34 所示。

（三）发车

当关门作业完成且信号系统收到门全关闭的信息，就会向列车发送允许发车信号。这个允许发车信号可以通过车载信号显示屏上的目标速度和目标距离来确认：一旦目标速度和目标距离不为零，变成一个有效值，便意味着列车可以开往下一站，如图 5-35a 所示；有些列车通过信号显示屏上的离站指示来确认能够发车，如图 5-35b 所示。

项目五 正线运行操作

a) BJD01型车关门灯亮

b) SFM05型车门全关闭指示灯亮

图 5-34 客室车门全关闭指示

a) 目标速度、目标距离

b) 离站 "YES"

图 5-35 允许发车指示

一切发车条件具备后,司机确认司机控制器手柄在"惰行"位(图 5-36),按下"ATO 启动"按钮(图 5-37)时间大于 2s,起动列车,离站运行。

图 5-36 司机控制器手柄位于"惰行"位

图 5-37 按压"ATO 启动"按钮

列车自动驾驶情况下,司机需认真执行呼唤应答制度,各项内容参见表 5-7。

表 5-7 单司机值乘情况下的呼唤应答内容

序号	作业内容	手指设备	呼唤内容
1	司机将列车停于站台规定位置后，进行开门作业	站台侧开门按钮	开左门（或开右门）
2	司机站在驾驶室座椅旁，通过列车状态显示屏确认车门全部开启	列车状态显示屏运行界面	车门全开
3	开启站台侧驾驶室侧门，通过 PSL 确认屏蔽门全部开启	PSL 开门指示灯	屏蔽门全开
4	确认 PSL 显示屏蔽门开启状态无异常后，及时站在规定位置面向站台侧监护乘客上下列车，按规定关闭车门	列车车门，PSL 关闭锁紧指示灯	车门关好，屏蔽门关好
5	确认车门与屏蔽门缝隙（注意：手指列车与站台缝隙时，要从上到下，全部观察到位）	车门与屏蔽门缝隙	无异物
6	回到驾驶室，关闭驾驶室侧门，观察"门全部关闭指示"灯及列车状态显示屏情况	门全关闭指示灯和列车状态屏上的门光带	车门关好
7	确认发车条件具备	ATO 时：ATO 启动按钮（闪烁）；手动驾驶时：信号显示屏目标速度或离站指示	发车条件具备
8	确认出站信号机显示	出站信号机	出站绿灯/黄灯

二、列车人工驾驶模式下的站台作业

1. 列车进站

在人工驾驶模式下，司机操作电动列车进站停稳的过程应考虑到列车制动的平稳性和乘客的舒适性，进站速度一般不得高于 40km/h，看出站信号机红灯（图 5-38），对准停车标停车。停车标如图 5-39 所示。一般列车停在停车标前后 0.25m 内均为合格。司机手动对标停车过程中，应遵循"精神专注、提前控速、宁停标前、不停标后"的原则，避免出现列车过标的情况发生。

图 5-38　出站信号机红灯

图 5-39　停车标

项目五 正线运行操作

小贴士

北京地铁列车司机对标停车考核标准

停车按规定对标停车。

距标停车：0.25m 以内不扣分，0.35m 以内扣 2 分，0.45m 以内扣 5 分；0.5m 以内扣 10 分，超过 0.55m 扣 20 分，超过 1m 失格。

过标停车：0.25m 以内不扣分，0.35m 以内扣 5 分，0.45m 以内扣 10 分，超过 0.55m 失格。

2. 开关门作业

在人工驾驶模式下，客室车门的开关模式为"手动"，司机人工控制客室车门的打开与关闭。开关门作业的工作流程与"列车自动驾驶模式下的站台作业"中开关门作业内容一致，此处不再赘述。

3. 发车

与自动驾驶模式一样，当司机完成一系列的开关门作业后，列车会收到信号系统发来的允许发车信号，司机确认车载信号显示屏及出站信号机开放（灯光颜色应为绿色或黄色，如图 5-40 所示）。一切发车条件具备后，握住司机控制器手柄，推至 P1 位，停留几秒，待列车完全起动后，再逐渐加大牵引力，平稳牵引列车出站。

a) 出站信号机绿灯　　　　　　　　　　　b) 出站信号机黄灯

图 5-40　出站信号机指示

4. 站台作业呼唤应答程序

站台作业的过程中，伴随着每一步操作动作，司机还需认真履行呼唤应答制度，对各设备的状态进行手指口呼确认。表 5-7 说明了单司机值乘情况下的呼唤应答内容，不论是自动驾驶还是人工驾驶，均应认真执行。

三、列车全自动运行模式下的站台作业

（一）一般要求

当列车采用 FAM 模式时，精准停车、车门和屏蔽门的打开与关闭、停站时间控制、起动发车都将由系统自动完成。若有随车司机，司机应当按照列车自动驾驶或人工驾驶的标准

作业规范对地面信号、车载信号、车门状态、发车条件等进行手指口呼确认，并且做到以下几点：

1）列车进站对标停车时，密切关注列车运行状态，发现列车无法完成对标时，应立即联系行车调度员，申请转人工驾驶模式，操纵列车对标开门。

2）FAM 模式下，严禁开启驾驶室侧门。司机应注意监听广播报站，出现误报、漏报或跳报站时立即进行人工广播纠正。

3）列车开关门作业时没有自动开启或关闭或不联动，应立即拍下紧急制动按钮阻止列车发车，并向行车调度员汇报。

4）列车因故退出 FAM 模式后，司机需按照非 FAM 模式的站台作业要求和流程执行，不得随意简化作业内容。

5）司机应通过驾驶台各显示屏、PSL、CCTV 等观察车门和屏蔽门的开启与关闭情况、乘客乘降情况。

6）自列车到站停稳至发车的过程中，适当观察 TDT 的显示，以判断列车的各项自动操作是否正常。

（二）FAM 模式的站台作业标准规范

目前全自动运行技术尚处于发展阶段，为了保证地铁运营安全，仍需安排司机值守列车，并且按照传统人工驾驶的各项要求执行标准化作业。

1. 查看 TDT

列车进站对标停稳后，司机应立即查看 TDT 计时显示，确认到站时间，若列车停稳 5s 后，车门或屏蔽门仍不开启，司机应及时联系行车调度员，按其指示办理。

2. 广播监听

列车到站对标停稳后，自动广播开始报站。当监听到报站正确后，司机手指确认列车状态显示屏上的当前站进行广播复诵："××站到了，广播正确。"若广播报站错误，立即使用人工广播进行纠正，并查看确认广播设置是否正常，不正常时将其设置正常。

3. 开门作业

列车自动开门后，司机站在座椅左侧，手指侧墙开门按钮，呼唤：开左门（或开右门）。

待列车车门全部打开后，手指列车状态显示屏并呼唤：车门全开。

4. 观察站台

司机通过驾驶室侧窗，查看 PSL 指示灯，待屏蔽门开启指示灯稳定常亮后，眼看并手指该指示灯，呼唤：屏蔽门全开。

观察 PSL 上方的 CCTV，确认车门和屏蔽门开启良好、乘客乘降正常，再手动将驾驶室内的车载 CCTV 切换到站台侧后视画面（保持定格状态），并随时通过这两个 CCTV 观察站台情况。

5. 关门作业

到达发车时刻，列车自动执行关门程序。司机需观察驾驶室外 CCTV 画面，判断屏蔽门是否有异常。如果发现夹人、夹物等紧急情况，应立即采取紧急停车措施，及时上报行车调度员，按其指示办理。确认激光探测装置指示灯显示正常，如有障碍物、设备故障或其他异常显示时，及时报告行车调度员。

正点情况下，若遇 TDT 显示倒计时到"0"时列车仍不自动关门，司机应及时报告行车调度员，按其指示办理。

车门和屏蔽门关闭后，司机查看 PSL，确认全列屏蔽门关闭且锁紧指示灯为绿色常亮状态后，手指指示灯，呼唤：屏蔽门全关。

回到座椅左侧，手指驾驶台上门全关闭指示灯和列车状态显示屏，执行两指一呼唤：车门关好。

6. 列车出站

司机回到驾驶座椅上坐好，手指眼看确认信号系统显示屏上各类信息无误。手指设备：信号系统显示屏上各类信息，呼唤：允许发车。

若门关好且信号系统显示屏上屏蔽门图标消失 5s 后仍不自动发车，司机及时报告行车调度员，按其指示办理。

在列车起动过程中，司机应观察车载 CCTV 站台侧后视画面，发现紧急情况时立即采取紧急停车措施并上报行车调度员。待列车全部离开站台后，将车载 CCTV 恢复到四分格画面循环模式。

小贴士

全自动运行列车的起动发车条件

1）停站计时到时。
2）车门、屏蔽门关闭且锁闭。
3）紧急停车按钮未按下。
4）出站信号开放。
5）间隙探测未检测到障碍物。

四、终点站作业

当列车完成一次单向运行、到达终点站后，根据运行图的安排，进行折返作业或回库运行。折返作业的具体操作参见本书项目六，回库作业的具体操作参见本书项目四。下面介绍终点站的站台作业部分。

1）在进站停稳前，广播终点站到站通知（可以循环播放几遍）；如果必要，使用人工广播进行播报，提醒乘客到达此次列车终点，乘客需全部下车。

2）不论是全自动运行模式、自动驾驶模式还是人工驾驶模式，列车均需在停车点范围内停车（否则车门无法正常打开）。

3）与中间站不同，列车在终点站停稳后，司机需将司机控制器置于"紧急"位（图 5-41）、"方向选择"开关置于"0"位（图 5-42）。

4）司机按照标准作业流程进行开门作业，确认车门和屏蔽门全部开启，走出驾驶室进行乘客下车监护工作，如图 5-43 所示。

5）终点站的清客工作由站务员协助完成。站务员进入车厢内部进行清客，必须确保所有乘客下车，不得载客进入折返线或回车辆段、停车场；然后向司机做一个"一切妥当、可以关门"的手信号，如图 5-44 所示；司机看到最近站务员的手信号后，关闭客室车门和屏蔽门。

图 5-41 司机控制器置于"紧急"位

图 5-42 "方向选择"开关置于"0"位

图 5-43 终点站乘降监护

图 5-44 站务员"关门"手信号

关门过程中,司机和站务员应密切注意观察站台上的状况,若有乘客未下车或在关门过程中上车,及时联系站务人员处理。

终点站的作业过程司机也需进行呼唤应答制度,步骤与中间站站台作业一致。

6)关门作业完毕后,司机回到驾驶室,等待允许发车信号、出站信号机开放及道岔开通,驾驶列车进行折返作业或回段、场。图 5-45 所示为道岔开通正向,回库线路开放;若开通侧向,则折返线路开放。

图 5-45 回库线路开放

项目五　正线运行操作

7）若终点站为运营一圈的终点，司机还需填写"列车状态记录单""司机报单"和"司机手账"，记录运营情况。

任务四　广播作业

任务说明

不论列车采用何种运行模式运行，广播系统都是司机在驾驶列车运营过程中需密切关注、随时操作的设备，广播作业是司机与乘客进行沟通、交流的有效手段。

通过此项任务，学生在操作列车的过程中能够正确掌握播报时机，进行自动或人工广播，达到良好服务乘客的目的。

知识目标

1. 了解列车广播系统的组成。
2. 了解乘客服务心理学。
3. 掌握人工广播标准用语。

能力目标

1. 能正确操作列车广播设备。
2. 能根据不同情况组织广播词，流畅进行人工广播。

素质和德育目标

1. 培养乘客导向的意识和良好的沟通能力。
2. 培养爱岗敬业、竭诚服务的品德。

任务设备准备

列车驾驶模拟器（含列车广播装置）、乘客紧急通话装置。

相关理论

一、列车广播系统

列车广播系统是地铁运营、行车组织的必要手段，能为乘客提供高质量的广播和信息显示。其主要作用有：对乘客广播，通知列车到站、离站、线路换乘、时间表变更、列车误点、安全状况等；播放音乐改善列车车内环境；在发生突发事件或紧急情况时，组织指挥事故抢险，提高应急响应能力。

（一）列车广播系统的构成

列车广播设备主要由驾驶室设备、客室设备和辅助设备构成。两端的驾驶室各有一套设备，两套设备互为热备份，当一方为主机时，另一方则为子机；主机负责信息的播出。客室设备的数量因列车节数而不同。

驾驶室主要设备包括驾驶室广播系统主控设备、司机控制单元和驾驶室对讲装置。驾驶室广播系统主控设备如图 5-46 所示。

客室主要设备包括客室主控设备、电子地图显示、乘客紧急通话装置、客室噪声检测器和音箱。

(二) 列车广播系统的功能

根据地铁列车运行的实际需要，列车在进行数字式语音自动广播的同时，应能保证人工播放站名和注意事项、两端驾驶室之间的对讲通话、电子地图信息播放、功能优先级设置、客室紧急报警通话、预录紧急广播信息、从控制中心对列车进行广播。广播信息内容以数字音频方式存储在 SD 卡存储器内，可提供中文和英文报站内容。

图 5-46 驾驶室广播系统主控设备

1. 自动语音广播

系统提供自动语音广播功能，广播系统控制器接收到列车的速度信号、关门信号，并把它作为语音自动播放的启动信号，控制列车运行过程中的全自动语音广播。自动语音广播内容包括预报列车前方到站和列车到站信息以及服务用语等插播信息。

2. 半自动语音广播

根据列车运行的状态，由司机通过驾驶室广播系统主控面板上的按键操作实现预报前方到站、报到站和其他广播内容，广播内容为预录制的语音信息。

3. 人工语音广播

司机通过广播系统的主用话筒向客室车厢播放实时语音信息。

4. 功能优先级

功能优先级可以设置。高级别的广播可以打断低级别的广播，而低级别的广播要等候高级别广播结束后才能开始播放。被高级别打断的低级别广播在高级别结束后自动恢复。

系统默认的优先级设置依次为运营控制中心（OCC）对列车的广播（紧急广播）、乘客紧急报警、驾驶室对讲、人工语音广播、预录紧急广播、开关门报警声和自动化广播。以上优先级别为通用建议序列，用户可以方便地对优先级别进行修改。

OCC 对列车的广播级别最高，可通过车载无线设备进入列车有线广播系统，作为行车调度向列车乘客进行广播。当紧急广播出现时，列车广播系统的广播主机会自动撤销当时正在进行的人工和自动广播，而将紧急广播信息送至客室。

5. 乘客紧急报警通话

乘客紧急报警通话装置用于车厢内出现紧急情况时乘客向驾驶室报警，可实现乘客与司机的双向通话。

在每个客室中设有两个紧急报警器，该报警器具有双向通话功能，用于乘客向司机报告紧急事件。乘客报警后，在驾驶室可听到蜂鸣器的声响报警，在列车状态显示屏上显示报警乘客的位置和列车编号、车厢编号等位置信息（图 5-47）。司机可以与乘客进行通话，并处理紧急事件；处理结束后，由司机远程按下取消报警键，客室端报警按键恢复等待状态，也可以到乘客报警位置手动复位，完成报警通话。

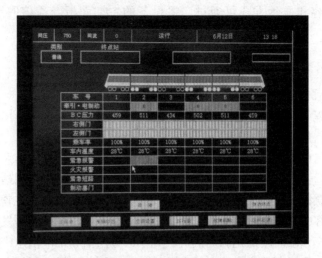

图 5-47　乘客报警显示

在某一乘客报警通话期间，若有其他乘客报警时，系统会储存其呼叫信息，在当前乘客报警结束后，已被储存等待的乘客报警将会继续自动进行音响报警。

乘客报警的时间和通话的内容将被记录在硬盘上，用于后续事件情况查询。乘客紧急通话装置如图 5-48 所示。

图 5-48　乘客紧急通话装置

司机可以在乘客报警、紧急广播、列车广播和内部通信之间进行选择和切换。

6. 电子地图信息显示

在客室乘客信息系统 LED 屏幕上进行站名汉字显示或站名地图显示，使声音广播报站与文字或地图显示同步进行，在 LED 屏幕上以中文或英文实时显示列车前方到站和到站。LED 屏幕的显示内容和显示方式可通过广播设备的主控面板经通信网络串口进行设置和操作。

二、广播作业

（一）广播作业的内容

在列车运营过程中，广播内容可以分为常规广播、特殊广播、紧急广播、人工广播、列车服务广播和推广信息广播等几部分。

常规广播主要指前方到站、到站、列车离站时播放的信息，这些信息一般是事先录制好的；特殊广播指在运营中出现特殊状况时的广播信息，如运营延误、到站清客等；紧急广播指在运营中出现紧急情况时播放的信息，如区间清客、紧急撤离等，在紧急情况下司机必须能通过广播缓解乘客的紧张情绪；人工广播适用于列车在运营中接到需发布的实时信息，如列车通过站台不停车、临时增加运营时间等；列车服务广播和推广信息广播是为乘客的乘车需求提供更好的帮助和遏制乘客乘车时的非正常行为，服务广播有开门方向提示，推广信息广播有让座提示等。

（二）广播作业的注意事项

司机在驾驶室中操作列车，必须时刻关注各节车厢中乘客的状态，通过广播系统与乘客进行良好的沟通。

城市轨道交通作为公共交通运输的组成部分，归根结底是以"服务"为出发点，司机作为地铁运营公司的一员，必须将乘客服务置于工作的出发点，在执勤过程中对乘客真正负起应有的责任，积极主动地与车上乘客进行沟通，正确表达行车必要信息，使乘客获得良好感受，提高服务质量。

乘客在乘车过程中，当乘车条件发生变化，其心理要求也会随着变化，因此司机应能掌握乘客乘车的共性心理，同时又能探索和理解乘客的个性心理，避免服务工作的片面性和盲目性。

司机的广播作业能力不仅表现在人工广播的流畅性上，更表现在突发事件发生时，冷静、准确、恰到好处地设计广播词的能力上，使乘客积极配合司机的工作，实现安全运营的目标。

（三）人工广播标准用语

在进行广播时，应尽量使用文明用语，如您、请、谢谢、对不起等。特殊和紧急情况下的广播内容应首先引起乘客注意，再简单说明情况或原因，最后委婉地提出要求。下面介绍一些特殊和紧急情况下的人工广播词，在实际工作中，司机应能根据具体情况自己快速有效地组织语言，正确进行广播，并把握好广播的播放时机和频率。

1. 区间临时停车超过 1min

各位乘客：您好，现在是临时停车，请大家耐心等待，给您带来的不便请您谅解，谢谢合作。

2. 站台临时停车超过 2min

各位乘客：您好，由于（地铁设备）故障，请大家耐心等待，给您带来的不便请您谅解，谢谢合作。

3. 因列车延误导致在车站超过运行图规定时刻 3min

各位乘客：您好，本次列车晚点，请您协助我们的工作抓紧时间上下车，给您带来的不便请您谅解,谢谢合作。

4. 车辆发生故障造成临时停车

各位乘客:您好,本次列车发生故障,我们正在积极处理,请您耐心等待,给您带来的不便请您谅解,谢谢合作。

5. 列车在站通过

各位乘客:您好,接调度命令,本次列车在××站通过不停车,有在该车站下车的乘客请您提前下车,在站台等候下次列车。给您带来的不便请您谅解,谢谢合作。

6. 列车清客

各位乘客:本次列车停止运营服务,请您立即下车,等候下次列车,感谢您的合作。

各位乘客:本次列车将会在前方站退出运营服务,请您携带好随身物品,到站下车,在站台等候下次列车。给您带来的不便请您谅解,谢谢合作。

7. 列车救援

各位乘客:前方列车故障堵塞运行,需本次列车救援,以便尽快开通运行,请您立即下车,等候下次列车,感谢您的合作。

各位乘客:本次列车要担当救援任务,为避免在救援过程中发生意外伤害,为了您的安全,请抓紧时间下车,感谢您的合作。

8. 接到客室报警信息

乘客您好,我们已接到您的通知,列车即将到达前方站,我们将会尽快处理,谢谢合作。

乘客请注意,现在列车×号车厢上有乘客需要协助,前方站的工作人员已收到通知并准备好提供协助。列车到站之前,请附近的乘客帮忙照顾,感谢您的配合。

乘客请注意,现在列车×号车厢发生紧急情况,正在处理中。列车即将到达前方车站,请乘客注意安全,不要拥挤,远离×号车厢,避免发生损伤,感谢您的配合。

9. 列车在区间发生火灾、爆炸等突发事件

各位乘客:您好,车厢内发生突发事件,大家不要惊慌,我们正在积极处理,请大家协助维护车内秩序,给您带来的不便请您谅解,谢谢合作。

10. 列车在车站发生火灾、爆炸等突发事件

各位乘客:您好,因列车发生严重意外事故无法继续运行,为了您的安全,请按秩序由开启的车门下车,请不要拥挤,注意安全,以免造成损伤。请您听从工作人员的指挥,迅速撤离车站,给您带来的不便请您谅解,谢谢合作。

11. 车辆或设备发生故障造成临时停车

各位乘客:因本次列车(或前方列车、线路、设备、供电系统等)故障,现正在积极处理,请大家耐心等待,协助我们维护好车内秩序。

12. 区间疏散(从列车到车站)

乘客您好:因发生车辆故障,本次列车已无法继续运行,为了您的安全,请您按顺序前行到车头方向,按照工作人员的引导前往下一站。请不要拥挤,注意安全,以免发生损伤。给您带来的不便请您谅解,谢谢合作。

13. 区间疏散(从列车到列车)

乘客您好:本次列车无法继续运行,请您按顺序前行到车头(或车尾)方向,按照工作人员的引导转乘另一列车。请不要拥挤,注意安全,以免发生损伤。给您带来的不便请您谅解,谢谢合作。

14. 区间疏散（紧急情况）

紧急广播！因发生紧急情况,请乘客从就近的驾驶室离开列车,前往下一站或出口。情况已经受到控制,请保持镇定,不要拥挤、奔跑,以免发生损伤。

15. 缓解乘客紧张情绪的信息提示

各位乘客：目前情况已完全受到控制,请保持镇定。有进一步的消息,我们会尽快通知大家,谢谢您的配合。

16. 信号设备故障、列车产生紧急制动

各位乘客：由于信号设备故障,列车产生紧急制动,给您带来的不便请您谅解,谢谢合作。

17. 车门（或屏蔽门）故障

乘客请注意,现在列车×号车厢的×号车门（或屏蔽门）不能开启,下车的乘客请从其他车门下车,给您带来的不便请您谅解,谢谢合作。

拓展与提高

一、特殊区段的操作运行

列车在运行途中,由于弯道、坡道等诸多因素的限制,使列车在运行中不可能固定不变地按某一种方法进行操纵,从而使途中运行的操纵变得略显复杂。根据线路坡道等因素,可近似地把线路分为平道、上坡道和下坡道三种情况,并针对不同的情况采用不同的操纵方法,实现列车的平稳操纵。

1. 平道操纵

平道上操纵列车时要尽量避免频繁移动司机控制器手柄,减少因提手柄和回手柄过程中造成的冲动。在平道或近似平道的线路上操纵列车时,要充分利用电动列车可依靠惯性运行短时间内保持恒速的特性,将司机控制器手柄固定在所需的适当位置,使列车通过自动调节,基本以恒速运行,达到平稳性的要求。

2. 上坡道操纵

上坡时注意要提前调整速度,保持恒速闯坡,以防坡停。

平道转上坡道时,在接近上坡道以前,应在不超过目标速度的情况下,充分利用动能闯坡,司机控制器手柄可提至适当级位,将速度抢到比理想的上坡速度略高一点,减少上坡过程中低速和空转的可能性,提高了平均速度。上坡过程中可适当平滑地增加牵引力,使列车在上坡过程中基本保持所需的速度。

下坡道转上坡道时,应在下坡道即将结束时,将司机控制器手柄提至相应的级位,当列车由下坡道转向上坡道开始降速时,利用电动列车自身的惯性使速度平滑缓慢地增加。这样既避免了上坡时人为急速提手柄而造成的列车冲动,又使列车速度不至于下降过快而影响正常运行。当列车全部处于上坡道时,如果速度还不理想,可适当缓慢地增加牵引力,使其处于理想的恒速运行。

3. 下坡道操纵

上坡道转下坡道时，应在列车大部分越过坡顶后，逐渐退级，退级时一定要逐级操作，并使手柄在低制动级位停留 3~5s，以防止回手柄过快而造成列车冲动。同时，要适当控制好坡顶速度，以免造成列车冲动。

遇 27‰的长大坡道，下坡运行中要严守速度，当列车接近限速前要适当制动，将速度控制在规定范围内。

若在运行过程中因各种原因导致在坡道被迫停车时，司机应确认列车处于制动状态，如因车辆故障、接触轨停电等短时间内不能继续运行时，注意做好防溜措施（如使用止轮器）。

二、客室车门的特殊操作

由于客室车门在电动列车的大系统中对安全运营起着至关重要的作用，因此在列车运行的过程中司机必须密切关注车门状态。从电动列车互联互通、安全保护的设计角度来看，车门的状态也直接影响着列车是否能正常运作。

EDCU 在整个客室车门控制系统中，起着承上启下的关键作用：一方面接收、检测来自驾驶室控制单元的控制信号和命令，根据当前状态条件执行相应的动作控制流程，另一方面时时检测车门状态和故障信息并向列车监控中心汇报。

1. 门旁路操作

（1）门全关闭旁路　在驾驶室后墙的电气柜中有一个"车门全关闭旁路"开关（有些列车称为"门关好旁路"），如图 5-49 所示。当列车客室车门安全联锁环路发生故障，不能使列车门全关闭继电器得电或列车门全关闭继电器本身故障造成列车无法牵引时，闭合"车门全关闭旁路"开关，直接接通牵引电路，使列车在司机的控制下"强制"牵引（必须确认所有列车所有车门已关闭到位），进行非正常运行。

在正线运行时，如果司机确认所有客室车门、屏蔽门及驾驶室侧门已经关闭到位，但不能收到允许发车信号、无法牵引

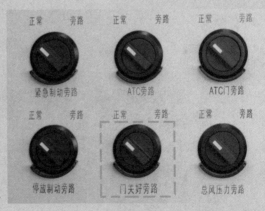

图 5-49 "门关好旁路"开关

列车，判断为门关好继电器故障导致不能走车，司机可将控制柜内"门关好旁路"开关置于"旁路"位，忽略门状态起动运行，实现故障状态下的应急走车。有些地铁运营公司要求该状态下不得载客运行。

（2）零速旁路　EDCU 在保证列车行驶安全方面的一个重要功能就是零速保护，即只有在车辆处于静止状态下（同时隔离锁未锁闭、无紧急解锁）才可以进行电控开门操作。当列车处于运行状态，没有完全关闭的车门将自动关闭，关好的车门保持关闭状态，车门完全关好并锁闭后，EDCU 不再响应开关门信号操作。

零速旁路就是强制给各客室车门的 EDCU 发送零速信号,即故障开门。"零速旁路"开关一般在 ATC 门使能信号故障和零速继电器电路故障的情况下使用。

当 ATC 门使能信号故障时,按照 ATC 信号提示,将驾驶室控制柜内"ATC 门旁路"开关置于"旁路"位,模式为"RM"时,可故障开门。

当司机确认是零速继电器电路故障时,可将驾驶室控制柜内"零速旁路"开关置于"旁路"位,强行送零速信号到各车门,即故障开门。"零速旁路"开关如图 5-50 所示。

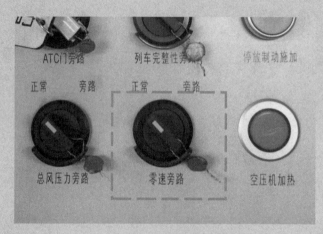

图 5-50 "零速旁路"开关

2. 门隔离

门隔离指车门故障隔离装置,当某扇客室车门不投入运行或车门出现故障而不能及时修理时,可锁闭隔离锁,隔离锁如图 5-51 所示。

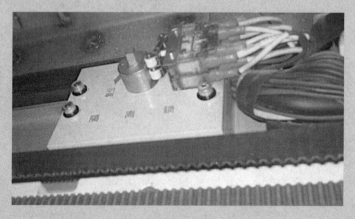

图 5-51 BJD01 型车客室车门隔离锁

当门系统出现故障后,需手动先将门扇关闭到位,用钥匙操作隔离锁,锁舌将触发隔离锁开关。当隔离锁锁闭后,隔离锁将车门机械锁闭,同时将隔离信号传至门控器,门控器自动切断该车门的控制回路,同时隔离开关输出 DC 110V,点亮隔离指示灯,并向车辆计算机报告该车门退出服务,保证车辆的正常运行工作。操作方法如图 5-52 所示。

项目五　正线运行操作

图 5-52　SFM05 型车客室车门隔离操作

隔离锁的操作一般由副司机或站务员完成。

项目六

折返作业

任务一 终点站折返作业

任务说明

列车折返是指列车通过进路改变、道岔转换、更换头尾驾驶室,经过车站的折返线从一个运营方向换到另一个运营方向的过程,它是司机每天必须完成的任务之一。司机操作熟练程度的高低,直接影响列车的折返效率,进而影响列车的发车间隔。

折返作业根据折返位置的不同分为在终点站的折返和在中间站的折返。

通过此项任务,学生能够熟练进行列车在终点站的人工折返和自动折返工作,操作规范符合企业标准。

知识目标

1. 熟悉终点站折返方式。
2. 了解终点站自动折返的技术原理。
3. 掌握终点站自动折返和人工折返的标准化作业规范。

能力目标

1. 能辨别终点站折返线的布置形式。
2. 能完成列车驾驶操纵台转换作业。
3. 能完成终点站自动折返操作。
4. 能进行终点站人工折返作业。

素质和德育目标

1. 规范操作,安全正点。
2. 钻研技术,开拓创新思维。

任务设备准备

列车驾驶模拟器、司机包、各种行车用品。

折返线主要用于组织列车的折返,实现行车的合理调度。按折返站位置不同,折返站可分为起终点折返站和中间折返站;按折返方式不同折返又可分为站前折返、站后折返、混合折返和循环折返四种。

一、终点站折返线布置及折返方式

1. 站前折返

站前折返是在车站前端设置辅助线,在站台末端前完成折返调头的折返方式。站前折返线布置形式较多,最简单的是在车站站台前端设置交叉渡线或单渡线,车站根据需求采用侧式或岛式站台。这种折返线结构简单,道岔设备少,一般适用于折返量较小的车站。图 6-1 所示的侧式站台方案,通常仅使用一侧站台,当两侧站台均使用时,司机需及时通过广播系统引导乘客,避免上错站台影响出行。

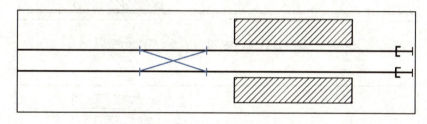

图 6-1　侧式站台前交叉渡线

当采用岛式车站方案时则无此问题,如上海地铁 7 号线花木路站、10 号线航中路站和 11 号线安亭站,如图 6-2 所示。

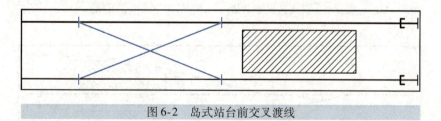

图 6-2　岛式站台前交叉渡线

图 6-3 所示为站前单渡线的形式,图 6-4 的侧式站台站前双单渡线的布置形式一般称为"八字线",其折返功能与站前交叉渡线是相同的,特点是避免使用结构相对复杂的交分道岔。目前一般较少采用此形式。

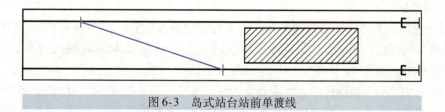

图 6-3　岛式站台站前单渡线

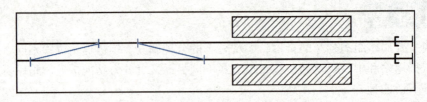

图 6-4 侧式站台站前双单渡线

当受周边条件限制只能采用站前折返形式而折返能力需求又较高时，可通过增加站台和配线来实现，如图 6-5 的深圳地铁 1 号线罗湖站、图 6-6 的北京地铁 13 号线西直门站和图 6-7 的上海 16 号线临港大道站所示。这样就增加了平行进路，提高了折返能力。

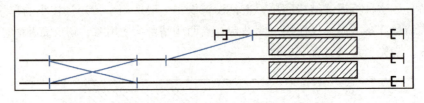

图 6-5 三岛三线站前折返（深圳 1 号线罗湖站）

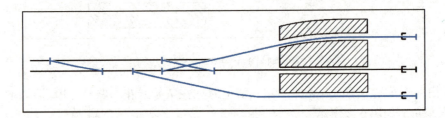

图 6-6 三岛三线站前折返（北京 13 号线西直门站）

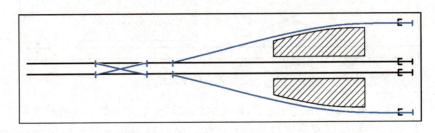

图 6-7 双岛四线站前折返（上海 16 号线临港大道站）

2. 站后折返

站后折返是在车站后端设置辅助线，列车在站台清客后完成调头折返。站后折返线最简单的是在车站站台后端设置交叉渡线或单渡线，车站根据需求采用侧式或岛式站台，如图 6-8～图 6-10 所示。

站后折返方式列车控制简单，作业安全性好，车站上下客与列车折返作业分离进行，不仅避免了上下客流的对冲，而且在折返作业时，还能进行车厢内部清洁工作。图 6-8 和图 6-9 具有车站规模小、工程造价低等优点。图 6-10 所示的岛式站台站后双单渡线的形式，虽避免了交分道岔，但线路长度有所增加，目前也较少采用。

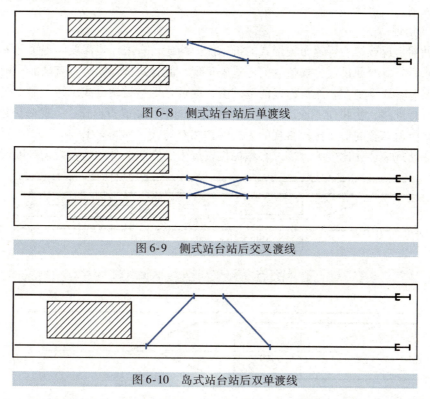

图 6-8　侧式站台站后单渡线

图 6-9　侧式站台站后交叉渡线

图 6-10　岛式站台站后双单渡线

根据运营需求，岛式车站还可以利用上下行线间的空间，布置单线或双线折返，如图 6-11 和图 6-12 所示。此形式车站规模较大，但增加了存车线，当停车场距离车站较远时，适合采用此种配线，减少列车空驶距离。

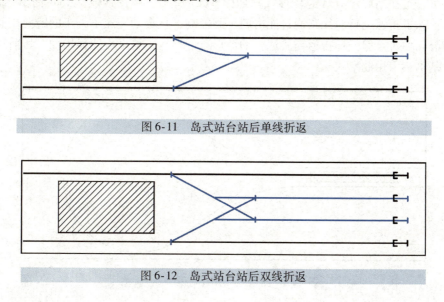

图 6-11　岛式站台站后单线折返

图 6-12　岛式站台站后双线折返

图 6-11 和图 6-12 的两种形式车站规模相差不大，图 6-12 道岔设备相对较多，但增加了存车线，并且当出现故障列车时，可借用折返线暂时停放故障列车，迅速恢复行车秩序，一般较常采用。

3. 混合折返

上述站前折返或站后折返布置形式的折返能力均比较有限，当需要实现短间隔的高峰时段发车需求时，需要通过混合式折返的方式来实现。混合式折返同时具有站前、站后两种折返方式，其基本原理是在普通折返线的基础上，通过合理增设站台或配线，形成接车、转线和发车的平行进路，使两列（或以上）列车在站内能平行完成折返作业，提高折返能力。

混合式折返布置的形式比较常规的为岛侧式和双岛式，如图 6-13 和图 6-14 所示。混合式折返站车站规模往往比较大，需综合考虑投资规模、实施条件和运营效果等因素。

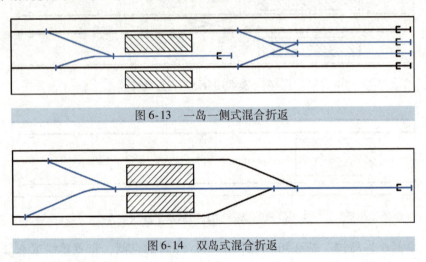

图 6-13　一岛一侧式混合折返

图 6-14　双岛式混合折返

4. 循环折返

循环折返是在站后设置灯泡环形线，如图 6-15 所示，利用该线达到转向折返的目的。循环折返消除了折返运行对线路通过能力的不利影响，且自动完成了列车的转向作业，使车轮内外侧磨耗均匀。但循环折返需要适合的地形条件，线路长度也明显增加。目前在城市轨道交通中基本不采用此形式。

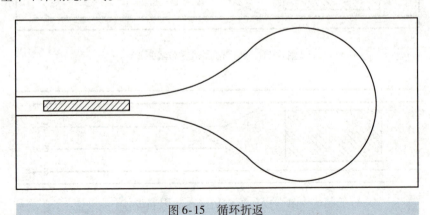

图 6-15　循环折返

二、折返原理的概述

现代列车和信号系统能支持三种折返操作,分别为:使用折返轨进行列车无人折返操作,停稳时的列车自动换端,手动换端。

1. 使用折返轨进行列车无人折返的原理

当线路等级为 GoA1~GoA2 且信号采用 CBTC 级别运营时,在有自动折返功能的车站,ATP/ATO 车载计算机单元指示列车自动折返操作准备完毕,利用"自动折返"按钮(图 6-16)启动折返操作,ATP/ATO 车载计算机单元就会执行折返运行。当车门关闭、司机关断主控钥匙并且 ATP/ATO 车载计算机单元得到一个移动授权,ATO 就会驾驶列车进入折返轨。当列车停稳,ATP/ATO 车载计算机单元执行交换驾驶室功能。当新的进路设定后,ATP/ATO 车载计算机单元从 ATP 轨旁计算机单元得到移动授权,ATO 操纵列车驶入车站相反侧的站台。列车再次停稳后,司机确认车门/屏蔽门开启后,激活操纵台。

图 6-16 "自动折返"按钮

如图 6-17 所示,信号系统接收到无人自动折返指令信号后,通过轨旁无线传输相关信息,确保联锁系统和自动进路排列系统完成进路设置,车载 ATP 能够收到相关移动授权,由车载系统自行完成折返。Tc1 端将对系统的整个折返过程进行监控,Tc1 端控制列车从终点站下行站台开始进行无人自动折返,运行至折返轨Ⅰ道或Ⅱ道停车;自动折返运行进路设置后,Tc1 端控制列车由折返轨Ⅰ道或Ⅱ道出发,列车执行无人折返,并将列车停在出发站台,在列车停稳且 ATP 释放车门后,ATO 车载设备自动打开车门和站台屏蔽门。

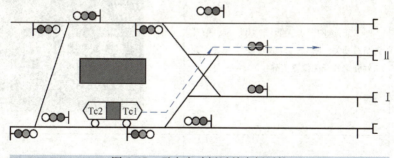

图 6-17 无人自动折返并有折返轨

当线路等级为 GoA3~GoA4 时,列车自动完成折返作业,无须使用"自动折返"按钮,随车司机需确认折返进路、道岔、折返终点停车位置,若全自动运行模式时自动折返换端失败,司机按照行车调度员指令人工进行折返换端。

2. 停稳时的列车自动换端原理

停稳时的列车自动换端就是 ATO 模式下人工驾驶进行自动折返,列车以 ATO 模式进入折返线停稳后,司机按压"自动折返"按钮后换端,确认进路开放后开钥匙并按压"ATO 启动"按钮,列车自动运行至发车站站台、自动开门上客。

3. 手动换端原理

手动换端即采用 ATP 防护下的人工驾驶，列车的折返操作由司机来执行，ATP 进行监督，在这种情况下无 ATO 自动驾驶模式。当所有车门和屏蔽门关闭后，司机人工驾驶列车到折返轨，更换操纵台并手动驾驶列车到出发站台，然后人工打开车门和站台屏蔽门。

三、终点站折返作业

（一）ATO 下的自动驾驶折返

1. 列车操纵台转换作业

无论是单司机折返还是双司机折返，都必须进行换端操控，列车操纵台的转换作业见表 6-1。

表 6-1　列车操纵台的转换作业

终端驾驶室（A 端）	1）将司机控制器放置"紧急"位，"方向转换"开关置于"0"位	
	2）"门选向"开关置于"0"位，断开各负载开关，断开"母线重联"开关，确认驾驶室各开关位置正确	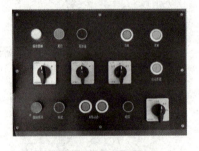
	3）取出操纵台激活钥匙	

(续)

终端驾驶室（A端）	4）携带钥匙及用品，锁好驾驶室门，由客室通道到达另一端驾驶室	
始端驾驶室（B端）	5）司机到达另一端驾驶室后，使用钥匙激活驾驶室，"方向转换"开关置于"向前"位，闭合各负载开关	
	6）闭合"母线重联"开关，进行简略制动试验，确认各仪表和指示灯显示正常，转换操纵台作业完毕	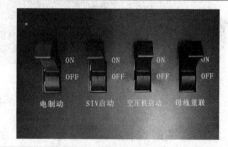

2. 自动折返流程

列车自动折返是采用一定的车辆设备、信号设备、固定设备实现的自动折返方式。由于各条线路的信号系统、车型及劳动条件（有的线路为单司机，有的线路为双司机，有的线路设折返司机）不尽相同，列车自动折返的控制和作业流程也有所区别。但在 GoA1～GoA2 级别下，自动折返的原理和原则都是一样的。首先，要进行终点站的站台作业；然后，上车确认各项发车条件并进行折返作业；起动列车进入自动折返状态；转换列车操纵台；最后，进入正线驾驶。本书以北京地铁 8 号线和北京地铁亦庄线的自动折返作业为例介绍。

（1）北京地铁 8 号线列车自动折返流程

1）当列车在折返站规定的停车时间结束并且乘客下车完毕，车门和站台屏蔽门关闭后，由司机按压"ATO 启动"按钮，列车自动驾驶进入折返线折返轨。

2）列车完全进入折返线折返轨停稳后，头车驾驶室折返灯点亮。

3）司机按压"自动折返"按钮确认进行折返。

4）头车折返灯闪烁。

5）司机关闭头车驾驶室激活钥匙，头车驾驶室折返灯熄灭，尾车驾驶室折返灯闪烁。

6）司机锁好驾驶室门到达始端驾驶室，激活始端驾驶室。按压始端驾驶室"自动折返"按钮，始端折返灯熄灭。

7）司机确认地面调车信号开放后，司机按下"确认"按钮获取开口速度，然后司机按压"ATO启动"按钮，ATO自动驾驶列车驶出折返线，进入站台线。

（2）北京地铁亦庄线列车自动折返流程　北京地铁亦庄线列车终点站无人自动折返流程介绍如下：

1）监护。列车到达终点站清人作业完毕后，司机在车下站立确认值班员的清人完毕手信号，将车门关闭。关门过程中注意观察情况，遇有乘客未下车或在关门过程中再次上车时，及时开启车门并通知站务人员，如图6-18所示。

a) 司机关门　　　　　b) 站务员确认

图6-18　终点站清人

注意： 终点站台作业确认步骤与站台作业规范流程内容一致，均需严格遵照并认真执行呼唤制度。不同点为终点站关门时机，是以站务人员给出的"一切妥当"手信号为准，司机需严格执行，不得臆测关门。遇较长时间内，无人员给出"一切妥当"手信号时，可联系行车调度员，确认情况。非CBTC级别车，站台作业完毕后，需在驾驶室外面向信号机站立，等待出站信号机开放及道岔开通后，方可上车确认各项发车条件并进行折返作业。

2）司机上车确认关门灯点亮，列车监控显示屏显示关门正常，信号系统显示屏上发车允许图标点亮。将"门选向"开关置于"0"位后，操纵者和非操纵者共同手指灯和发车允许图标（2s），呼唤"门灯正确，允许发车"，如图6-19所示。

3）列车处于"CBTC"级别下的"列车自动防护人工驾驶"或"列车自动驾驶"模式时，停在指定的自动折返站台，车门关闭，满足无人折返的条件；车载"自动折返灯"闪烁，信号系统显示屏显示"可进行自动折返"图标，如图1-37中的图标3所示。

项目六 折返作业

a)门全关　　　　　　　　　　　　b)手指呼唤

图 6-19　确认关门和允许发车

4）司机按压车载"自动折返"（AR）按钮，如图 6-20 所示。

5）站台自动折返灯闪烁；车载"自动折返"灯点亮，信号系统显示屏显示"正在进行自动折返"图标。

6）司机离开驾驶室，按压站台"自动折返"按钮，站台自动折返灯点亮，如图 6-21 所示。

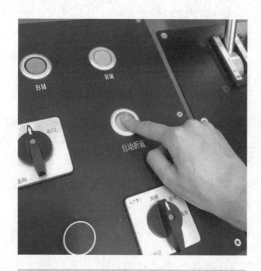

图 6-20　按压车载"自动折返"按钮　　　　图 6-21　按压站台"自动折返"按钮

7）司机回到驾驶室并关闭驾驶室门，关闭钥匙开关。

8）车载"自动折返"灯熄灭，信号系统显示屏显示黑屏，如图 6-22 所示。

9）列车自动驶离站台。

10）站台自动折返灯熄灭。

11）列车自动进入折返库线规定位置停车。

12）列车自动完成换端，运行至目的站台。

13）待列车在目的站台停稳后，司机激活前端驾驶室钥匙开关。

14）列车继续在正线上运行。

153

a)"自动折返"灯熄灭　　　　b)信号系统显示屏黑屏

图 6-22　自动折返操作完成

（二）终点站人工驾驶折返

人工驾驶折返作业相对自动折返流程更加简单，但需要两名司机在首尾驾驶室配合完成。终点站人工驾驶折返又分为 ATP 监督下的人工驾驶折返和限制人工驾驶模式的人工折返。

1. ATP 监督下的人工驾驶折返

1）一名司机进入列车后端驾驶室准备进行折返工作。

2）所有乘客下车后，头端司机等待进入折返库线信号开放。

3）以"ATP 防护人工驾驶"模式进入列车折返线，按规定速度入库对标停车。

4）按照规定进行更换操纵台作业，注意：在"折返"按钮闪动时，应先确认"折返"按钮后再取出激活钥匙，否则列车当前运用模式将降级。

5）后端激活列车，发车条件具备后出库。

6）列车在站台停稳、接收到信号后，列车将进入当前的驾驶模式。"折返"按钮闪动时不得按动"确认"按钮，否则列车将默认为折返作业。

2. 限制人工驾驶模式（RM）人工折返

司机确认入库信号良好后，以 RM 模式进入列车折返线，按规定速度入库对标停车，进行更换操纵台作业，发车条件具备后以 RM 模式按规定速度出库。

（三）手动站前折返操作

1）列车凭信号机显示运行到站台规定位置停车。

2）操纵列车打开站台侧车门，确认列车车门及屏蔽门全部打开。

3）司机步行到另一端驾驶室，闭合"SIV 启动"开关、"母线重联"开关、"空压机启动"开关、"客室灯"开关，并使用广播对讲装置通知副司机恢复尾车操纵台，如图 6-23 所示。

4）副司机接到司机的通知后断开"母线重联""空压机启动""客室灯"开关，将"SIV 启动"关断，司机控制器手柄置于"紧急"位，"方向转换"开关回"0"位，取下激活钥匙，并通知司机恢复操纵台完毕。副司机锁好驾驶室门窗，由客室通道步行到另一端驾驶室。

5）司机接到副司机的通知后，将"激活钥匙"开关置于"开"位，"方向转换"开关打至"前"位，并进行简略的制动机试验。发车时机具备后，再操纵列车"关门"按钮，关闭客室门，司机操作 PSL 关闭屏蔽门后，并通过客室车门、屏蔽门的指示灯，确认关闭正常，列车与屏蔽门间未夹人夹物。

项目六 折返作业

图 6-23　换端操作的各开关

6）出站信号开放，使用 RM 模式出站，在越过出站信号机前通过车载信号系统显示屏，确认列车已升级到"ATP 防护人工驾驶"模式后方可继续运行，如未升级到"ATP 防护人工驾驶"模式，应按 RM 模式运行到规定信号机；仍未升级到"ATP 防护人工驾驶"模式，按 ATP 故障处理。

任务二　中间站折返作业

任务说明

通过此项任务，学生能够熟练进行列车在中间站的人工折返和自动折返工作，并且操作规范符合企业标准。

知识目标

1. 熟悉中间站折返线布置。
2. 掌握中间站折返方式。
3. 掌握中间站折返的标准化作业规范。

能力目标

1. 能辨别中间站折返线的布置形式。
2. 能完成中间站自动折返操作。
3. 能进行中间站人工折返作业。

素质和德育目标

1. 规范操作，培养严格按照标准化作业操作的习惯。
2. 安全正点，树立精益求精的作业目标。

任务设备准备

列车驾驶模拟器、司机包、各种行车用品。

相关理论

每一条轨道交通线路的客流断面通常是两端小、中间大，而且在不同时段、不同路段总是不均匀的。当列车全程运行时，必然反映出列车满载率的不均匀性和不经济性。因此需要设置中间折返站，组织长短交路运行，即组织部分列车在某区段按短交路折返运行。

一、中间站折返线布置及折返方式

在交路折返站需设折返线。终点站的折返线形式中，图 6-1、图 6-2 和图 6-9 的形式均可作为中间折返站，但此时列车需利用正线折返，折返列车转向时与后续列车有敌对进路交叉，存在安全隐患且影响折返能力，一般不采用此形式。

1. 站前折返

如图 6-24 和图 6-25 所示，此方案设置了专用的折返线，作业组织灵活，折返列车转向时与后续列车无敌对进路交叉，折返间隔短，提高了折返能力。缺点是车站规模较大，站台利用效率较低。当采用图 6-24 的布置形式时，需注意将岛式站台两侧股道的终点方向保持一致，避免乘客错过列车的停靠站台。

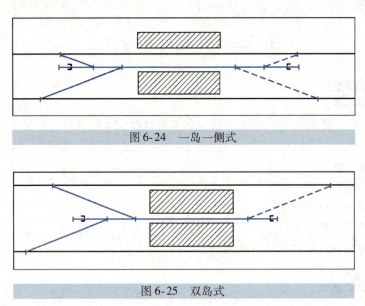

图 6-24　一岛一侧式

图 6-25　双岛式

2. 站后折返

当需采用岛式站台方案时，列车折返作业形式与作为起终点站时的折返形式相同，如图 6-26 ~ 图 6-28 所示。当折返线尾部与上下行正线连通时，还能实现双向列车的折返作业，但远端道岔距离车站较远，不利于管理和维修。图 6-27 和图 6-28 的形式还可借用折返线暂时停放故障列车。

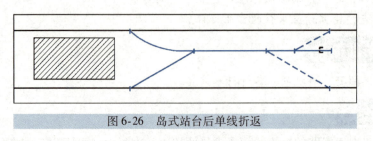

图 6-26　岛式站台后单线折返

项目六 折返作业

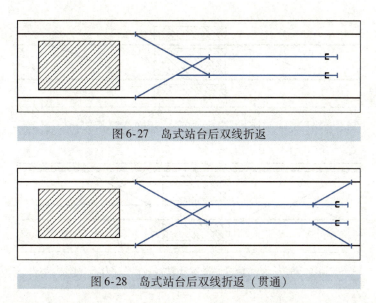

图 6-27　岛式站台后双线折返

图 6-28　岛式站台后双线折返（贯通）

当需采用侧式站台方案时，可采用如图 6-29 和图 6-30 的形式，此方案结构简单，也能满足双向折返需要，缺点是远端道岔较远，不利于管理和维修，且折返作业对正线有干扰。

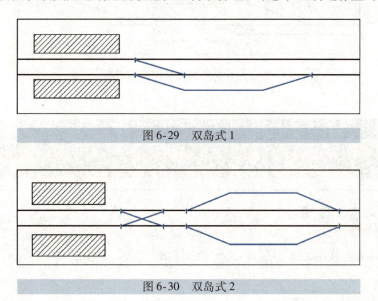

图 6-29　双岛式 1

图 6-30　双岛式 2

3. 双向折返

还有一种较特殊的折返站，即双向折返站，如图 6-31～图 6-33 所示，这些形式均是双向折返，同时预留了贯通的条件。

二、中间站折返操作

中间站的折返操作也分为自动折返和人工折返，其原理及操作与终点站折返是一样的，参见本项目任务一的操作介绍，此处不再赘述。需注意提前通过广播系统播放清客信息，避免载客进入中间站折返线。

157

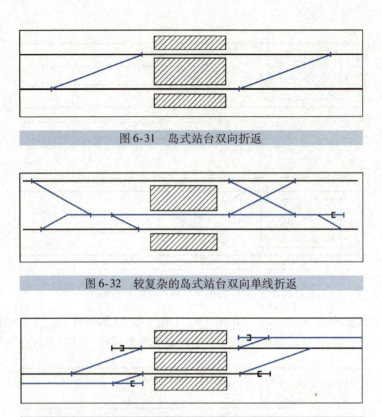

图 6-31 岛式站台双向折返

图 6-32 较复杂的岛式站台双向单线折返

图 6-33 岛式站台双向单线折返

练习

说说图 6-34 和图 6-35 所示的线路中间站折返线的布置形式。

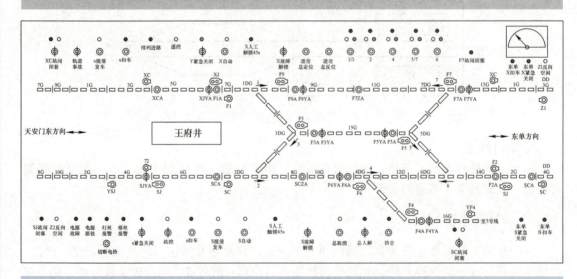

图 6-34 北京地铁 1 号线王府井站

项目六 折返作业

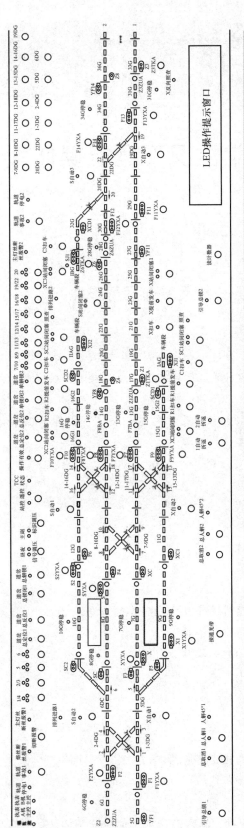

图 6-35 北京地铁 13 号线霍营站

项目七

非正常情况下运行操作

任务一　反方向运行作业

📖 任务说明

反方向运行是指在双线单向运行的区间因某种需要,按有关规定临时组织列车在线路上与规定方向反向运行的情况。

通过本任务的学习和训练,学生掌握反方向运行条件下的行车组织规则和操作注意事项,培养安全行车的意识和习惯。

📖 知识目标

1. 了解反方向运行的行车组织。
2. 掌握反方向运行的行车条件。
3. 掌握反方向运行的标准化作业规范。

📖 能力目标

1. 能正确接收和记录行车调度员关于反方向行车的命令。
2. 正确判断是否具备反方向行车的条件。
3. 能规范进行反方向运行下的列车操作。

📖 素质和德育目标

1. 培养大局观念,遵守规程。
2. 具有安全意识。
3. 提高应变能力,快速适应非正常运营情况。

📖 任务设备准备

列车驾驶模拟器、司机包、各种行车用品、口头调度命令记录单、路票。

项目七 非正常情况下运行操作

相关理论

一、反方向运行的条件

列车反方向运行是指在双线区间，列车的运行方向与线路规定的使用方向相反。

反方向运行通常是当发生正方向区间的线路封锁施工、发生自然灾害或因事故中断行车等特殊情况时才进行的一种非正常情况下的行车组织。

反方向运行必须由行车调度员发布调度命令，相应运行区段变更闭塞方式为电话闭塞，办理发车和接车进路；司机需确认行车凭证（路票）后，根据综控员的发车手信号发车。

二、反方向运行时司机的操作

1）接收行车调度员的反方向运行命令。注意：调度命令复诵和记录。

2）在反方向运行时，需要切除信号系统对列车的控制，因此列车发车前，司机应切除车载 ATP（图 7-1），以将模式转换到"非限制人工驾驶"模式 EUM（图 7-2）。

图 7-1 "ATP 切除"指示灯

图 7-2 "非限制人工驾驶"模式

3）司机接到综控员发放的行车凭证（路票）后，确认列车起动条件具备，看发车手信号起动列车。发车手信号如图 7-3 所示。

注意：路票只在一个站间区间有效，当列车到达第二个车站后，需重新领取路票。

4）在运行中要加强瞭望，按规定鸣示音响信号，运行速度不得超过 35km/h。

5）进站前要适时采取制动措施，凭综控员的引导手信号进站（引导手信号如图 5-4 所示），进站速度不得超过 25km/h，并做好随时停车的准备，无引导手信号时要将列车停于车站外方。

6）完成反方向行车的运行任务。

三、反方向运行的行车组织

在司机看到发车手信号之前，反方向行车区段中各车站的综控员已接到行车调度员的调度命令，命令内容为："准××站—××站反方向行车，停止基本闭塞法，按电话闭塞法办理行车，凭综控员手信号接发列车。又自即时起将××站—××站控制权下放车站办理。"行车调度员将控制权下放，各车站接收了控制权，反方向行车组织开始。

a) 使用信号旗　　　　　　　　　　　　　　b) 使用手信号灯

图 7-3　发车手信号

1. 发车站的办理

1）发车站综控员应在接收到行车控制权后，首先核对运行计划，确认列车的车次和位置。

2）确认发车区间空闲后，向接车站请求闭塞。注意，电话闭塞的闭塞区间是两相邻站的出站信号机间。

3）接收电话电报号码及闭塞承认时分，填写"电话电报登记簿"及"行车日志"。

4）办理发车进路（按正方向办理），确认发车进路道岔位置正确且锁闭（可能涉及手摇道岔的操作及人工开放信号机）。

5）填写路票，将路票交递给司机，手信号发车。注意：路票需在查明闭塞区间空闲、得到接车站闭塞承认后才能填写，一式两份，填写后应与"电话电报记录簿"核对，确认调度命令和电话电报号码无误后，方可交递给司机。路票只在一个站间区间有效。

6）本次列车出发后，向接车站通报列车车次及发车时分，双方填写"行车日志"。

7）待列车从接车站发出后，接收到闭塞解除时分，填写"行车日志"（只作为前发列车闭塞的结束，不作为下次列车承认闭塞的依据）。

2. 接车站的办理

1）接车站综控员在接收到行车控制权后，等待发车站的闭塞请求。

2）接到发车站的闭塞请求后，确认接车区间、接车线路空闲，办理接车进路（按正方

项目七　非正常情况下运行操作

向办理），并确认接车进路道岔位置正确且锁闭。

3）向发车站发出电话电报号码及时分，填写"电话电报记录簿"和"行车日志"。

4）接收发车站发车次及时分，填写"行车日志"。

5）待列车到达出站信号机内方（即后方），显示引导手信号将列车引导进站。

6）列车整列到达后，填写"行车日志"，并向发车站发出闭塞解除时分，再次填写"行车日志"（只作为本次列车闭塞的结束，不作为下次列车承认闭塞的依据）。

注意：发车站和接车站均需对各次列车办理电话闭塞手续，以电话电报号码作为承认闭塞的依据。

任务二　推进运行作业

任务说明

推进运行指在尾端驾驶室按线路规定方向操作列车运行，一般在前方操纵台因故不能操纵列车时采用。

通过本任务的学习和训练，学生掌握推进运行的操作规范和注意事项，培养安全行车的意识和习惯。

知识目标

1. 掌握推进运行的标准化作业规范。
2. 掌握推进运行的注意事项。

能力目标

1. 能正确判断列车故障，向行车调度员汇报关于推进运行的情况。
2. 能组织清客工作，正确进行广播。
3. 能规范进行推进运行下的列车操作。

素质和德育目标

1. 具有安全意识。
2. 培养团队合作精神。
3. 培养应变能力和适应能力。

任务设备准备

列车驾驶模拟器、司机包、各种行车用品、口头调度命令记录单。

相关理论

一、推进运行的操作步骤

在列车运行时，前端操纵台因故不能操纵列车时，采取更换操纵台的办法从尾端驾驶室推进运行。另外,当进行列车救援或车辆段调车作业时,都有可能采用后车推进运行操作。

当司机判断列车故障,需改牵引运行为推进运行时,应立即将情况向行车调度员报告,得到准许后才能进行。推进运行必须由双司机完成,操作步骤介绍如下:

1)司机确认列车当前已不能使用前端操纵台,立即利用车载电台或手持电台向行车调度员汇报,申请内容包括:清人掉线、切除操纵端 ATP 设备、更改行车闭塞法等。

2)得到行车调度员准许后,广播清客通知:"本次列车因故障停止运营服务,请您立即下车,等候下次列车,给您带来的不便请您谅解,感谢您的合作。"清客工作应尽量在站台进行。

3)清客完毕后,一名司机关好客室车门、屏蔽门、驾驶室侧门,关断前端操纵台,切除操纵端 ATP 设备,操作步骤见表 7-1;另一名司机应前往尾端驾驶室。

表 7-1 推进运行关断前端操纵台的步骤

操作顺序	操作内容	图示
1	"母线重联"开关置于"断开"位	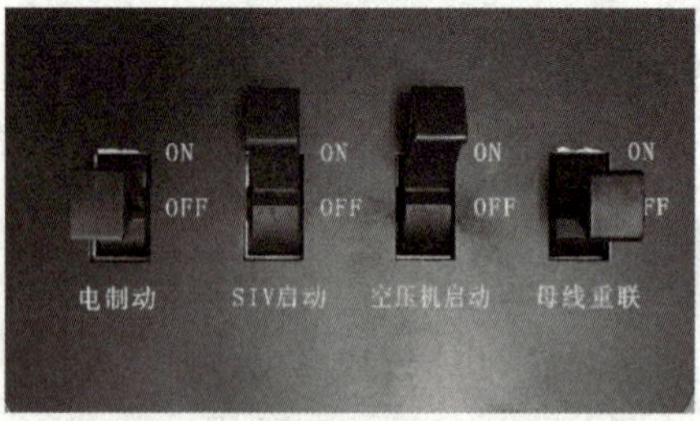
2	"紧急制动"按钮在复位状态	
3	"开门模式选择"开关置于"手动"位	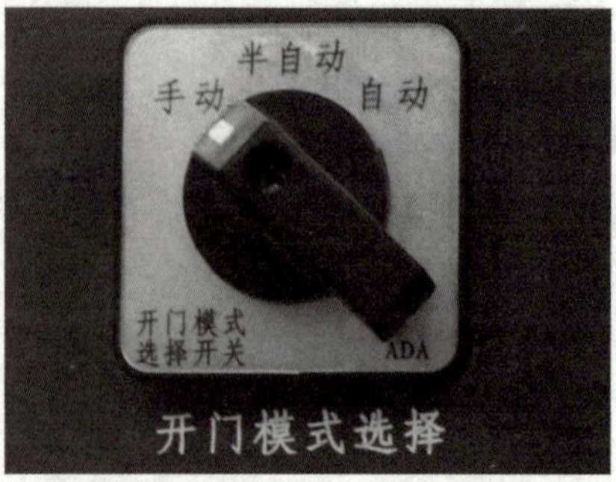

(续)

操作顺序	操作内容	图示
4	"门选择"开关置于"0"位	
5	"强迫缓解"按钮在复位状态	
6	司机控制器手柄置于"紧急"位	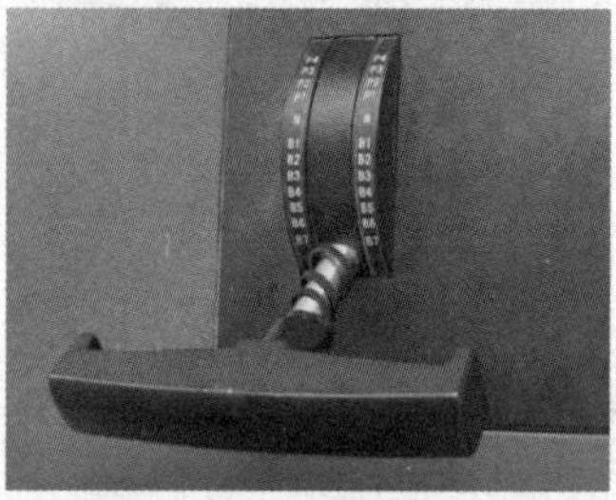
7	"方向选择"开关置于"0"位	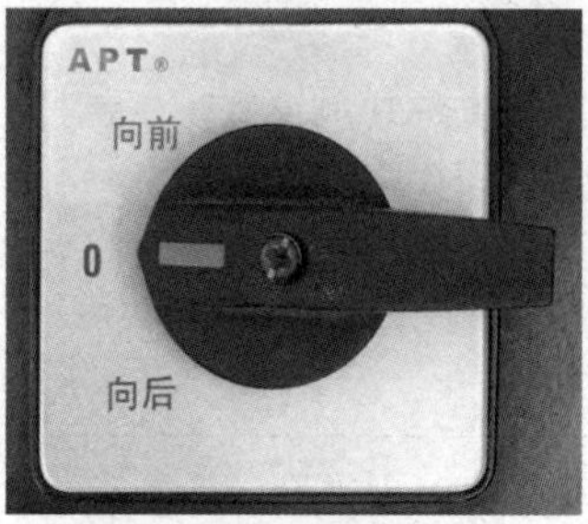
8	"钥匙"开关置于"关"位	

（续）

操作顺序	操作内容	图示
9	"ATP 切除"开关置于"切除"位	

4）前端司机确认好行车命令、出站信号机的进行显示后，使用广播对讲装置通知尾端司机进行操纵台激活作业，激活作业见表 7-2。

表 7-2　推进运行激活尾端操纵台的步骤

操作顺序	操作内容	图示
1	"钥匙"开关置于"开"位	
2	将"ATP 切除"开关置于"切除"位	
3	"方向选择"开关置于"向后"位	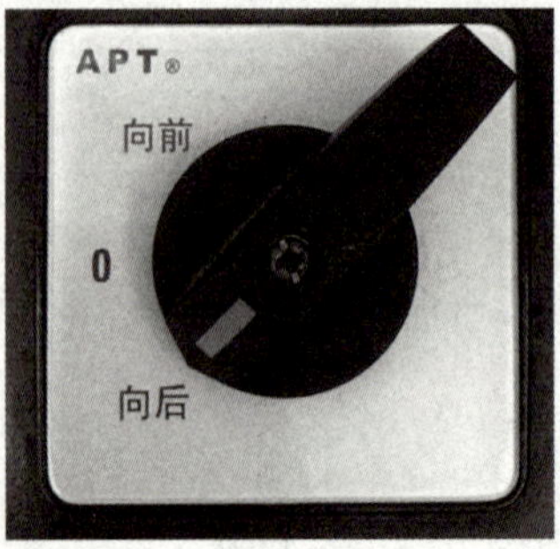

166

项目七 非正常情况下运行操作

（续）

操作顺序	操作内容	图　　示
4	司机控制器手柄置于"紧急"位，再推至"惰行"位，试验制动系统（可以进行制动机简略试验：制动一位至紧急制动，逐级压力输出正常）	
5	尾端"母线重联"开关置于"闭合"位	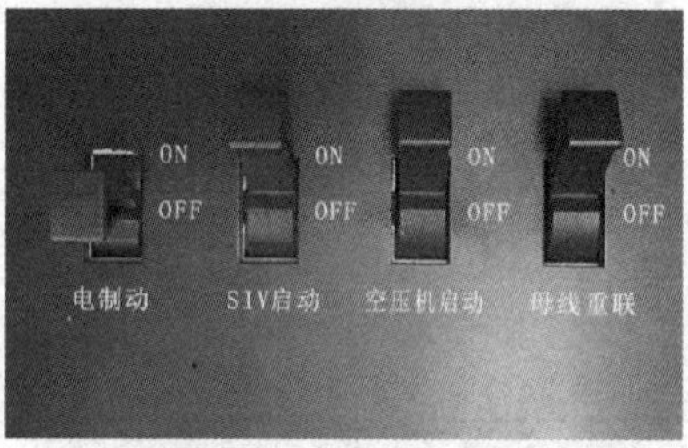
6	"紧急制动"按钮在复位状态	
7	"开门模式选择"开关置于"手动"位	
8	"门选向"开关置于"0"位	

(续)

操作顺序	操作内容	图 示
9	"强迫缓解"按钮在复位状态	
10	确认"门全关闭指示"灯亮	

5)尾端司机激活操纵台后,可以进行牵引一位点动动车工作。方法:将司机控制器手柄推至牵引一位,列车点动后,制动停车。然后通知列车前端的司机做好推进准备工作。

6)前端司机在得到尾端司机的通知后,再次确认出站信号机的进行显示,通知尾端司机开始推进。

7)尾端副司机操纵司机控制器手柄逐级牵引列车推进运行,速度不得超过30km/h。列车的牵引、惰行、制动凭前端司机的指令操纵。

8)前端司机应认真确认线路、信号、道岔状态,遇有紧急情况,果断采取紧急停车措施。停车后立即向行车调度员说明情况,经妥善处理后方能继续运行。

二、推进运行的注意事项

推进运行的操作需由两名司机合作完成,在推进运行中必须严格执行呼唤确认信号制度,两司机之间保持不间断联系。列车推进允许速度为30km/h,推进时,一名司机在后方驾驶室操作列车,另一名司机需在前端驾驶室负责瞭望信号、线路情况,并随时通知后方推进司机牵引及制动的实施。

任务三　列车退行作业

任务说明

列车退行指列车由于某些原因必须向后退,如冒进出站信号机,属于非正常操作的一种。

项目七　非正常情况下运行操作

通过本任务的学习和训练，学生掌握列车退行的操作注意事项，培养安全行车的意识和习惯。

 知识目标

1. 掌握列车退行的标准化作业规范。
2. 掌握列车退行的注意事项。
3. 了解列车退行的行车组织。

 能力目标

1. 能正确判断需列车退行的情况。
2. 能规范进行列车退行操作。

 素质和德育目标

1. 培养安全意识，遵守规程。
2. 能够进行心理调适和情绪管理。
3. 文明生产，诚实守信。

 任务设备准备

列车驾驶模拟器、司机包、各种行车用品、口头调度命令记录单。

 相关理论

一、列车退行的操作步骤

列车退行是指使列车运行方向与列车原运行方向相反，是一种非正常情况下的操作，司机需与行车调度员或相关站综控员联系，得到准许后，方可进行。

1）司机判断（因线路原因或其他原因）列车不能继续向前运行，需从站间退回车站或从车站向区间退行时，利用车载电台或手持电台与行车调度员或综控员联系。

2）获得准许后，司机通过广播向乘客播放关于列车退行的通知："各位乘客：您好，本次列车将向车站（或向区间）退行，请您坐稳扶好，注意安全。"

3）司机将驾驶模式转换至 RM 模式，切断地面信号系统对列车的控制，"方向选择"开关置于"向后"位，以不超过 15km/h 的速度将列车退行至车站或区间规定位置。

二、列车退行的注意事项

列车退行需由行车调度员准许、发布调度命令后，司机才能进行，切不可私自操作。

一般地，车载 ATP 系统对列车退行有距离限制，当退行的距离接近限定值时，列车会自动启动紧急制动，如果这时列车还未退至规定位置，司机需要重新建立列车安全电路，再次起动列车退行。列车退行的距离限制可以被预先设置，允许各地铁运营公司根据线路情况进行不同的规定，如北京地铁某些线路将退行距离限制为 5m。

169

列车退行时，要求驾驶模式为 RM 模式，这一步操作是为了切断地面信号系统对列车的控制。

三、列车退行的行车组织

由区间向车站退行的列车需在车站外方停车，行车调度员会同相关站综控员确认站内空闲后，准许列车退回站内。

由车站向区间退行的列车，行车调度员会同相关站综控员确认列车退行占用的站间区间空闲后，准许列车退行出站。如站间区间有车时，行车调度员或综控员应立即令后续列车司机就地停车，不得动车。在确认列车确已停稳后，方可准许列车退行到规定停车位置。

任务四 清客作业

任务说明

当运营列车因特殊原因不能继续载客运行时，需要司机进行清客作业。清客作业是运营应急处理和降级运营时的重要调整手段，处理不当会带来乘客的投诉，影响地铁的服务品牌形象。

通过本任务的学习和训练，学生应掌握进行清客作业的原则和组织清客的程序与注意事项，能按企业要求做好清客工作，保证运营服务质量。

知识目标

1. 了解清客的定义和进行清客的情况。
2. 掌握列车清客的规则。
3. 掌握列车清客作业的执行程序。

能力目标

1. 能正确判断需要清客的情况。
2. 遵守清客规则，合理申请清客。
3. 关注乘客状态，安全、有序地组织清客作业。

素质和德育目标

1. 培养乘客导向的意识和良好的沟通能力。
2. 树立大局观念，服务指挥，竭诚服务。
3. 培养非正常情况下与地铁其他部门协同工作的能力。

任务设备准备

列车驾驶模拟器、司机包、各种行车用品、口头调度命令记录单、扩音器、止轮器。

项目七　非正常情况下运行操作

一、清客的规则

（一）清客的定义

清客是在列车运营过程中，行车调度员向司机和车站人员发出指令，强行让某一列车的乘客在非目的地站下车，乘客在非个人意愿的情况下被迫离开列车，在站台重新等候下一趟列车，或直接离开地铁站改乘其他交通工具到达目的地。清客分为计划性清客和非计划性清客。

计划性清客是指在乘客上车前即得知本趟列车运行服务的终点站，列车在清客后进行折返或退出服务。计划性清客的特点是乘客事先知情。

非计划性清客是指列车运行中，由于设备故障原因或发生突发事故、故障等，引起列车无法继续运营服务需要清客退出服务，或者由此引起需要使用降级运营，以保持有限度的客运服务而采取的必要的列车调整措施。非计划性清客的特点是乘客事先不知情。

引起非计划性清客的原因可能是列车在运营中发生设备故障、突发意外情况（如火灾、列车脱轨等）、降级运营组织（如临时采用小交路运行）。

本任务仅讨论非计划性清客。图7-4所示为高架线路的非计划性区间清客。

图7-4　高架线路的非计划性区间清客

（二）清客规则

清客作业是运营应急处理和降级运营时的重要调整手段，处理不当不仅会带来乘客的投诉，影响地铁的服务品牌形象，更与地铁"安全第一"的运营宗旨相悖。因此，组织清客必须遵循一些既定规则，以便降低该作业中存在的风险概率。

1. 清客的授权

清客前必须获得行车调度员的授权，除非在非常紧急的情况下或接触轨（接触网）发生故障导致电力中断，致使乘客安全受到威胁或司机与OCC无法通信。

2. 清客地点

在条件允许的情况下，司机应尽可能将列车驶到下一站或指定的站台进行清客，避免在区间清客。

3. 牵引电流

若清客作业在站台进行，人员直接从站台疏散，不需进入轨道区间，则不用关断牵引电流；若在区间清客且采用接触轨供电的线路，在清客前，行车调度员必须通知电力调度员关断清客区间的牵引电流。

4. 参与清客的工作人员

在没有车站员工协助的情况下司机不得开始清客，除非情况极度紧急（如乘客安全受到威胁），或牵引电流发生故障导致环境迅速恶化。

值班站长在接到行车调度员关于清客的通知后,应指派一名车站工作人员到列车现场执行清客程序,并且最少由一名工作人员陪同前往,即至少应有两名车站员工协助司机进行清客。

5. 装备

协助清客的员工应尽可能带上手提灯、扩音器和手持电台(无线电对讲机),如图7-5所示。

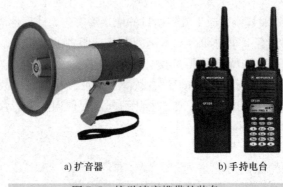

a) 扩音器　　　　　b) 手持电台

图7-5　协助清客携带的装备

6. 隧道灯

任何地铁员工或乘客进入隧道前,必须确保隧道灯是点亮的。

7. 鼓风扇

有些地铁线路设计:当列车在隧道停止超过120s时,隧道内的鼓风扇会自动起动。在隧道内清客期间,为了确保乘客安全,必须将鼓风扇关掉。鼓风扇如图7-6所示。

图7-6　鼓风扇

8. 清客的方向

乘客下车后,司机或车站人员应指挥乘客利用清客后停定的列车作为保护,朝正常的行车方向步行前往下一站;除非列车与前方车站距离太远或情况极度紧急(如停在区间的列车失火或冒烟),可前往行车调度员指定的其他站台。

9. 乘客指引

为了防止乘客偏离清客路线或被障碍物绊倒,必须安排员工驻守在下列地方:①道岔及交叉口;②隧道口;③其他有潜在危险的地方。如图7-7所示的交叉口,在清客时必须指派员工驻守。

10. 不得行车的区间

在区间进行清客的期间，行车调度员需安排以下轨道不得行车：①乘客下车后途经的轨道；②乘客可经由隧道门或交叉口进入的轨道。这项行车限制持续有效至完成清客，并证实所有乘客已撤离轨道。

11. 伤残人士的安排

若非情况紧急，伤残人士（如轮椅使用者）应留在车厢内，待列车驶到安全位置再下车。司机凡得知车上有伤残人士，必须向行车调度员报告。如需立即救出伤残人士，必须迅速通过行车调度员通知紧急救援人员。

图 7-7　隧道交叉口

注意：必要时可调派额外人手或自愿协助的乘客陪同伤残人士留在车上。

12. 使用站台楼梯

下车乘客抵达指定车站时，需由员工指示沿站台两端的台阶前往站台，以便加快乘客撤离轨道的速度。

13. 列车清客后的程序

列车完成清客后，相关车站必须安排两名车站员工巡查所有下车乘客可能经过的轨道区段。这两名员工必须按正常行车方向，由后方车站走至前方车站，确保区间内已无任何乘客或障碍物，然后向出发车站的值班站长汇报巡查结果。

二、区间清客的时机

何时开始清客是一项非常重要的决定，尤其是在紧急情况及车上环境急剧恶化的情况下。行车调度员与司机必须根据当时的情况采取适当行动，以确保乘客及员工的安全。

行车调度员需根据司机报告的现场情况，慎重考虑以下情况，以决定是否需要清客：

1）事故的成因。
2）车厢内的情况。
3）列车何时能恢复行驶。
4）乘客的安全。
5）任何其他相关的因素，如乘客恐慌。

倘若停下的列车上情况恶劣，则行车调度员可以授权司机在车站人员抵达前紧急清客。

注意：何时开始清客由行车调度员决定。

若列车迫停在两个车站之间而没有空调已达 10min，司机必须通过广播指示乘客打开紧急通风窗，改善通风情况。打开紧急通风窗后的列车仍可继续载客，而行车调度员应在某一个适合的车站安排车站员工关好紧急通风窗。

SFM05 型车紧急通风窗的开启如图 7-8a 所示：①手握通风窗扳手；②将扳手按下并向内拉。关闭方式如图 7-8b 所示：①用手推玻璃窗回原位；②将扳手扣紧并确认锁闭。

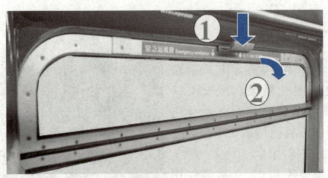

a) 紧急通风窗的开启

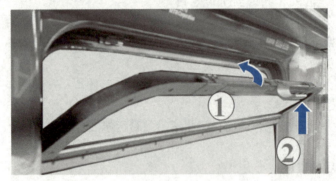

b) 紧急通风窗的关闭

图 7-8 紧急通风窗的操作

案例

北京地铁亦庄线区间清客

2011 年 6 月 23 日下午，北京经历了 60 年来的特大暴雨，北京地铁各线运营都遭遇极大挑战，并且有部分线路运营受到影响。

16 时 59 分，地铁亦庄线旧宫至肖村站区间有块金属板被大风刮入，造成接触轨短路跳闸，该区间被迫停电。为了尽快恢复通车，列车司机和工作人员一直在冒雨工作，在确保安全的前提下，第一节车厢内的部分乘客也通过驾驶室冲进了大雨中，帮助工作人员清理起高空铁轨上的钢板。由于车厢密闭，列车停驶一个多小时后，乘客情绪变得焦躁起来，有乘客反映胸闷、身体不舒服，有乘客吵着要上厕所，但列车此时并未因此采取区间清客措施。

两个小时后，列车故障还是没有排除。19 时许，雨小了下来，列车工作人员接到了疏散乘客的指令。小红门站以南高架上停驶的两列列车上的乘客开始被疏散，行走在上下行轨道间的安全疏散通道上。部分没领到雨衣的乘客冒雨步行约半个小时到达小红门站。

至 20 时 18 分，亦庄线才全线恢复正常运营。

想一想：在该案例中，为什么列车停驶两个小时才开始进行区间清客？

三、区间清客的标准化作业规范

1. 司机的工作

当列车迫停于区间不能继续运行时,司机应向行车调度员报告列车位置、车厢内情况、人员受伤情况、车辆受损情况、能否继续运行、任何其他相关的因素,并利用广播安抚乘客。

司机在非紧急情况下,得到行车调度员区间清客的命令后,等待车站协助人员到达现场方可执行清客工作;紧急情况下得到行车调度员区间清客的命令后可紧急疏散乘客。

司机在接到清客命令后,与行车调度员确认清客方向,定时通过广播系统向乘客发放有关消息、安抚乘客情绪,观察乘客的状况,有异常立刻向行车调度员报告。在等待清客开始的过程中,若列车停止在隧道内而没有空调已达 10min,司机必须通过广播指示乘客打开紧急通风窗,以改善车厢内的通风情况(注:牵引电流中断时,列车上的空调设备将自动关掉,蓄电池能维持短暂的紧急通风和照明)。

根据当时列车的载客情况,估计清客的疏散速度。估计清客时的疏散速度方法如下:最快速度是每秒钟 1.5 人次经过应急疏散坡道;当轨道上有照明设备并有人引路时,每分钟约可步行 50m。在照明不足、有障碍或出现恐慌的情况下,疏散时间或许会更长。

乘客工作做完后,司机为列车做好防护措施,等候在清客端驾驶室,放下紧急逃生门,必要时开启车头前照灯提供照明。车站员工到达后,向乘客发布清客开始的通知,说明清客方向,请乘客有序地通过列车端部的紧急逃生门下到轨道上,在车站员工的带领下,沿着轨道前往站台。此段广播消息应定时播放。紧急逃生门打开后的疏散通道如图 7-9 所示。

a) A 型车紧急疏散通道　　　　　　　b) B 型车紧急疏散通道

图 7-9　紧急逃生门打开后的疏散通道

高架线路的列车司机应打开有区间疏散平台侧的客室车门,配合车站工作人员进行乘客疏散,必要时需开启前照灯提供照明。

在乘客下车的过程中,司机需随时观察乘客的动态,适时进行安抚,防止出现乘客恐慌,保证清客过程的正常进行。乘客全部下车完毕后,穿行列车,确保所有乘客已离开车厢，确认是否有伤残人士留在车上。

确认完毕后，收回紧急逃生门。

向行车调度员报告全部乘客已离开车厢，等待清客工作完毕、所有乘客疏散至车站、隧道区间畅通无阻后，按照行车调度员的进一步指示，操作列车到指定车站，或等待救援列车的到来，并及时记录事发时间、位置及事故情况，协助调查。

2. 值班站长的工作

值班站长在接到行车调度员关于清客的命令后，与行车调度员确定 ATS 控制台上显示的所有被停止列车的正确位置、在何处清客、在列车哪一端清客、牵引电流已关断（如有必要）及其他需要进行的安全保护措施。

按情况需要，安排关掉鼓风扇，确保隧道灯都点亮。

指派一名车站员工负责执行清客程序，并指示至少一名员工陪同前往列车现场。

根据情况需要，加派员工前往任何有潜在危险的位置，提醒乘客小心安全，在清客范围协助引领乘客，引导离开车厢的乘客经站台两端的台阶前往车站。

在接到执行清客程序的车站员工关于所有员工和乘客已离开轨道的通知后，向行车调度员报告。

在接到行车调度员要求轨道巡查的通知后，安排一名车站员工在站台前方端墙示意危险手信号，另安排两名车站员工步行前往下一个车站，以确定该区间畅通无阻。

每确定一段指定轨道畅通无阻后，向行车调度员汇报。

3. 行车调度员的工作

行车调度员向司机和相关站值班站长、综控员发布关于清客的调度命令后，应当对线上列车的行车组织方式进行降级：停止即将清客的轨道、乘客离开车厢后可能途经轨道的列车运作。

行车调度员组织完相关列车的运行后，告知司机清客的方向和清客时间，司机应维持手持电台的正常运作，前往即将清客的一端候命，在车站员工抵达后即可开始清客。如果需要，与电力调度员联系，关断牵引电流。

向有关的值班站长查证停下列车的确切位置，指示他们在何处清客、在列车哪一端清客，并要求做好相关的乘客安全保护措施。

在收到司机或/和值班站长关于清客完毕的报告后，行车调度员与司机确定：是否所有乘客已离开车厢，是否有伤残人士留在车上；与值班站长确定所有乘客已撤离车厢及轨道。然后要求值班站长派员工步行巡视各轨段，并确定轨段已畅通无阻。

在接到值班站长关于轨道已畅通的通知后，指示电力调度员可以给接触轨送电；指示司机将列车驶往下一站（具体驾驶模式视情况而定）。然后按情况允许，恢复运营线路的正常运作。

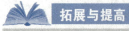 拓展与提高

以下以北京地铁各线路制定的规定为例，介绍运营列车请求救援和清人掉线的情况。各城市、各条线路根据实际运营情况，有不同的要求和规范，需具体问题具体分析。

1. 允许运营列车请求救援的情况

1) 列车发生故障，进行处理后仍不能牵引全列车维持运行时。

2) 制动系统发生故障致使全列车处理后仍不能缓解时。

3）电动列车发生火灾处理后无法运行时。
4）发生严重故障有危及行车安全的可能，司机认为需救援时。

2. 运营列车立即清人掉线的情况

1）高、低压导线及电气设备搭铁、短路发生冒烟或着火。
2）车辆走行部（包括齿轮箱、轴箱、联轴节、牵引装置、牵引电机等）故障或有异响。
3）列车发生异味冒烟。
4）全列无法正常开关门，经处理无法恢复。
5）车轮擦伤严重时，就近入库。
6）驾驶室门机械故障无法开启或关闭。
7）监控器及门显示灯同时显示不正常，司机无法确认门状态。
8）列车在运行中车辆与信号监控装置故障，经处理仍无法显示。
9）客室车门故障，手动不能关好（门开度大于100mm）时且无人监护。
10）列车发生故障需闭合"门旁路短接"开关维持运行。
11）动车过少，全列有一半以上动车失去牵引力，不能恢复时，就近入库。
12）车辆重要部件脱落，危及行车安全。
13）机械、电器等发生故障，危及行车及人身安全。
14）列车前、后驾驶室自动广播和人工广播同时发生故障。
15）列车无线电台故障或复读装置无法记录行车调度员命令。
16）因故障司机处理需短接紧急旁路维持运行时。
17）总风泄漏严重致使列车紧急制动不缓解。
18）全列车紧急制动不缓解，处理后仍无法正常使用但可缓解时，就近入库。
19）制动机发生故障，全列（六节编组）失去1/6以上的基础制动。
20）列车运行中显示列车"缓解不良"，且无法确认列车制动系统状态。
21）机械部位发生故障，致使车轮不转。
22）车轮擦伤严重时，就近入库。
23）列车在运行中监控显示器故障，无法正常显示车辆运行状况（如黑屏、花屏、乱码、网络故障）。
24）列车故障，监控显示器显示立即掉线时。
25）前照灯故障不亮，无法确认线路、信号安全状态。
26）当一台静止逆变器（SIV）装置故障无法恢复，且扩展供电不能投入工作时。
27）列车发生故障，需要推进运行。
28）发生严重故障，司机认为不能继续载客运行时。

3. 需将乘客运送到终点站方能掉线的情况

1）因列车牵引逆变器故障，全列一辆动车减少动力时。
2）车载信号设备故障致使列车无法正常运营。
3）列车控制网络发生故障，但能采用紧急牵引模式运行。
4）监控显示器、门指示灯有一处显示不正常，但司机能确认车门关闭良好。

5) 车门故障，手动不能关门（门开度小于100mm）时要做好防护，设专人监护到终点站清人掉线。

6) 因车门故障，列车单节同侧两个车门封闭时。

7) 驾驶室门故障，无法关闭。

8) 列车在运行中监控显示器不能正常工作。

9) 一辆车空气弹簧不充气时（弯道运行限速30km/h）。

10) 一节及以上客室灯不亮。

11) 当有一台静止逆变器（SIV）装置故障，监控显示器显示运行到终点站时。

12) 一个台车失去空气制动作用。

13) 主空压机组故障，但能保证列车正常使用的风压。

14) 列车故障，监控显示器显示运行到终点站掉线。

15) 列车空调系统故障超过1/6（六节编组）。

16) 因列车空调故障，乘客投诉时。

17) 需短接"开门旁路"开关维持列车车门打开。

18) 车载通信系统故障致使整列屏蔽门不能开启与关闭。

19) 列车发生故障，司机认为列车不能继续完成运行图规定的交路。

任务五　列车救援作业

任务说明

当线上运营的列车遇故障无法继续运行时，视情况应派出救援列车，以便尽快开通线路。

通过本任务的学习和训练，学生掌握故障列车司机和救援列车司机的工作职责，正确完成列车救援任务。

知识目标

1. 了解列车救援的相关基本概念。
2. 掌握请求救援的报告事项。
3. 掌握救援列车司机的标准化作业规范。
4. 掌握故障列车司机的标准化作业规范。

能力目标

1. 能正确请求救援并完成列车清客。
2. 能正确做好故障车的救援准备工作。
3. 能正确进行列车连挂操作。
4. 能安全、高效地合作完成列车救援过程。

项目七　非正常情况下运行操作

 素质和德育目标

1. 提高团队合作能力。
2. 提高安全防护意识。
3. 遵守规程，严格按照标准化作业操作。

 任务设备准备

列车驾驶模拟器、司机包、各种行车用品、止轮器、防护服、绝缘手套、绝缘鞋、手信号灯。

 相关理论

一、救援列车

当列车因故障在正线上迫停，为尽快开通线路，需要开行救援列车去故障列车迫停点。救援列车连挂牵引或推送故障列车到适当的车站清人，返回车辆段，称为救援调车。

救援视施行地点分为两类：车站救援和区间救援。

车站救援是指列车连挂位置在站内的救援。列车在车站救援时，按有车线接车办理，凭综控员的调车手信号引导进站。

区间救援指列车连挂位置在区间的救援。列车在区间救援时，需将相关线路封锁，救援列车凭调度命令和综控员手信号进入封锁区间。

二、列车救援的操作

（一）请求救援的情况

司机在运营线上操作列车运行突遇故障或事故时，应根据当时情况正确判断是否需要请求救援，并立刻与行车调度员联系，经行车调度员授权后，司机及时判明故障部位并确定能否自己处理，如在规定时间内不能修复或不能自行处理时，应申请救援；或是判明故障可以自行修复但在规定时间内未能修复时，应立刻停止工作并处理好现场，请求救援。

一般来说，遇到下列几种情况时，司机可以请求救援：

1）列车发生故障，进行处理后仍不能牵引全列车维持运行时。
2）制动系统发生故障，致使全列车处理后仍不能缓解时。
3）电动列车发生火灾，处理后无法运行时。
4）发生严重故障有危及行车安全的可能，司机认为需救援时。

（二）请求救援的报告

司机根据车辆故障情况经处理仍不能继续运行时，应立即以车载电台、手持电台或其他有效方法向行车调度员或有关站综控员请求救援。

请求救援的报告内容应包括如下：

1）列车车次、车号。
2）请求救援的事由。

3）迫停的时间、地点（以百米标为准）。

4）是否妨碍邻线。

5）有无人员伤亡。

6）其他必要说明的事项。

在线列车的救援应竭力遵循正向救援的准则，以确保其他在线列车的正常运行秩序。在确定救援列车开来方向后，行车调度员应向司机说明。

已请求救援的列车，不得移动。如果故障排除不再需要救援时，司机应及时与行车调度员联系，得到准许后方可继续运行。

（三）救援准备

故障列车司机发出救援请求，得到行车调度员关于救援的指示后，应当为列车救援做好准备。具体工作包括如下几点：

1）若故障列车停在站台，司机与行车调度员联系，申请站台清客，清客完毕后报告行车调度员；若故障列车在区间，则应在救援列车到达、连挂后，由救援列车将其救援至前方车站进行清客作业。注意做好安抚乘客的广播宣传工作。

2）若列车无法运行至车站，司机应尽量将列车停放在平直道上、靠近车站停车，在等待救援列车期间不得动车。

3）故障列车若在坡道迫停，应做好制动防溜措施，如打好止轮器，做好防护，如图 7-10 所示。

4）故障列车司机与行车调度员确认救援列车开来方向，将列车制动妥当，按规定穿戴好防护用品（图 7-11），携带通信设备、驾驶室钥匙，必要时带好照明用品（图 7-12），迅速到达救援列车开来方向的驾驶室，打开前照灯进行防护，做好引导接车准备。

图 7-10　防溜措施

a) 绝缘手套　　　　　　b) 绝缘鞋

图 7-11　防护用品

5）在弯道上迫停且与瞭望距离不足 50m 时，司机应在距离救援列车开来方向 50m 处向救援列车显示停车手信号（无红色信号灯或信号旗时，两臂高举头上向两侧上下急剧摇动，如图 7-13 所示），并引导救援列车与被救援列车连挂。

图 7-12 手提灯

图 7-13 停车手信号（无信号灯或信号旗）

（四）列车救援过程

1. 故障列车司机的标准化作业

1）做好救援准备工作，接到行车调度员的关于救援列车开来方向的指示后，准备引导接车，并将手持电台转至临时工作组频道。

2）向行车调度员申请转换为非限制人工驾驶模式（EUM）。

3）使用驾驶室座椅下的强迫缓解塞门（图 7-14）缓解除连挂端驾驶室所在车辆以外的其余几节车辆制动。

4）指示救援列车一度停车；若故障列车迫停于弯道且瞭望距离不足 50m，应向救援列车司机给出停车手信号，使其按指示在距故障车 50m 处停车。

5）关闭前照灯，与救援列车司机确认可以再次起动列车，利用手势引导救援列车在距故障车 5m 处二度停车，确认两车钩的状态正常；利用手势引导救援列车再次起动，缓慢靠近故障列车，使其在距故障列车 0.5m 处停车。

6）查看并确认两车车钩钩位对准，向救援车司机显示连挂信号，密切关注连挂过程，确保两列车准确连挂，在车钩连挂上后，给出手势。

图 7-14 强迫缓解塞门

7）待制动简略试验（用于证明列车制动管路连接状态和基础制动性能的试验）正常后，回到驾驶室，与救援列车司机确认对讲设备通信良好。

8）切除剩余的强迫缓解塞门，缓解全列制动。通过列车状态显示屏确认列车制动力全部缓解后，通知救援列车司机。

9）接到行车调度员下达的救援命令和救援目的地后，与行车调度员进行收到确认（不用复诵），向救援列车汇报具体动车的条件。救援列车牵引运行时，前方进路的确认由救援列车司机负责，速度不得超过40km/h；救援列车推进运行时，前方进路的确认由故障列车司机负责并通过对讲及时传递，速度不得超过30km/h。

10）若故障列车迫停区间需在站台清客，推进运行时故障列车司机按照三车、二车、一车距离限速指挥，当距离停车标小于"一车"时，及时通知救援列车司机5m、3m停车等指示，使故障列车对位停车。故障列车清客完毕、关门后，通知救援列车司机动车。

11）运行过程中密切关注列车状态，与救援列车司机保持联系。若采用救援列车推进运行时，应不间断瞭望线路，确认信号和道岔及无异物，并及时将信息通过对讲传递给救援列车司机。

12）故障列车全列在指定位置停稳后，将司机控制器手柄置于"紧急"位，操作强迫缓解塞门恢复全列制动，并锁好所有塞门盖板。通过列车状态显示屏确认列车制动力已施加后通知救援列车司机，救援列车司机负责将两车车钩解钩分离。

13）报告行车调度员，按其指示执行。

2. 救援司机的标准化作业

1）救援司机在接到行车调度员关于救援的任务后，了解故障列车迫停的位置及相关行车注意事项，按其指示驾驶列车按规定限速（如30km/h）前往救援地点。若救援列车是从车站派出的，应当做好清客工作和乘客解释工作后，方准担任救援任务："各位乘客，前方列车故障堵塞运行，需本次列车救援，以便尽快开通运行，为避免在救援过程中发生意外伤害，请您立即下车，等候下次列车，感谢您的合作。"若使用在区间运行的列车担当救援列车时，应在前方最近车站清客。清客完毕后关闭客室车厢照明。

2）将手持电台转至临时工作组频道，形成行车调度员、救援列车司机、故障列车司机三方通话派接。

3）救援列车司机在接到行车调度员发布的救援命令后，如果具备追踪条件，应优先以最高可用模式（CBTC-AM）运行至距离故障列车自动停车处，再向行车调度员申请转换为非限制人工驾驶模式（EUM）；如果不具备追踪条件，救援列车司机向行车调度员申请转换为非限制人工驾驶模式（EUM），手动驾驶距离故障列车30m处一度停车。

4）接近被救援列车时，一度停车，停车位置距被救援列车的距离应不小于30m。遇弯道瞭望距离不足50m时，需看被救援车司机的停车手信号，在距故障车50m处停车。

5）由故障列车司机引导，在距被救援车5m处二度停车，确认两车钩状态无异常；再次起动列车，在距被救援车0.5m时再度停车；确认两车钩状态无异常。

6）确认对准钩位，看到被救援司机给出的连挂信号后，以3km/h的速度、轻微冲击的方式连挂，进行制动简略试验和联络对讲设备试验，确认连挂妥当、通信良好后，方准起动。

7）接到行车调度员下达的救援命令和救援目的地后，与行车调度员进行复诵，得到故障列车司机具备动车条件的汇报后向行车调度员申请动车。接到行车调度员允许动车的指令后，通知故障列车司机运行方向等注意事项，得到故障列车司机允许后动车。

救援列车牵引运行时，前方进路的确认由救援列车司机负责，速度不得超过40km/h；救援列车推进运行时，前方进路的确认由故障列车司机负责并通过对讲及时传递，速度不得超过30km/h。

8）若故障列车迫停区间且救援列车与故障列车在同一区间时，两车均未进行清客，则在推进救援时，救援列车按照三车、二车、一车距离限速令故障列车对标停车，停车后将司机控制器手柄置于"紧急"位，实行故障列车清客，之后救援列车全列进站，进行清客作业。牵引救援时，救援列车先清客、故障列车再清客。救援列车司机在得到行车调度员赋予的救援车次后，方可继续运行。

9）到达指定位置停稳后，进行解钩作业。救援列车凭行车调度员命令继续运行。

3. 救援程序标准用语

在实施列车救援的过程中，故障列车司机和救援列车司机应当按照标准用语执行联络与通信，救援程序标准用语见表7-3。

表7-3 救援程序标准用语

序号	项目	故障列车司机	信息流向	救援列车司机
1	汇报	××站上/下行（或××站至××站区间）××次司机呼叫行车调度员，××车××故障	行车调度员 ↑	/
2	清客	故障列车车门已关闭，可以动车（区间救援）	→ 车站 ↑	接行车调度员命令，××次列车在××站清客
3	通信组	/	/	/
4	模式转换	/	/	/
5	制动防溜	/	/	/
6	缓解部分车辆	/	/	/
7	停车	/	←	故障列车防溜是否做好，请求连挂
8	检查确认	/	/	/
9	连挂	已做好防溜，可以连挂	→	/
10	试拉	/	/	/
11	缓解全部车辆	故障列车全部制动已缓解	→	/
12	动车条件	故障列车司机收到	行车调度员 ↑	复诵
12	动车条件	故障列车准备完毕，具备动车条件，可以动车	→ 行车调度员 ↑	××次列车具备动车条件，申请动车
13	运行	/	/	/

（续）

序号	项　目		故障列车司机	信息流向	救援列车司机
14	对位及停车	推进运行	★300m 标 200m ××站进站 三车 二车 一车 对标停车 对标准确严禁动车（或救援列车推进/后退××m）	←→	300m 200m ××站到了 8km/h 5km/h 3km/h —— 制动施加严禁动车
		牵引运行	××站到了 ××站到了，对标停车		★××站到了 ××站到了，指挥对标停车
15	解钩		/	/	/
16	结束		/	/	/

注："/"代表无须联控或要补充，"←""→""↑"代表单一信息传递方向，"★"代表多次联系时的发起方。

4. 列车救援的行车组织

当列车故障，由后续列车担当救援时，自行车调度员指定了担当救援任务的列车时起，故障列车占用的站间区间（如故障车在车站，则包含站线）区段即视为封锁，救援列车在得到行车调度员准许发车指令后，凭调度命令运行至故障列车所在位置与故障列车连挂。连挂完毕，全列运行至就近车站后封锁自行解除，列车凭行车调度员赋予的救援车次继续运行。行车调度员应采取扣车措施阻止其他列车进入封锁区间。

当列车在车站或区间故障，且只能利用前方的列车担当救援时，行车调度员需发布调度命令将故障列车所在车站或区间、担当救援任务列车所在车站及需运行的区间一并封锁，救援列车凭调度命令与故障列车连挂。在区间进行救援的列车全列进站后或在车站救援的列车与故障列车连挂完毕后，行车调度员发布命令将封锁解除，列车凭调度员赋予的救援车次继续运行。

任务六　电话闭塞法下的运行

电话闭塞法是当基本闭塞法不能使用时的代用闭塞法，是一种非正常情况下的行车方式。由于电话闭塞不使用信号设备而采用人工确认闭塞是否空闲，因此在该闭塞法下司机的安全操作、行车组织人员的安全意识就更显重要。

通过本任务的学习和训练，学生应掌握电话闭塞法下的操作注意事项和行车组织办法。

1. 了解电话闭塞法的使用条件。

2. 掌握电话闭塞法的行车凭证、闭塞特点。
3. 掌握电话闭塞法下的列车操作注意事项。

能力目标

1. 在采用电话闭塞法时，能正确判断是否具备行车凭证。
2. 能安全操作列车，完成电话闭塞法下的运行。

素质和德育目标

1. 践行"安全第一"的工作理念。
2. 规范操作，履行职业守则。

任务设备准备

列车驾驶模拟器、司机包、各种行车用品、绿色许可证、信号旗、手信号灯。

相关理论

一、电话闭塞法

1. 电话闭塞法的特点

电话闭塞法是当基本闭塞设备故障或不能使用时，由两端车站综控员利用站间行车电话，以电话记录的方式办理闭塞的方法。不论运行区间是单线还是双线，电话闭塞均按站间区间办理。由于它没有机械、电气设备的控制来保证安全，办理闭塞时手续必须完善，对办理过程有严格的规定，对综控员有极为严格的要求。

在正线上，电话闭塞的闭塞区间是两相邻站的出站信号机间。在段（场）与相邻站间，对于出段（场）方向，闭塞区间为出段（场）信号机至相邻站出站信号机间，对于回段（场）方向，闭塞区间取决于进段（场）信号机和出段（场）信号机是差置设置还是并置设置：若为差置设置，闭塞区间为相邻站出站信号机至进段（场）信号机间；若为并置设置，闭塞区间为相邻站出站信号机至段（场）内第一架调车信号机间，如图 7-15 所示。

2. 电话闭塞法的使用时机

电话闭塞法是一种代用闭塞法，即当基本闭塞设备故障或因其他原因不能使用基本闭塞法时，为保证列车运行、达到闭塞区间只有一列列车运行的目的，而临时采用的闭塞法。一般采用电话闭塞法的情况如下：

1）基本闭塞设备发生故障时：站间区间轨道电路发生故障时，ATP 地面设备故障时。

2）基本闭塞设备不能使用时：双线区间列车反方向运行时；遇有特殊情况，列车由区间返回发车站时。

3）其他闭塞法均不能使用时。

4）各运营线的联络线间开行过轨列车时。

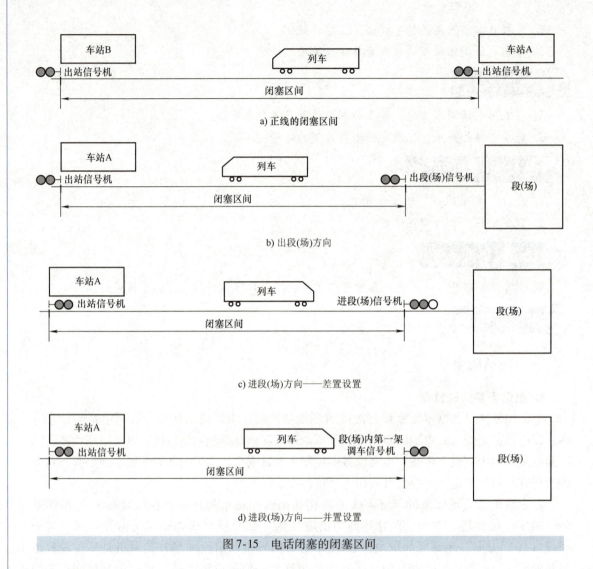

图 7-15 电话闭塞的闭塞区间

二、电话闭塞法下的列车运行

1. 行车组织的关键点

实行电话闭塞法，各方人员均应严格按照闭塞要求组织行车，严防发生事故。

1）只有在信号系统发生故障或特殊作业需要时才能使用电话闭塞法，实施电话闭塞的起始车站应为最接近故障点的前一个车站，终止车站为故障区段的下一个车站。行车调度员必须向车站综控员及司机下达启用电话闭塞法行车的命令。

2）执行电话闭塞前，由行车调度员安排列车对即将执行电话闭塞的区段进行巡查，巡查列车以不超过 25km/h 的速度运行，列车司机在到达前方站后立即将巡查情况向行车调度员和前方车站站务人员通报。

3）实施电话闭塞法组织行车必须保证同一时间、同一站间区间（相邻车站出站信号机间），只有一列车占用。一般地，列车运行间隔不得低于规定时间（如天津地铁某线规定为 8min）。

4）实施电话闭塞法作业时，列车进入闭塞区间，凭综控员手信号发车。

项目七 非正常情况下运行操作

5）接车站必须确认接车线路空闲、区间空闲，接车进路准备妥当，进路上的道岔防护信号已开放，方可发出承认闭塞的电话记录号码。

6）发车站发车前必须确认已收到接车站发出的承认闭塞的电话记录号码，发车进路已准备妥当，发车时刻已到。

7）实施电话闭塞法，车站专人实施报点程序，向发车站、接车站报点；指定车站需向行车调度员报点；行车调度员开始接收车站专人报点后，铺画实际运行图。

8）在联锁设备正常的情况下，将控制权下放到车站，按照相关规定在车站综控室的控制台上办理进路；如果联锁设备失效，则采用人工手摇道岔组织行车。

9）联锁设备失效采用人工手摇道岔作业时，需设专人进行防护，车站应根据行车计划或调度命令对影响正线行车的道岔进行人工机械加锁管制，在配合折返作业时，可不加装钩锁器，但操作人员需确认道岔已操作至机械锁闭位置，作业人员应进行现场监护。

10）行车日志内应正确记录列车车次、到达、发出时刻，及承认闭塞的电话电报号码。电话闭塞行车日志如图 7-16 所示。

图 7-16 电话闭塞行车日志

2. 司机操作的注意事项

司机接到行车调度员关于电话闭塞法的行车命令后，首先应当复诵和记录调度命令，确认实行电话闭塞的站间区间范围及其他事项。

降级列车运行模式，变更为手动驾驶，与综控员确认列车车次、车体号、行车闭塞方式、运行模式及其他运行中需要注意的事项，凭发车手信号起动列车。按照电话闭塞法的限制速度（一般是 40km/h）操作列车运行，注意瞭望线路和道岔情况，发现紧急情况立即采取相应措施并汇报行车调度员。区间分界点信号机、顺向阻挡信号机停用；遇防护信号机显示红灯时，在该信号机前停车，按引导信号的显示运行，若引导信号无显示，则与行车调度员联系，按其指示运行，通过该区段限速 15km/h。如遇人工排列进路时，动车前还需确认有关人员均处于安全位置，行驶过程中认真确认相关道岔位置。

司机进站停稳列车后，需使用 PSL 钥匙手动打开屏蔽门，进行乘降作业。等待综控员发放的行车凭证：若出站信号机正常，则凭信号机的绿色或黄色灯光进入前方闭塞区间；遇出站信号机因故不能开放时，司机在收到"绿色许可证"（图7-17）后，看到发车手信号，才能起动列车出站。如果在等待发车凭证的时候造成晚点，向行车调度员报告。

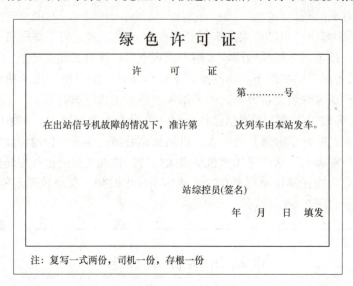

图7-17 绿色许可证

"绿色许可证"仅作为占用一个电话闭塞区间的凭证，遇多站执行电话闭塞时，到站后司机应交出旧的许可证，获取新的许可证。

电话闭塞下的道岔状态有可能通过人工扳动来改变，因此司机在出站时，还应贯彻执行"呼唤应答"制度，仔细确认道岔方向，防止事故发生。进入区间运行后，一定严守速度，发现有影响行车的异常情况立即紧急制动。

2011年9月27日14时51分，上海地铁10号线豫园至老西门下行区间两列车不慎发生追尾，5号车从后方撞上了前车16号车。

14时10分，10号线新天地站设备故障，交通大学至南京东路上下行采用电话闭塞方式，列车限速运行。由于上海地铁将"两站两区间"作为同意闭塞的条件，所以南京东路站到老西门站（中间隔了一个豫园站）的两站区间都必须是空闲，没有其他车辆行驶或停留。很显然，16号车正停在豫园站和老西门站之间，但南京东路行车值班员和调度中心都没有发现，就发给了5号车司机"路票"。在开车30s之后，列车以10km/h的速度前进，谁能料到，在闭塞区间的隧道中，竟然还停着一辆列车，这时即使司机立刻采取紧急制动，也为时已晚。

本次事故发生在信号系统故障后采用电话闭塞方法运行约40min后。经排查，在人工调度行车时，有关人员未能严格执行相关管理规定，导致事故发生。由于基本没有任何自动设备的辅助，电话闭塞的安全性全凭人员的责任心来保证，在行业内又被称为"良心闭塞"。

实行电话闭塞法时,出站信号机以停车信号(红灯)定位,司机一旦看到出站信号机开放(绿灯或黄灯),就表示当前所在车站已与前方接车站办理好闭塞手续,具备了发车条件。列车凭出站信号机的显示出发,可以保证列车运行安全。同时,这也要求综控员注意,在未办好闭塞之前,一定使出站信号机置于显示停车信号的状态,否则就有可能造成未办闭塞而司机将列车起动出发的事故。

闭塞办理好之后,必须在得到接车站闭塞承认号码或闭塞解除时分,办理好发车进路后,才能开放出站信号机发车。若出站信号机不能显示进行信号时,综控员应发给司机"绿色许可证",作为列车占用区间的行车凭证,并证明闭塞手续办理妥当。当综控员将有关凭证交付给司机后,以发车手信号发车。当列车出发后,应及时关闭出站信号机。

电话闭塞行车调度员与司机联系标准用语

1. 行车调度员与司机联系标准用语

行车调度员:中心呼叫××车组(车次)。

司机:××车组(车次)收到,中心请讲。

2. 设备故障确认标准用语

行车调度员:××次列车,中心显示××区间设备故障,你车载信号什么显示?

司机:车载显示无码(无移动授权)。

3. 与列车确认位置标准用语

行车调度员:××车组(车次),报告你现在的位置。

司机:我现在停于(运行于)××站—××站(××站)上(下)行区间(站线)。

4. 通知司机变更闭塞的标准用语

行车调度员:××次列车,因信号故障,××站—××站改电话闭塞行车,由××站交递调度命令(行车凭证)。

司机:因信号故障,××站—××站改电话闭塞行车,由××站交递调度命令(行车凭证)。明白。

5. 列车迫停区间联系标准用语

行车调度员:××次列车,因信号故障,××站—××站区间及××站站线空闲,道岔位置正确且锁闭,准许××次列车运行至××站。

司机:因信号故障,××站—××站区间及××站站线空闲,道岔位置正确且锁闭,准许××次列车运行至××站。明白。

3. 按电话闭塞法行车造成行车事故的因素

近年来,随着信号系统的不断升级和进步,城市轨道交通列车运行与操作的自动化和智能化也快速提升。但从另一方面来看,在"人-机-环"系统中,即使设备再先进,人的作用也不能被忽视:人对城市轨道交通系统中的信息处理和操纵功能,都决定着系统的安全性。因此,当信号系统被迫降级时,各方人员必须严格按照规定参与行车组织,如果有一个环节疏忽、出现问题,就有可能导致严重的、不可挽回的后果(如前面列举的上海地铁追尾事故案例)。下面总结了几点在实行电话闭塞法时容易出现的疏漏点,也是应杜绝的工作隐患。

1）发车站未得到前方接车站闭塞承认就发车，造成无牌发车。
2）车站相关人员联系不彻底，导致无牌发车。
3）接车站未确认前次列车已开出本站，即向发车站发出闭塞承认，导致有车线接车。
4）错办或未办发车进路（或接车进路），未锁闭道岔。
5）未交递有关行车凭证或调度命令发车。

任务七　屏蔽门故障的站台作业

任务说明

为了充分保证运营安全，地铁车站站台装设屏蔽门。正常情况下，当列车在站台打开或关闭车门时，屏蔽门接收到信号，联动打开或关闭，或由人工操作完成。当屏蔽门发生故障，为了不影响正常站台作业和乘客乘降，司机需尽快解决，保证安全、正点运营。

通过本任务的学习和训练，学生应掌握屏蔽门故障时的解决方法，准确、高效地完成屏蔽门故障下的站台作业。

知识目标

1. 掌握屏蔽门的控制方式。
2. 掌握屏蔽门在非正常情况下影响行车的处理方法。

能力目标

1. 能人工操作屏蔽门的打开与关闭。
2. 能在规定时间内应对屏蔽门故障，使列车进出站。

素质和德育目标

1. 培养应变能力，快速应对非正常情况。
2. 树立大局观，保障运营服务质量。

任务设备准备

列车驾驶模拟器、PSL、司机包、各种行车用品。

相关理论

一、屏蔽门的控制方式

（一）屏蔽门的组成

屏蔽门（PSD，Platform Screen Doors）系统由机械部分和电气部分组成。机械部分包括门体结构（由承重结构、滑动门、固定门、应急门、端门、门槛和顶箱等组成）和门机系统（由电动机、减速器、传动装置和锁紧装置等组成），屏蔽门门体部分如图7-18所示。当列车停靠在正确的位置时,列车门相对应于屏蔽门的各个滑动门。

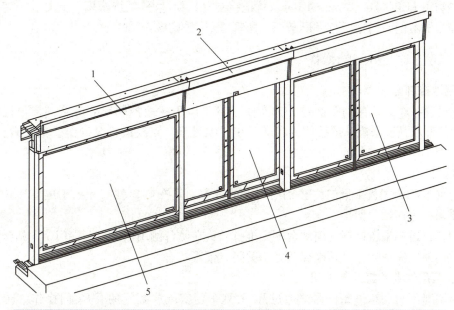

图 7-18 屏蔽门门体部分
1—顶箱 2—灯带 3—应急门 4—滑动门 5—固定门

电气部分包括电源系统和控制系统。电源系统由驱动电源和控制电源等组成;控制系统由中央控制盘(PSD Control and Monitoring Panel,PSC)、就地控制盘(PSD Local Control Panel,PSL)、紧急控制(PSD Emergency Control,即 IBP 盘)、电源(Power Supply)、门控单元(Door Control Unit,DCU)等组成。

(二)屏蔽门的控制等级

屏蔽门具有系统级控制、站台级控制和手动操作三级控制方式。

1. 系统级控制

系统级控制是在正常运行模式下由信号系统直接对屏蔽门进行控制的方式。在系统控制方式下,列车到站并停在允许的误差范围内时,列车信号系统向屏蔽门发送开/关门指令,控制指令经信号系统发送至屏蔽门中央控制盘(PSD)。中央接口盘通过门控单元(DCU)对滑动门开/关进行实时控制,实现安全门的系统级控制操作。

2. 站台级控制

在系统级控制出现故障时,可进行站台级控制。站台级控制是由站务人员在就地控制盘(PSL)上对屏蔽门进行开/关的控制,实现屏蔽门的站台级控制。

3. 手动操作

手动操作是站台工作人员或乘客对屏蔽门进行操作。当系统电源或个别屏蔽门操作机构发生故障时,站台工作人员可在站台侧用钥匙开/关屏蔽门,或者乘客可在轨道侧操作屏蔽门开门把手打开屏蔽门,实现屏蔽门的手动控制。

(1)IBP 盘紧急控制 在发生火灾或紧急情况下,可进行紧急开门操作,配合站台火灾排烟模式需要。站务人员用"钥匙"开关打开 IBP 盘上的操作允许开关,在 IBP 上对屏蔽门进行开门的控制,实现屏蔽门的灾害级控制。

（2）LCB 手动操作　当系统电源或个别屏蔽门操作机构发生故障时，站台工作人员可在站台侧利用 LCB（Local Control Box，就地控制盒）钥匙开/关屏蔽门。此外，乘客也可在轨道侧操作屏蔽门开门把手打开屏蔽门，实现屏蔽门的手动控制。

二、司机对屏蔽门的操作

1. 就地控制盘（PSL）

PSL 设置在车站站台列车前进方向车头端部，用于就地控制单侧屏蔽门，司机可观察 PSL 的门灯显示情况来确认屏蔽门的状况。在"项目五　正线运行及操作"的站台作业中，已详细介绍了 PSL 与司机作业的关系。

2. 端门

端门（或称为司机手推门）分别与列车前进方向发车端驾驶室和列车尾端驾驶室门相对应，供司机进出站台使用。

端门在轨道侧推压推杆，向站台侧平推打开；在站台侧用钥匙打开端门，向站台侧平拉打开。端门使用完毕后，必须确保其处于关闭且锁紧状态。

3. 屏蔽门的自动打开与关闭

正常情况下，列车进站，司机通过开/关列车门实现屏蔽门的开/关门操作。在"全自动运行模式"和"列车自动驾驶"模式下，列车进站自动校准停车，在"列车自动防护人工驾驶"模式下，列车进站人工校准停车，不得超出规定的停车范围，然后司机发出开门指令，车门和屏蔽门打开。

当屏蔽门和车门全部关闭，列车收到车门和屏蔽门的关好指令，方可发车。

4. 屏蔽门的人工操作

当屏蔽门系统级操作发生故障时，司机通过发车端的 PSL 对屏蔽门进行开/关门操作，并及时报告车站综控员或行车调度员。

人工操作屏蔽门时，开门时先利用 PSL 打开屏蔽门，再开列车门；关门时先关闭列车门，再利用 PSL 关闭屏蔽门。

1）屏蔽门开门时，将 PSL 钥匙置于"开门"位，此时"滑动门打开"指示灯闪烁，屏蔽门开启到位后，此灯点亮。

2）屏蔽门关门时，PSL 发出关门指令，屏蔽门开始关闭，"滑动门打开"指示灯闪烁，在屏蔽门全部关闭且锁紧后，PSL 上的"关闭且锁紧"指示灯点亮，将 PSL 钥匙置于"自动"位并拔出。

采用 RM 模式运行的列车，进站按规定位置停车后，按人工操作屏蔽门处理。

PSL 的使用时机

1）全列屏蔽门无法联动打开时。
2）全列屏蔽门无法联动关闭时。
3）列车接收不到门使能信号或以非限制人工驾驶模式（EUM）运行时。
4）其他需要使用 PSL 开启屏蔽门时。

三、非正常情况下的操作

1. 屏蔽门正常关闭,列车车门不能正常关闭

当有车门故障(包括无法关闭)时,司机向行车调度员报告故障,司机通过 PSL 打开屏蔽门,按应急故障处理相关规定对车门进行处理。经处理车门关闭后,屏蔽门恢复关闭状态,司机将处理情况报告行车调度员。如果车门仍关不上,司机立即申请清人掉线。得到行车调度员清人命令后,司机应将车门全部打开,屏蔽门应在打开状态,将乘客全部清出。

2. 整列屏蔽门不能开启与关闭

1)司机发现整列屏蔽门未打开时,应立即使用 PSL 将屏蔽门打开,并报告行车调度员。

2)关门时先关闭列车门,如屏蔽门未关闭,司机应用 PSL 立即关闭屏蔽门,并报告行车调度员。

3)当列车发生连续两站采用 PSL 进行开关屏蔽门操作时,司机应将情况报告行车调度员,按其指示运行。

4)车门和屏蔽门的操作顺序为:开门时先利用 PSL 打开屏蔽门,再开列车门;关门时先关闭列车门,再关闭屏蔽门。

3. 列车运行中预先接到行车调度员前方站屏蔽门故障的通知

1)列车进站后司机利用 PSL 先进行屏蔽门的开启操作,再打开列车门。

2)屏蔽门无法打开时,司机利用广播告知乘客,由乘客自行操作滑动门手柄开门。

4. 屏蔽门开门系统故障致使整列屏蔽门不能打开

1)使用 PSL 不能打开屏蔽门时,司机利用车内广播告知乘客,由乘客自行操作滑动门手柄开门,并将情况报告车站综控室值班员或行车调度员。

2)司机利用 PSL 关门,关门后正常发车。

5. 屏蔽门关门系统故障致使整列屏蔽门不能关闭

司机利用 PSL 不能关闭屏蔽门时,车站人员操作 PSL "互锁解除"开关,使列车出站。

6. 单个屏蔽门故障(开门)处理

1)若有单个屏蔽门未打开时,司机利用列车广播告知乘客屏蔽门故障,可由乘客手动操作滑动门手柄开门。

2)司机进行关门操作,故障屏蔽门正常关闭后,列车正常发车。

7. 单个屏蔽门故障(关门)处理

1)若有单个屏蔽门未关闭时,由车站人员协助现场关门。

2)待车站人员对故障屏蔽门处理后,列车正常发车。

8. 屏蔽门"互锁解除"信息失效,影响列车发车

1)车站人员操作 PSL "互锁解除"开关,此功能失效,列车不能发车,综控室值班员立即报告行车调度员,行车调度员通知司机"准许红灯发车"。

2)司机得到行车调度员发车的允许后转换至"限制人工驾驶"模式发车。

附录

本书中英文对照表

英文缩写	英文全称	中文名称
ATB	Automatic Turn Back	自动折返
ATC	Automatic Train Control	列车自动控制
ATO	Automatic Train Operation	列车自动驾驶
ATP	Automatic Train Protection	列车自动防护
ATS	Automatic Train Supervision	列车自动监控
BC	Brake Cylinder	制动缸
BM	Block Mode	后备模式
BCU	Brake Control Unit	制动控制单元
BHB	Bus High Speed Breaker	母线高速断路器
CBTC	Communication Based Train Control System	基于通信的列车自动控制系统
CCTV	Closed Circuit Television	闭路监控系统
DCU	Drive Control Unit	牵引控制单元
DMI	Driver Machine Interface	车载信号显示屏
EB	Emergency Brake	紧急制动
EDCU	Electronic Door Control Unit	电子门控单元
FAO	Fully Automatic Operation	全自动运行
HB	High speed circuit Breaker	高速断路器
MC	Master Controller	司机控制器
MVB	Multifunction Vehicle Bus	多功能车辆总线
OCC	Operation Control Center	运营控制中心
PIDS	Passenger Information Display Systems	乘客信息显示系统
PIS	Passenger Information System	广播及乘客信息系统
PSD	Platform Screen Doors	屏蔽门
PSL	PSD Local Control Panel	屏蔽门就地控制盘

（续）

英文缩写	英文全称	中文名称
PWM	Pulse Width Modulation	脉冲宽度调制
SIV	Static Inverter	辅助逆变器/静止逆变器
TCMS	Train Control and Management System	列车控制与管理系统
TDT	Train Departure Timer	列车发车计时器
TIAS	Train Integrated Automation System	行车综合自动化系统
VVVF	Variable Voltage and Variable Frequency	牵引逆变器
SPKS	Staff Protection Key Switch	人员防护开关

参 考 文 献

［1］上海申通地铁集团有限公司轨道交通培训中心. 城市轨道交通电动列车驾驶［M］. 北京：中国铁道出版社，2010.

［2］褚福磊，叶龙. 轨道交通司机胜任特征模型构建［J］. 北京理工大学学报（社会科学版），2012，14（5）：58-63.

［3］毛昱洁. 电动列车驾驶员的综合素质培养研究［J］. 中国现代教育装备，2015（10）：19-122.

［4］中国城市轨道交通协会. 城市轨道交通列车司机［M］. 成都：西南交通大学出版社，2019.

城市轨道交通电动列车驾驶

实训任务单

机械工业出版社

目 录

实训任务一　出勤作业 ·· 1
实训任务二　交接班作业 ·· 5
实训任务三　退勤作业 ·· 9
实训任务四　接触轨供电列车的整备作业 ································· 15
实训任务五　接触网供电列车的整备作业 ································· 20
实训任务六　出库与出段/场作业 ··· 25
实训任务七　入段/场与入库作业 ··· 29
实训任务八　试车作业和洗车作业 ··· 33
实训任务九　正线运行标准化作业 ··· 36
实训任务十　CBTC 下的正线运行 ·· 40
实训任务十一　站台作业 ·· 45
实训任务十二　广播作业 ·· 50
实训任务十三　终点站折返作业 ··· 53
实训任务十四　中间站折返作业 ··· 57
实训任务十五　反方向运行作业 ··· 61
实训任务十六　推进运行作业 ··· 64
实训任务十七　列车退行作业 ··· 67
实训任务十八　清客作业 ·· 70
实训任务十九　列车救援作业 ··· 74
实训任务二十　电话闭塞法下的运行 ······································· 78
实训任务二十一　屏蔽门故障的站台作业 ······························· 81

实训任务一　出勤作业

班级		姓名		学号	
学习小组		组长		日期	

任务描述	你担当10号线如下轮乘任务：				
	出勤日期	9月1日	出勤时间	4：02	
	出勤地点	万柳车辆段	位置图号	平日1早	
	接车地点	接车时间	表号	车次	交车时间	地点
	万柳车辆段	4：42	2	2601-2001-2006	5：38	宋家庄
	宋家庄	5：52	8	2011-2057	7：36	宋家庄
	请按规定履行出勤作业。				

任务目标	1. 能认真履行出勤前的准备工作。 2. 能规范使用司机手帐。 3. 能在指定地点，正确完成出勤作业。
任务准备	一、选择题 1. 司机在轮乘站出勤时应了解和抄阅有关行车命令、指示和安全注意事项，经_____检查确认并盖章后方可上岗。 　A. 值班站长　　　B. 行车调度员　　　C. 副司机　　　D. 派班员 2. 司机出勤值乘前应至少休息_____h。 　A. 2　　　　　　B. 3　　　　　　　C. 4　　　　　　D. 5 3. 车辆段备班室出勤应至少比接车时间提前_____min。 　A. 20　　　　　 B. 30　　　　　　 C. 40　　　　　 D. 50 4. 出勤时，需要向派班员报告的内容包括_____。 　A. 车次　　　　 B. 车号　　　　　 C. 接车时间　　　D. 当日轮值任务 二、填空题 1. 司机值乘时必须携带_____证。 2. 司机在轮乘站出勤至少提前_____min。 3. 二次出勤的司机应于所接列车进站前_____min到达轮乘站备班室。 4. 在车辆段备班室出勤应领取_____并确认齐全。

（续）

任务准备	**三、简答题** 1. 简要说明电动列车司机的出勤要求。 2. 绘制出勤作业标准流程图。
任务实施	**一、制订车辆段双司机值乘出勤作业计划** 	序　号	作业内容
1	携带用品：
2	出勤时间：
	| | 计划审核意见	签字： 年　月　日 | **二、完成小组成员分工** | 记录员		派班员	
---	---	---	---
司机一		司机二		

(续)

	三、完成出勤作业任务，对司机作业情况进行评价			
	序号	作业标准	作业评定	改进说明
	1	着装正确、整洁，仪容合格，精神状态良好	☆☆☆☆☆	
	2	行车备品齐全	☆☆☆☆☆	
任务实施	3	对重要通知及安全注意事项理解正确、抄阅齐全	☆☆☆☆☆	
	4	出勤唱诵内容正确、声音洪亮	☆☆☆☆☆	
	5	站姿规范	☆☆☆☆☆	
	6	行车备品检查（检查备品是否齐全，确认手持电台作用良好并调至相应频段）	☆☆☆☆☆	
	7	确认列车车号及所停股道	☆☆☆☆☆	

四、重新进行小组成员分工：由"司机一"和"司机二"担任"记录员"和"派班员"

记录员		派班员	
司机一		司机二	

五、再次完成出勤作业任务

一、组长评价

评价内容	A	B	C	D	E	得分
实训态度认真	20	17	15	12	不合格	
作业过程完整	40	34	30	24	不合格	
场地恢复整齐	20	17	15	12	不合格	
其他异常情况	20	17	15	12	不合格	
总分						

二、教师评价

评价内容	A	B	C	D	E	得分
知识水平程度	25	21	18	15	不合格	
作业计划合理	25	21	18	15	不合格	
实训过程完整	30	25	22	18	不合格	
其他异常情况	20	17	15	12	不合格	
总分						

任务评价

（续）

任务评价	**三、自我评价** 总结与反思：_____ _____ _____ 自我成绩评定：_____ _____ _____
任务成绩	

实训任务二　交接班作业

班级		姓名		学号	
学习小组		组长		日期	

任务描述	你担当 10 号线如下轮乘任务：

出勤日期	9月8日	出勤时间	9：05
出勤地点	巴沟轮乘站	位置图号	平日3白

接车地点	接车时间	表号	车次	交车时间	地点
巴沟	9：25	21	1068-1098	11：09	巴沟
巴沟	11：30	27	1104-1128	13：14	巴沟

应在巴沟站于 11：30 分 1104 次列车进站前与交班司机进行交接班作业。

任务目标	1. 能在指定地点，准确完成司机交接班作业。 2. 能根据值乘情况，正确说出交接内容。 3. 能规范填写列车故障记录单。

任务准备	一、选择题 1. 司机在进行交接班时，接班司机需至少提前_____ min 到规定位置等待列车进站。 　A. 0　　　　　B. 1　　　　　C. 2　　　　　D. 3 2. 司机在进行交接班时，接班司机应按规定的接车时间提前到_____接车。 　A. 备班室　　　　　　　　　　B. 站厅层 　C. 列车尾　　　　　　　　　　D. 站台指定位置 3. 以下不用交接的项目是_____。 　A. 车次　　　B. 驾驶模式　　C. 失效的调度命令　D. 列车状况 4. 交班司机可离开交接位置的时机为_____。 　A. 列车完全驶离车站　　　　　B. 接班司机关闭车门时 　C. 交接行车用品后　　　　　　D. 开门下车后 二、填空题 1. 交接班要做到：一_____、二_____、三交接。 2. 接班人员在规定位置站立，待列车进站时面向_____方向端正站立。 3. 交接班时如遇列车故障，应采取的措施为_____。

（续）

任务准备	**三、简答题** 1. 列举交接班时的交接内容。 2. 简要描述终点站交接班的标准作业流程。
任务实施	**一、制订单司机值乘的交接班作业计划** 	序号	作业内容	
---	---	---
	接班司机	交班司机
1	二次出勤	
		班中退勤 | 计划审核意见　　　　　　　　　　　签字： 　　　　　　　　　　　　　　　　　年　月　日 **二、完成小组成员分工** | 记录员		派班员	
---	---	---	---
接班司机		交班司机		

(续)

任务实施	**三、完成交接班作业任务，对司机作业情况进行评价** 1. 接班司机评价 	序号	作业标准	作业评定	改进说明
---	---	---	---
1	着装正确、整洁，仪容合格，精神状态良好	☆☆☆☆☆	
2	二次出勤唱诵内容正确、声音洪亮	☆☆☆☆☆	
3	监护列车进站位置正确、动作标准	☆☆☆☆☆	
4	交接内容完整	☆☆☆☆☆	
5	检查行车备品及列车状态	☆☆☆☆☆	
6	关闭车门，确认发车条件	☆☆☆☆☆	| 2. 交班司机评价 | 序号	接班作业标准	作业评定	改进说明
---	---	---	---
1	着装正确、整洁，仪容合格，精神状态良好	☆☆☆☆☆	
2	进站开门	☆☆☆☆☆	
3	交接内容完整	☆☆☆☆☆	
4	监护列车出站位置正确、动作标准	☆☆☆☆☆	
5	班中退勤唱诵内容正确、声音洪亮	☆☆☆☆☆	| **四、更换小组成员分工，再次完成交接班作业任务** | 记录员		派班员	
---	---	---	---
接班司机		交班司机		
任务评价	**一、组长评价** | 评价内容	A	B	C	D	E	得分
---	---	---	---	---	---	---
实训态度认真	20	17	15	12	不合格	
作业过程完整	40	34	30	24	不合格	
场地恢复整齐	20	17	15	12	不合格	
其他异常情况	20	17	15	12	不合格	
总分							

(续)

任务评价	二、教师评价						
	评价内容	A	B	C	D	E	得分
	知识水平程度	25	21	18	15	不合格	
	作业计划合理	25	21	18	15	不合格	
	实训过程完整	30	25	22	18	不合格	
	其他异常情况	20	17	15	12	不合格	
	总分						
	三、自我评价 总结与反思： 自我成绩评定：						
任务成绩							

实训任务三　退勤作业

班级		姓名		学号	
学习小组		组长		日期	
任务描述	你担当10号线如下轮乘任务：				
	出勤日期	9月15日		出勤时间	18：20
	出勤地点	巴沟轮乘站		位置图号	平日3夜
	接车地点	接车时间	表号	车次	交车时间	地点
	巴沟	18：40	29	1213-1243	20：25	巴沟
	巴沟	21：07	41	1254-1274-1666	23：02	万柳车辆段
	应于23：02分完成当天值乘任务并在车辆段调控中心备班室退勤。				
任务目标	1. 能在指定地点，正确办理退勤手续。 2. 能规范填写司机报单。 3. 能规范填写行车事故报告。				
任务准备	一、选择题 1. 若当日行车有异常情况时，司机在退勤时需进行汇报，必要时填写_____配合事故调查工作。 　A. 行车事故报告　　　　　　　B. 司机报单 　C. 司机手帐　　　　　　　　　D. 列车状态记录单 2. 在_____备班室退勤需归还行车备品及工器具。 　A. 轮乘站　　　B. 车辆段　　　C. 终点站　　　D. 以上均有 3. 退勤时应在司机手帐上填写_____并交由派班员检查。 　A. 行车注意事项　　　　　　　B. 列车状态 　C. 行车事故　　　　　　　　　D. 下一次值乘任务 二、填空题 1. 退勤时司机应将值乘中的_____、运行情况等事宜汇报清楚。 2. 如实记录乘务人员工作日的运行情况和运行公里的表单叫作_____。 三、简答题 1. 简要说明电动列车司机的退勤要求。				

（续）

任务准备	2. 绘制退勤作业标准流程图。			

任务实施

一、制订车辆段双司机值乘退勤作业计划

序　号	作 业 内 容

计划审核意见		签字： 年　月　日

二、完成小组成员分工

记录员		检修接车 人员/派班员	
司机一		司机二	

三、完成退勤作业任务，对司机作业情况进行评价

序号	作业标准	作业评定	改进说明
1	着装正确、整洁，仪容合格，精神状态良好	☆☆☆☆☆	
2	与检修接车人员交接车辆状况并确认关断接触轨电源	☆☆☆☆☆	
3	到达指定退勤地点汇报列车值乘情况及特殊事件	☆☆☆☆☆	
4	归还行车备品及工器具	☆☆☆☆☆	
5	退勤唱诵内容正确、声音洪亮	☆☆☆☆☆	
6	站姿规范	☆☆☆☆☆	
7	确认下一次值乘任务并唱诵	☆☆☆☆☆	
8	规范填写相关报单	☆☆☆☆☆	

(续)

任务实施	四、更换小组成员分工，再次完成退勤作业任务						
	记录员			检修接车人员/派班员			
	司机一			司机二			

任务评价	一、组长评价						
	评价内容	A	B	C	D	E	得分
	实训态度认真	20	17	15	12	不合格	
	作业过程完整	40	34	30	24	不合格	
	场地恢复整齐	20	17	15	12	不合格	
	其他异常情况	20	17	15	12	不合格	
	总分						
	二、教师评价						
	评价内容	A	B	C	D	E	得分
	知识水平程度	25	21	18	15	不合格	
	作业计划合理	25	21	18	15	不合格	
	实训过程完整	30	25	22	18	不合格	
	其他异常情况	20	17	15	12	不合格	
	总分						
	三、自我评价						
	总结与反思：						
	自我成绩评定：						

任务成绩	

附："列车交接单""车辆故障维修单""行车事故报告"。

列车交接单

作业班组：

车号	入库时间	驾驶室设备								客室设备					签字栏 年 月 日		
序号		前照灯尾灯	开关仪表电气柜	列广监控设备	牵引制动系统	信号系统	照明电供暖引流风机	刮水器	驾驶室门	空压机	客室门	日光灯	电供暖空调通风	客室显示屏报警装置	贯通道	正线司机	列检员
1																	
2																	
3																	
4																	
5																	
6																	
7																	
8																	
9																	
10																	
11																	
12																	
13																	
14																	
15																	
备注																	

车辆故障维修单

年　月　日

车号	轮乘组号	报修司机		表号	股道		碎修	临修	掉线	救援
入库时间：	时　分	发生故障时间：	时　分	报修时间：	时　分		修复时间：		时　分	
司机报修内容		试车司机确认内容			修复内容		承修人			
备注：										
试车司机签字：						时间：		时　分		

13

行车事故报告

单位				车号	
司机		副司机		学员	
车次		事故名称		发生地点	
发生时间	年　月　日　时　分			恢复时间	
事故概况					

实训任务四　接触轨供电列车的整备作业

班级		姓名		学号	
学习小组		组长		日期	
任务描述	你担当10号线如下轮乘任务： 	出勤日期	9月22日	出勤时间	5：22
---	---	---	---
出勤地点	万柳车辆段	位置图号	平日3早
接车地点	接车时间	表号	车次	交车时间	地点
万柳车辆段	6：02	43	2621-2022-2036	6：56	宋家庄
宋家庄	7：05	49	2041-2089	8：49	宋家庄 | 应于调控中心备班室出勤后对列车进行整备作业。 注：10号线DKZ15型列车和DKZ34型列车均采用DC 750V接触轨供电。					
任务目标	1. 能根据列车检查的标准巡视路线进行检查与试验。 2. 能按要求申请送电并起动列车。 3. 能在规定时间内熟练完成列车静态调试。 4. 能根据静态调试结果填写"列车状态记录单"。					
任务准备	一、选择题 1. 司机在车辆段对列车进行客室检查时，确认各车门的紧急解锁在＿＿＿＿位置。 　A. 解锁　　　　　B. 复位　　　　　C. 开门　　　　　D. 旁路 2. 列车起动的第一步操作是＿＿＿＿。 　A. 扳动钥匙开关　　　　　　　B. 投入蓄电池 　C. 推动司机控制器主手柄　　　D. 缓解停放制动 3. 列车开关门试验时，若监控器画面门光带显示绿色，代表＿＿＿＿。 　A. 门打开　　　　　　　　　　B. 门关闭 　C. 门故障　　　　　　　　　　D. 门正在动作 4. 司机投入蓄电池开关后，应查看＿＿＿＿数值显示正常。 　A. DC 110V电压表　　　　　　B. DMI上的速度仪表 　C. 网压表　　　　　　　　　　D. 双针压力表 5. 出库前人工进行静态试验应将驾驶模式选为＿＿＿＿。 　A. AM　　　　　　B. CM　　　　　　C. RM　　　　　　D. EUM					

(续)

任务准备	二、填空题 1. 司机应确认接触轨开关柜在_____状态后，方可进行送电前列车巡视。 2. 司机在车辆段对列车进行车下无电检查时，应确认闸瓦_____车轮。 3. 起动列车时，钥匙开关应在_____位，方向选择在_____位。 4. 静态试验采用的方法为目测、_____、_____。 5. 制动试验时应密切观察_____数值显示。 三、简答题 1. 简述列车送电前巡视检查的重点项目。 2. 列举静态调试的试验项目。 3. 说明停车列检库中工作的安全注意事项。
任务实施	一、绘制单司机整备作业路线图并制定作业计划 　　　　　　　　　　　　　　　　　　　　出库方向 →

（续）

序　号	作业内容

计划审核意见	签字： 年　月　日

任务实施

二、完成小组成员分工

记录员/车场送电人员	
司机	

三、完成整备作业任务，填写"列车状态记录单"，并对司机作业情况进行评价

序号	作业标准	作业评定	改进说明
1	送电前的列车巡视检查项目完整，动作安全、规范	☆☆☆☆☆	
2	正确申请送电	☆☆☆☆☆	
3	起动列车作业规范、高效	☆☆☆☆☆	
4	送电后的列车巡视检查项目完整，动作安全、规范	☆☆☆☆☆	
5	规范、高效完成列车各项系统静态调试	☆☆☆☆☆	
6	整备作业过程中手指眼看口呼各项设备状态，声音洪亮	☆☆☆☆☆	
7	"列车状态记录单"填写正确	☆☆☆☆☆	

(续)

任务实施	四、更换小组成员分工，再次完成整备作业任务					
	记录员/车场送电人员					
	司机					

任务评价	一、组长评价					
	评价内容	A	B	C	D	E	得分
	实训态度认真	20	17	15	12	不合格	
	作业过程规范	40	34	30	24	不合格	
	场地恢复整齐	20	17	15	12	不合格	
	其他异常情况	20	17	15	12	不合格	
	总分						
	二、教师评价						
	评价内容	A	B	C	D	E	得分
	知识水平程度	25	21	18	15	不合格	
	作业计划合理	25	21	18	15	不合格	
	实训过程完整	30	25	22	18	不合格	
	其他异常情况	20	17	15	12	不合格	
	总分						
	三、自我评价 总结与反思： 自我成绩评定：						

任务成绩	

附：列车状态记录单。

列车状态记录单

车号：　　　　　　　　　　　　　　　　　　　　　　　　　　　　　　　　　　　年　　月　　日

姓名 (签字)	项目	开关	牵引系统	制动系统	门系统	空压机	辅助逆变器	车载信号系统	广播、客室显示屏	报警装置反恐监控	照明	空调风扇	其他服务设施	备注
	出库前试车情况													
	具体故障现象：													

运行中故障记录

姓名	时间	车次	区间	具体故障现象	备注

填表说明：试验项目良好画"√"，作用不良画"×"，详细故障填写在下边栏目内。

实训任务五　接触网供电列车的整备作业

班级		姓名		学号	
学习小组		组长		日期	

任务描述	你担当6号线如下轮乘任务： 	出勤日期	9月29日	出勤时间	4：47
出勤地点	五里桥车辆段	位置图号	平日25早
接车地点	接车时间	表号	车次	交车时间	地点
五里桥车辆段	5：27	15	1016-2022	6：58	海淀五路居
海淀五路居	7：23	77	2028-1072	8：56	草房 | 应于调控中心备班室出勤后对列车进行整备作业。 注：6号线DKZ47型列车采用DC1500V接触网供电。
---	---
任务目标	1. 能根据列车检查的标准巡视路线进行送电前检查。 2. 能按要求起动列车。 3. 能在规定时间内熟练完成列车静态调试。 4. 能根据静态调试结果填写"列车状态记录单"。
任务准备	一、选择题 　1. 使用接触网供电的列车在升弓时若总风压力不足但蓄电池电压正常，可先按_____按钮。 　　A. 升弓　　　　　　　　　　　　B. 降弓 　　C. 升弓泵启动　　　　　　　　　D. 受电弓选择 　2. 使用接触网供电的列车回库后，司机按下_____按钮，才能使受电弓落下。 　　A. 升弓　　　　　　　　　　　　B. 降弓 　　C. 受电弓选择　　　　　　　　　D. 升弓泵启动 　3. 出库前进行列车车门试验应将门模式选择在_____位。 　　A. 自动　　B. 半自动　　C. 手动　　D. 任意都可 二、填空题 　1. 送电前对驾驶室进行检查时，司机控制器手柄应在"_____"位。

（续）

任务准备	2. 列车进行制动试验时，按压_____按钮，能观察到空压机启动。 3. 进行列车牵引系统试验前严禁闭合_____。 三、简答题 1. 接触网供电的列车如何正确进行升弓？ 2. 总结制动系统的静态试验方法。
任务实施	**一、制订单司机整备作业计划** | 序　号	作业内容
	| 计划审核意见　　　　　　　　　　　　　　签字： 　　　　　　　　　　　　　　　　　　　　年　月　日

(续)

任务实施	二、完成小组成员分工					
	记录员					
	司机					
	三、完成整备作业任务,填写"列车状态记录单",并对司机作业情况进行评价					
	序号	作业标准		作业评定	改进说明	
	1	列车无电状态下的巡视检查项目完整,动作安全、规范		☆☆☆☆☆		
	2	起动列车作业规范、高效		☆☆☆☆☆		
	3	列车带电状态下的巡视检查项目完整,动作安全、规范		☆☆☆☆☆		
	4	规范、高效完成列车各项系统静态调试		☆☆☆☆☆		
	5	整备作业过程中手指眼看口呼各项设备状态,声音洪亮		☆☆☆☆☆		
	6	"列车状态记录单"填写正确		☆☆☆☆☆		
	四、更换小组成员分工,再次完成整备作业任务					
	记录员					
	司机					

	一、组长评价						
任务评价	评价内容	A	B	C	D	E	得分
	实训态度认真	20	17	15	12	不合格	
	作业过程规范	40	34	30	24	不合格	
	场地恢复整齐	20	17	15	12	不合格	
	其他异常情况	20	17	15	12	不合格	
	总分						

（续）

任务评价	二、教师评价						
	评价内容	A	B	C	D	E	得分
	知识水平程度	25	21	18	15	不合格	
	作业计划合理	25	21	18	15	不合格	
	实训过程完整	30	25	22	18	不合格	
	其他异常情况	20	17	15	12	不合格	
	总分						
	三、自我评价 总结与反思：_____ _____ 自我成绩评定：_____ _____						
任务成绩							

附：列车状态记录单。

列车状态记录单

车号：　　　　　　　　　　　　　　　　　　　　　　年　　月　　日

项目	开关	牵引系统	制动系统	门系统	空压机	辅助逆变器	车载信号系统	广播、客室显示屏	报警装置反恐监控	照明	空调风扇	其他服务设施	备注
出库前试车情况													
姓名（签字）													

具体故障现象：

运行中故障记录

时间	车次	区间	具体故障现象	备注
姓名				

填表说明：试验项目良好画"√"，作用不良画"×"，详细故障填写在下边栏目内。

实训任务六　出库与出段/场作业

班级		姓名		学号	
学习小组		组长		日期	

<table>
<tr><td rowspan="8">任务描述</td><td colspan="6">你担当 10 号线如下轮乘任务：</td></tr>
<tr><td>出勤日期</td><td>10 月 6 日</td><td colspan="2">出勤时间</td><td colspan="2">5：22</td></tr>
<tr><td>出勤地点</td><td>万柳车辆段</td><td colspan="2">位置图号</td><td colspan="2">平日 3 早</td></tr>
<tr><td>接车地点</td><td>接车时间</td><td>表号</td><td>车次</td><td>交车时间</td><td>地点</td></tr>
<tr><td>万柳车辆段</td><td>6：02</td><td>43</td><td>2621-2022-2036</td><td>6：56</td><td>宋家庄</td></tr>
<tr><td>宋家庄</td><td>7：05</td><td>49</td><td>2041-2089</td><td>8：49</td><td>宋家庄</td></tr>
<tr><td colspan="6">在完成整备作业后，按照时刻表要求手动驾驶列车运行至出段信号机前方规定停车位置。</td></tr>
</table>

任务目标	1. 能正确使用限制人工驾驶模式 RM。 2. 安全熟练地驾驶列车进行出库与出段/场作业。 3. 遵守段/场作业的各项安全规定。
任务准备	一、选择题 1. 在车辆段内，司机应及时与_____联系，确认进路或信号。 　A. 段/场列车调度员　　　　　　　B. 行车调度员 　C. 值班站长　　　　　　　　　　D. 调控中心值班员 2. 非 GoA3～GoA4 级别线路的列车在车辆段内运行不宜采用的驾驶模式为_____。 　A. 列车自动驾驶　　　　　　　　B. 带 ATP 防护的人工驾驶 　C. 限制人工驾驶　　　　　　　　D. 非限制人工驾驶 3. 出段运行的列车预选模式在 AM-CBTC 时，经过_____即可升级驾驶模式。 　A. 无源应答器　　　　　　　　　B. 有源应答器 　C. 出段信号机　　　　　　　　　D. 调车信号机 4. 没有 ATP 防护的驾驶模式为_____。 　A. 列车自动驾驶　　　　　　　　B. 带 ATP 防护的人工驾驶 　C. 限制人工驾驶　　　　　　　　D. 非限制人工驾驶 二、填空题 1. 车场运行必须断开_____开关和_____开关。 2. 停车库内的列车运行速度不得超过_____km/h。 3. 司机判断列车能否出库运行，应观察_____的显示。

（续）

任务准备	**三、判断题** 1. 如果已到运行时刻表规定的出库时间，而段/场列车调度员还未授权出库命令时，司机应根据出库信号机的显示自行驾驶列车出库。（　） 2. 非 GoA3～GoA4 级别线路的列车在出段时，若出段信号机显示绿色，司机不必停车，可直接通过。（　） 3. 手动驾驶列车出库的过程中，当列车头探出库门后，应在平交道前一度停车。（　） **四、简答题** 1. 画出列车出库与出段/场的工作流程图。 2. 总结司机驾驶列车出库与出段/场的注意事项。
任务实施	**一、制订单司机出库与出段/场作业计划** | 序号	作业内容
出库运行	
出段/场运行	
	| 计划审核意见　　　　　　　　　　　　　　　签字： 　　　　　　　　　　　　　　　　　　　　　年　月　日

(续)

	二、完成小组成员分工					
	记录员/列车调度员					
	司机					

<table>
<tr><td rowspan="12">任务实施</td><td colspan="6">三、完成出库与出段/场作业任务，并对司机作业情况进行评价</td></tr>
<tr><td>序号</td><td colspan="3">作业标准</td><td>作业评定</td><td>改进说明</td></tr>
<tr><td>1</td><td colspan="3">驾驶模式使用正确</td><td>☆☆☆☆☆</td><td></td></tr>
<tr><td>2</td><td colspan="3">速度控制恰当</td><td>☆☆☆☆☆</td><td></td></tr>
<tr><td>3</td><td colspan="3">出库标准化作业流程无误</td><td>☆☆☆☆☆</td><td></td></tr>
<tr><td>4</td><td colspan="3">出段/场标准化作业流程无误</td><td>☆☆☆☆☆</td><td></td></tr>
<tr><td>5</td><td colspan="3">与段/场列车调度员联络准确无误，吐字清晰</td><td>☆☆☆☆☆</td><td></td></tr>
<tr><td>6</td><td colspan="3">信号呼唤时机与内容正确，手指动作标准</td><td>☆☆☆☆☆</td><td></td></tr>
<tr><td>7</td><td colspan="3">道岔呼唤时机与内容正确，手指动作标准</td><td>☆☆☆☆☆</td><td></td></tr>
<tr><td>8</td><td colspan="3">各按钮、开关位置正确</td><td>☆☆☆☆☆</td><td></td></tr>
<tr><td>9</td><td colspan="3">停车位置控制精准</td><td>☆☆☆☆☆</td><td></td></tr>
<tr><td colspan="6">四、更换小组成员分工，再次完成出库与出段/场作业任务</td></tr>
<tr><td colspan="2">记录员/列车调度员</td><td colspan="4"></td></tr>
</table>

	司机					

	一、组长评价					
任务评价	评价内容	A	B	C	D	E	得分
	实训态度认真	20	17	15	12	不合格	
	作业过程规范	40	34	30	24	不合格	
	场地恢复整齐	20	17	15	12	不合格	
	其他异常情况	20	17	15	12	不合格	
	总分						

（续）

任务评价	二、教师评价						
	评价内容	A	B	C	D	E	得分
	知识水平程度	25	21	18	15	不合格	
	作业计划合理	25	21	18	15	不合格	
	实训过程完整	30	25	22	18	不合格	
	其他异常情况	20	17	15	12	不合格	
	总分						
	三、自我评价 总结与反思：_____ _____ _____ 自我成绩评定：_____ _____ _____						
任务成绩							

实训任务七　入段/场与入库作业

班级		姓名		学号	
学习小组		组长		日期	

任务描述	你担当10号线如下轮乘任务：				
	出勤日期	10月13日	出勤时间	18：06	
	出勤地点	巴沟轮乘站	位置图号	平日21夜	
	接车地点	接车时间	表号	车次	交车时间	地点
	巴沟	18：26	62	1209-1239	20：10	巴沟
	巴沟	20：52	66	1251-1271-1663	22：46	万柳车辆段
	在完成正线运营作业后，按照运行图要求手动驾驶列车经联络线运行回停车库规定股道。				

任务目标	1. 能正确使用限制人工驾驶模式RM。 2. 安全熟练地驾驶列车进行入段/场与入库作业。 3. 遵守段/场作业的各项安全规定。

任务准备	一、选择题 1. 段/场内行车，若遇到调车信号机显示红色灯光，应在其前方_____m处停车。 　　A. 1　　　　B. 5　　　　C. 10　　　　D. 20 2. 车库内运行的限速为_____km/h。 　　A. 3　　　　B. 5　　　　C. 10　　　　D. 15 二、填空题 1. 司机在车辆段或停车场内驾驶列车时必须认真确认_____开通方向，严防_____事故的发生。 2. 在车辆段/停车场驾驶列车，服从_____的各项行车命令。 三、判断题 1. 为了减少资源浪费，段/场运行时应尽量采用电制动。（　　） 2. 在入段/场的过程中，司机必须观察列车运行方向与段/场列车调度员所授权到达的股道是否一致，遇进路错误时，及时进行汇报。（　　） 3. 在车辆段内驾驶列车，应遵守"动车前鸣笛一长声"。（　　）

（续）

任务准备	**四、简答题** 1. 画出列车入段/场与入库的工作流程图。 2. 总结司机驾驶列车入段/场与入库的注意事项。	
任务实施	**一、制订单司机入段/场与入库作业计划**	

序　号	作　业　内　容
入段/场运行	
入库运行	

计划审核意见	签字： 　　年　月　日

二、完成小组成员分工

记录员/列车调度员	
司机	

（续）

	三、完成入段/场与入库作业任务，并对司机作业情况进行评价			
任务实施	序号	作业标准	作业评定	改进说明
	1	驾驶模式使用正确	☆☆☆☆☆	
	2	速度控制恰当	☆☆☆☆☆	
	3	出库标准化作业流程无误	☆☆☆☆☆	
	4	出段/场标准化作业流程无误	☆☆☆☆☆	
	5	与段/场列车调度员联络准确无误，吐字清晰	☆☆☆☆☆	
	6	信号呼唤时机与内容正确，手指动作标准	☆☆☆☆☆	
	7	道岔呼唤时机与内容正确，手指动作标准	☆☆☆☆☆	
	8	各按钮、开关位置正确	☆☆☆☆☆	
	9	停车位置控制精准	☆☆☆☆☆	

	四、更换小组成员分工，再次完成入段/场与入库作业任务	
任务实施	记录员/列车调度员	
	司机	

	一、组长评价					
任务评价	评价内容	A	B	C	D	E	得分
	实训态度认真	20	17	15	12	不合格	
	作业过程规范	40	34	30	24	不合格	
	场地恢复整齐	20	17	15	12	不合格	
	其他异常情况	20	17	15	12	不合格	
	总分					

（续）

任务评价	二、教师评价						
	评价内容	A	B	C	D	E	得分
	知识水平程度	25	21	18	15	不合格	
	作业计划合理	25	21	18	15	不合格	
	实训过程完整	30	25	22	18	不合格	
	其他异常情况	20	17	15	12	不合格	
	总分						
	三、自我评价 总结与反思：_____ _____ _____ 自我成绩评定：_____ _____ _____						
任务成绩							

实训任务八　试车作业和洗车作业

班级		姓名		学号	
学习小组		组长		日期	

<table>
<tr><td>任务描述</td><td>10 月 20 日，你在万柳车辆段担当预备轮乘任务，接段/场列车调度员通知，W435 号列车制动系统的故障临修完毕，需在试车线上进行例行调试，调试完毕后确认列车各项指标符合上线技术标准，与段/场列车调度员联系。
段/场列车调度员指示你操纵 W435 列车入洗车库作业，洗车完毕后凭信号显示入停车库规定股道。</td></tr>
<tr><td>任务目标</td><td>1. 能安全、独立完成试车作业。
2. 能安全、独立完成洗车作业。</td></tr>
<tr><td>任务准备</td><td>一、选择题
1. 列车在试车线双向运行时，接近尽头线停车标处，要控制速度不得超过______ km/h。
A. 3　　B. 5　　C. 10　　D. 15
2. 当试车完毕需返回停车库或列检库时，应将列车停在规定位置______信号机外方。
A. 出库　　B. 出段　　C. 调车　　D. 进段
3. 洗车模式限速______ km/h。
A. 3　　B. 5　　C. 10　　D. 15
二、填空题
1. 在试车线上运行列车______（有/无）速度限制。
2. 列车在试车线调试时，除非要求，应在__________驾驶室操纵列车。
3. 进行洗车作业时，按________信号显示运行。
三、简答题
1. 简要说明试车作业的安全注意事项。

2. 总结洗车作业过程中的几个重要信号显示。

</td></tr>
</table>

(续)

任务实施	一、制订单司机试车、洗车作业计划

序号	作业内容

计划审核意见	签字： 年 月 日

二、完成小组成员分工

记录员/列车调度员	
司机	

三、完成试车、洗车作业任务，并对司机作业情况进行评价

序号	作业标准	作业评定	改进说明
1	与段/场列车调度员联络准确无误，吐字清晰	☆☆☆☆☆	
2	驾驶模式使用正确	☆☆☆☆☆	
3	速度控制恰当	☆☆☆☆☆	
4	试车作业操作无误	☆☆☆☆☆	
5	洗车作业操作无误	☆☆☆☆☆	
6	信号呼唤时机与内容正确，手指动作标准	☆☆☆☆☆	
7	道岔呼唤时机与内容正确，手指动作标准	☆☆☆☆☆	
8	各按钮、开关位置正确	☆☆☆☆☆	
9	停车位置控制精准	☆☆☆☆☆	

(续)

任务实施	四、更换小组成员分工，再次完成试车、洗车作业任务	
	记录员/列车调度员	
	司机	

任务评价	一、组长评价						
	评价内容	A	B	C	D	E	得分
	实训态度认真	20	17	15	12	不合格	
	作业过程规范	40	34	30	24	不合格	
	场地恢复整齐	20	17	15	12	不合格	
	其他异常情况	20	17	15	12	不合格	
	总分						
	二、教师评价						
	评价内容	A	B	C	D	E	得分
	知识水平程度	25	21	18	15	不合格	
	作业计划合理	25	21	18	15	不合格	
	实训过程完整	30	25	22	18	不合格	
	其他异常情况	20	17	15	12	不合格	
	总分						
	三、自我评价 总结与反思： 自我成绩评定： 						

任务成绩	

实训任务九　正线运行标准化作业

班级		姓名		学号	
学习小组		组长		日期	
任务描述	\multicolumn{5}{l	}{你担当10号线如下轮乘任务：}

任务描述	出勤日期	10月27日	出勤时间		8：29
	出勤地点	巴沟轮乘站	位置图号		平日10白
	接车地点	接车时间	表号	车次	交车时间	地点
	巴沟	8：49	10	1092-1121	10：33	巴沟
	巴沟	10：51	17	1125-1148	12：35	巴沟
	巴沟	12：58	33	1153-1176	14：42	巴沟
	巴沟	15：05	48	1181-1213	16：49	巴沟

按规定出勤、接车后，驾驶列车进行正线运营，执行标准化作业。

任务目标
1. 能领悟标准化作业的目的和意义。
2. 能正确履行司机的"五确认一执行"制度。
3. 能正确执行调度命令的复诵制度。
4. 会识读TDT。

任务准备

一、选择题
1. 当列车在车站没有到达运行图规定的发车时间时，TDT显示为_____。
　A. 正计时　　　　　　　　B. 倒计时
　C. h　　　　　　　　　　D. 0
2. 在行车组织工作中，_____可以口头形式发布调度命令。
　A. 封闭区间　　　　　　　B. 反方向运行
　C. 开行试验列车　　　　　D. 开通区间
3. 在正线运行时，遇到非正常情况时，司机应及时与_____联系，报告情况。
　A. 段/场列车调度员　　　　B. 行车调度员
　C. 值班站长　　　　　　　D. 调控中心值班员
4. 列车通过无屏蔽门车站的限制速度是_____ km/h。
　A. 10　　　　B. 20　　　　C. 30　　　　D. 40

（续）

任务准备	
	二、填空题 1. 呼唤应答制度的十二字内容为：_____、_____、_____。 2. 司机在接受行车调度员的命令后，相互间应认真履行_____制度，并由传达人确认无误后执行。 3. _____是地铁运营的第一标准。 4. 单司机值乘作业时，遇到道岔应当在其前方_____ m处手指道岔并呼唤_____。 三、判断题 1. 列车行驶过程中出现空调故障，司机应当边驾驶边尽快处理。（ ） 2. 司机的职责之一是按照运行图规定时刻操纵列车运营。（ ） 3. 双司机值乘时，非操纵者应始终站立于操纵者的平行位置左侧。（ ） 4. 司机动车前要确认信号显示及各种行车凭证无误后，方可起动列车。（ ） 四、简答题 1. 谈一谈你对电动列车司机标准化作业的认识。 2. 在运营中，为什么要求司机必须执行呼唤应答制度？ 3. 列举几条司机在驾驶列车过程中禁止出现的行为。

（续）

任务实施	一、制订单司机保证正线运营的安全、正点实施方案		
	序　号	作业内容	
	计划审核意见		签字： 年　月　日

二、完成小组成员分工

记录员/行车调度	
司机	

三、履行正线标准化作业，并对司机作业情况进行评价

序号	作业标准	作业评定	改进说明
1	驾驶坐姿标准	☆☆☆☆☆	
2	正确执行调度命令的复诵制度并做好记录	☆☆☆☆☆	
3	正确识读 TDT 的显示	☆☆☆☆☆	
4	认真履行"五确认一执行"	☆☆☆☆☆	
5	信号呼唤时机与内容正确，手指动作标准	☆☆☆☆☆	
6	道岔呼唤时机与内容正确，手指动作标准	☆☆☆☆☆	

（续）

任务实施	四、更换小组成员分工，再次履行正线标准化作业					
	记录员/行车调度员					
	司机					

任务评价	一、组长评价					
	评价内容	A	B	C	D	E	得分
	实训态度认真	20	17	15	12	不合格	
	作业过程完整	40	34	30	24	不合格	
	场地恢复整齐	20	17	15	12	不合格	
	其他异常情况	20	17	15	12	不合格	
	总分						
	二、教师评价						
	评价内容	A	B	C	D	E	得分
	知识水平程度	25	21	18	15	不合格	
	作业计划合理	25	21	18	15	不合格	
	实训过程完整	30	25	22	18	不合格	
	其他异常情况	20	17	15	12	不合格	
	总分						
	三、自我评价						
	总结与反思：						
	自我成绩评定：						

任务成绩	

实训任务十　CBTC 下的正线运行

班级		姓名		学号	
学习小组		组长		日期	

<table>
<tr><td rowspan="7">任务描述</td><td colspan="6">你担当 10 号线如下轮乘任务：</td></tr>
<tr><td>出勤日期</td><td colspan="2">10 月 27 日</td><td>出勤时间</td><td colspan="2">8：29</td></tr>
<tr><td>出勤地点</td><td colspan="2">巴沟轮乘站</td><td>位置图号</td><td colspan="2">平日 10 白</td></tr>
<tr><td>接车地点</td><td>接车时间</td><td>表号</td><td>车次</td><td>交车时间</td><td>地点</td></tr>
<tr><td>巴沟</td><td>8：49</td><td>10</td><td>1092-1121</td><td>10：33</td><td>巴沟</td></tr>
<tr><td>巴沟</td><td>10：51</td><td>17</td><td>1125-1148</td><td>12：35</td><td>巴沟</td></tr>
<tr><td>巴沟</td><td>12：58</td><td>33</td><td>1153-1176</td><td>14：42</td><td>巴沟</td></tr>
<tr><td></td><td colspan="6">巴沟　　15：05　　48　　1181-1213　　16：49　　巴沟</td></tr>
<tr><td></td><td colspan="6">按规定出勤、接车后，驾驶列车进行正线运营，保证区间运行平稳。</td></tr>
</table>

任务目标	1. 能进行列车自动驾驶的操作。 2. 人工驾驶时，能平稳进行列车的牵引和制动操作。 3. 能正确判断列车的各种驾驶模式及使用条件。 4. 熟练掌握一种车型操纵台的操作，并举一反三熟悉各类操纵台。
任务准备	一、选择题 1. CBTC 系统是_____系统的一种形式。 　A．ATC　　　B．ATO　　　C．ATP　　　D．ATS 2. ATO 运行时，司机控制器主手柄应置于_____位。 　A．牵引　　　B．惰行　　　C．常用制动　　D．紧急制动 3. 列车在_____驾驶模式下，可以接收到来自地面的推荐速度。 　A．限制人工　　　　　　　B．非限制人工 　C．自动防护人工　　　　　D．自动折返 4. 使用 ATO 模式操纵列车时，司机应按下_____按钮起动列车运行。 　A．ATO 启动　　　　　　　B．自动折返 　C．紧急牵引　　　　　　　D．蓄电池牵引 5. 人工驾驶列车的过程中，调节车速使用的主要设备为_____。 　A．司机控制器主手柄　　　B．紧急制动按钮 　C．ATO 启动　　　　　　　D．钥匙开关

(续)

任务准备	二、填空题 1. CBTC 系统实现了_____闭塞方式。 2. 司机控制器主手柄、方向选择开关和钥匙开关具有_____关系。 3. 当手柄_____时，列车将退出 ATO 自动驾驶。 4. 在人工牵引列车起动时，严禁将司机控制器手柄从_____位直接推至牵引位。 5. 列车进入车站实施减速直至停车的过程，要求必须_____制动。 三、简答题 1. 在列车全自动运行状态下，随车司机的工作内容有哪些？ 2. 人工操纵列车运行时，如何保证平稳驾驶？
任务实施	一、制订单司机正线区间运行实施方案 1. 全自动运行模式 | 序　号	作业内容
	| | 计划审核意见	签字： 　　年　月　日
---	---	

（续）

任务实施	2. 列车自动驾驶模式		
	序 号	作业内容	
	计划审核意见		签字： 年 月 日
	3. 带 ATP 防护的人工驾驶模式		
	序 号	作业内容	
	计划审核意见		签字： 年 月 日

二、完成小组成员分工

记录员/行车调度员	
司机	

(续)

	三、执行区间驾驶作业，并对司机作业情况进行评价			
	序号	作业标准	作业评定	改进说明
任务实施	1	驾驶坐姿标准	☆☆☆☆☆	
	2	认真履行"五确认一执行"	☆☆☆☆☆	
	3	对驾驶模式理解正确，使用恰当	☆☆☆☆☆	
	4	信号呼唤时机与内容正确，手指动作标准	☆☆☆☆☆	
	5	道岔呼唤时机与内容正确，手指动作标准	☆☆☆☆☆	
	6	人工驾驶操纵平稳	☆☆☆☆☆	
	7	严格执行正线运行的各项规章制度	☆☆☆☆☆	

四、更换小组成员分工，再次完成正线运行作业

记录员/行车调度员	
司机	

一、组长评价

评价内容	A	B	C	D	E	得分
实训态度认真	20	17	15	12	不合格	
作业过程完整	40	34	30	24	不合格	
场地恢复整齐	20	17	15	12	不合格	
其他异常情况	20	17	15	12	不合格	
总分						

二、教师评价

评价内容	A	B	C	D	E	得分
知识水平程度	25	21	18	15	不合格	
作业计划合理	25	21	18	15	不合格	
实训过程完整	30	25	22	18	不合格	
其他异常情况	20	17	15	12	不合格	
总分						

（续）

任务评价	**三、自我评价** 总结与反思：_____ _____ _____ 自我成绩评定：_____ _____ _____
任务成绩	

实训任务十一　站　台　作　业

班级		姓名		学号	
学习小组		组长		日期	
任务描述	你担当10号线如下轮乘任务： 	出勤日期	10月27日		出勤时间	8∶29	
出勤地点	巴沟轮乘站		位置图号	平日10白	
接车地点	接车时间	表号	车次	交车时间	地点
巴沟	8∶49	10	1092-1121	10∶33	巴沟
巴沟	10∶51	17	1125-1148	12∶35	巴沟
巴沟	12∶58	33	1153-1176	14∶42	巴沟
巴沟	15∶05	48	1181-1213	16∶49	巴沟 | 　　按规定出勤、接车后，驾驶列车进行正线运营，安全、准点、高效完成各站的开关门与乘客乘降服务。					
任务目标	1. 能准确进行制动操作、平稳对标停车。 2. 能正确进行开关门作业。 3. 会确认列车的发车条件。 4. 能熟练进行站台作业，并执行呼唤应答程序。					
任务准备	一、选择题 1. 列车在运行过程中，门选向开关必须扳至_____位。 　A. L　　　　　B. 0　　　　　C. R　　　　　D. 任意位置 2. 采用"自动"开门模式的列车需以_____驾驶模式运行。 　A. ATO　　　B. 带ATP防护　　C. 限制人工　　D. 非限制人工 3. 进站速度一般不得高于_____km/h。 　A. 55　　　　B. 50　　　　　C. 45　　　　　D. 40 4. 司机在终点站执行站台作业时，需看到_____后，方可关闭车门和屏蔽门。 　A. 出站信号机绿灯 　B. 乘客全部下车 　C. 站务员"一切妥当、可以关门"手信号 　D. 道岔开通正确方向 二、填空题 1. 判断车门全部关闭的途径有_____和_____。 2. 司机应通过_____来确认屏蔽门的打开与关闭状态。					

（续）

任务准备	3. 只有当列车＿＿＿＿＿＿才能打开车门。 4. 采用带人工驾驶模式操纵列车时，门模式应扳至＿＿＿＿位。 三、判断题 1. 全自动运行列车的随车司机不需执行呼唤应答制度。（　　） 2. 站台监护时，如遇站台客流较大，司机应在关门前播放提示广播，人工广播使用完毕后，并将其放回规定位置。（　　） 3. 双司机值乘的站台作业，两人应共同站在规定位置，监护乘客乘降。（　　） 四、简答题 1. 如何确保在大客流时的关门作业不出现夹人或夹物？ 2. 绘制带 ATP 防护人工驾驶模式下的站台作业流程图。 3. 简要概括终点站站台作业和中间站站台作业的不同点。
任务实施	**一、制订单司机站台作业计划** 1. 全自动运行模式 | 序　　号 | 作　业　内　容 | |---|---| | | | | | | | | | | | | | | | | | | | | | 计划审核意见　　　　　　　　　　　　　　签字： 　　　　　　　　　　　　　　　　　　　　年　月　日

（续）

任务实施	2. 列车自动驾驶模式		
	序　号	作业内容	
	计划审核意见		签字： 年　月　日
	3. 带 ATP 防护的人工驾驶模式		
	序　号	作业内容	
	计划审核意见		签字： 年　月　日

(续)

	二、完成小组成员分工					
	记录员/行车调度员					
	司机					

任务实施

三、执行站台作业，并对司机作业情况进行评价

序号	作业标准	作业评定	改进说明
1	驾驶坐姿标准	☆☆☆☆☆	
2	对驾驶模式理解正确，使用恰当	☆☆☆☆☆	
3	人工驾驶对标停车范围合格	☆☆☆☆☆	
4	站台作业呼唤应答程序完整，声音清晰洪亮，手指动作到位	☆☆☆☆☆	
5	观察列车状态显示屏和信号系统显示屏的显示情况，做出正确判断和调整	☆☆☆☆☆	
6	正确使用 PSL	☆☆☆☆☆	
7	按运行图规定准点运行	☆☆☆☆☆	

四、更换小组成员分工，再次执行站台作业

记录员/行车调度员		
司机		

任务评价

一、组长评价

评价内容	A	B	C	D	E	得分
实训态度认真	20	17	15	12	不合格	
作业过程完整	40	34	30	24	不合格	
场地恢复整齐	20	17	15	12	不合格	
其他异常情况	20	17	15	12	不合格	
总分						

二、教师评价

评价内容	A	B	C	D	E	得分
知识水平程度	25	21	18	15	不合格	
作业计划合理	25	21	18	15	不合格	
实训过程完整	30	25	22	18	不合格	
其他异常情况	20	17	15	12	不合格	
总分						

（续）

任务评价	**三、自我评价** 总结与反思：_____ _____ _____ 自我成绩评定：_____ _____ _____
任务成绩	

实训任务十二　广　播　作　业

班级		姓名		学号	
学习小组		组长		日期	

任务描述	你担当10号线如下轮乘任务：				
	出勤日期	10月27日	出勤时间	8：29	
	出勤地点	巴沟轮乘站	位置图号	平日10白	
	接车地点	接车时间	表号	车次	交车时间	地点
	巴沟	8：49	10	1092-1121	10：33	巴沟
	巴沟	10：51	17	1125-1148	12：35	巴沟
	巴沟	12：58	33	1153-1176	14：42	巴沟
	巴沟	15：05	48	1181-1213	16：49	巴沟
	在正线运营中，按规定设置自动广播，遇特殊情况有针对性地进行人工广播。				

任务目标	1. 能正确操作列车广播设备。 2. 能根据不同情况组织广播词，流畅进行人工广播。
任务准备	一、选择题 1. 一列车有＿＿＿＿套广播系统。 　A. 1　　　　　B. 2　　　　　C. 3　　　　　D. 4 2. 以下广播内容中，优先级最高的是＿＿＿＿。 　A. 预录紧急广播　　　　　B. 人工语音广播 　C. 乘客紧急报警　　　　　D. 开关门报警声 二、填空题 1. 自动广播预报站的原理是广播控制器检测＿＿＿＿信号后发出。 2. 城市轨道交通作为公共交通运输的组成部分，归根结底是以＿＿＿＿为出发点。 三、简答题 1. 司机在进行人工广播时，应注意哪些方面？

(续)

任务准备	2. 列举需要进行人工广播的情况。
任务实施	一、制订列车正线运营的广播作业计划 1. 设置自动广播 | 序 号	作业内容
	| 计划审核意见　　　　　　　　　　　　　签字： 　　　　　　　　　　　　　　　　　　　年　月　日 2. 制定列车故障/突发事件情况下的人工广播词 | 序 号	作业内容
	| 计划审核意见　　　　　　　　　　　　　签字： 　　　　　　　　　　　　　　　　　　　年　月　日 二、完成小组成员分工 | 记录员/行车调度员/乘客	
司机		

(续)

	三、执行广播作业，并对司机作业情况进行评价			
	序号	作业标准	作业评定	改进说明
	1	广播设置正确	☆☆☆☆☆	
任务实施	2	人工广播流畅、清晰、准确	☆☆☆☆☆	
	3	与乘客沟通恰当	☆☆☆☆☆	
	四、更换小组成员分工，再次执行广播作业			
	记录员/行车调度员/乘客			
	司机			

	一、组长评价					
	评价内容	A	B	C	D	E	得分
	实训态度认真	20	17	15	12	不合格	
	作业过程完整	40	34	30	24	不合格	
	场地恢复整齐	20	17	15	12	不合格	
	其他异常情况	20	17	15	12	不合格	
	总分						
任务评价	二、教师评价						
	评价内容	A	B	C	D	E	得分
	知识水平程度	25	21	18	15	不合格	
	作业计划合理	25	21	18	15	不合格	
	实训过程完整	30	25	22	18	不合格	
	其他异常情况	20	17	15	12	不合格	
	总分						
	三、自我评价 总结与反思： 自我成绩评定：						

任务成绩	

实训任务十三　终点站折返作业

班级		姓名		学号	
学习小组		组长		日期	

任务描述	你担当6号线如下轮乘任务：					
	出勤日期	11月3日		出勤时间	4：47	
	出勤地点	五里桥车辆段		位置图号	平日25早	
	接车地点	接车时间	表号	车次	交车时间	地点
	五里桥车辆段	5：27	15	1016-2022	6：58	海淀五路居
	海淀五路居	7：23	77	2028-1072	8：56	草房
	在正线运营中，应于金安桥、潞城两个终点站执行折返作业。					

任务目标	1. 能辨别终点站折返线的布置形式。 2. 能完成列车驾驶操纵台转换作业。 3. 能完成终点站自动折返操作。 4. 能进行终点站人工折返作业。

任务准备	一、选择题 1. 折返量较大的车站不宜采用_____折返方式。 　A. 侧式站台站前交叉渡线　　　　B. 岛式站台站后交叉渡线 　C. 侧式站台站后交叉渡线　　　　D. 双岛四线站台站前 2. 确认列车能否进入自动折返，应观察_____显示屏上的图标。 　A. CCTV　　　B. 信号系统　　　C. TCMS　　　D. 车载电台 3. 正常情况下，终点站折返作业可以使用的驾驶模式不包括_____模式。 　A. AM　　　　B. CM　　　　C. RM　　　　D. EUM 二、填空题 1. 列车在终点站要实现自动折返，信号必须在_____运营级别下。 2. 更换操纵台时，折返后尾端操纵台上"母线重联"开关应置于_____位。 三、简答题 1. 绘制单司机终点站自动折返作业流程图。 2. 绘制双司机终点站人工折返作业流程图。

(续)

任务实施	一、制订单司机作业条件下的终点站折返作业计划

1. 自动折返

序　号	作业内容

计划审核意见	签字： 年　月　日

2. 人工折返

序　号	作业内容

计划审核意见	签字： 年　月　日

(续)

	二、完成小组成员分工					
		记录员/行车调度员				
		司机				
任务实施	三、执行折返作业，并对司机作业情况进行评价					
	序号	作业标准		作业评定	改进说明	
	1	正确转换操纵台		☆☆☆☆☆		
	2	折返时机判断准确		☆☆☆☆☆		
	3	信号呼唤时机与内容正确，手指动作标准		☆☆☆☆☆		
	4	道岔呼唤时机与内容正确，手指动作标准		☆☆☆☆☆		
	5	自动折返作业规范、无误		☆☆☆☆☆		
	6	人工折返作业规范、无误		☆☆☆☆☆		
	7	折返用时符合运行图规定		☆☆☆☆☆		
	四、更换小组成员分工，再次执行折返作业					
		记录员/行车调度员				
		司机				
任务评价	一、组长评价						
	评价内容	A	B	C	D	E	得分
	实训态度认真	20	17	15	12	不合格	
	作业过程完整	40	34	30	24	不合格	
	场地恢复整齐	20	17	15	12	不合格	
	其他异常情况	20	17	15	12	不合格	
	总分						
	二、教师评价						
	评价内容	A	B	C	D	E	得分
	知识水平程度	25	21	18	15	不合格	
	作业计划合理	25	21	18	15	不合格	
	实训过程完整	30	25	22	18	不合格	
	其他异常情况	20	17	15	12	不合格	
	总分						

（续）

任务评价	**三、自我评价** 总结与反思：_____ _____ _____ 自我成绩评定：_____ _____ _____
任务成绩	

实训任务十四　中间站折返作业

班级		姓名		学号	
学习小组		组长		日期	
任务描述	\multicolumn{5}{l}{你担当6号线调试列车驾驶任务：}

班级		姓名		学号	
学习小组		组长		日期	
任务描述	你担当6号线调试列车驾驶任务： | 双休 | SX1807 | | 调试 | 东小营车辆段　66km | 车西　　　　　　　　　东段 东小营车辆段—车公庄西　　40km 13:31:39　　　1601　　　12:29:21 　　　　　　车西 13:38:39　　　2601　　　14:40:20 应于车公庄西站执行中间站折返作业。				
任务目标	1. 能辨别中间站折返线的布置形式。 2. 能完成中间站自动折返操作。 3. 能进行中间站人工折返作业。				
任务准备	一、填空题 1. _____是指在线路两端终点站或中间站，为能开行折返列车而设置的专供改变列车运行方向的线路。 2. 轨道线路需设置中间折返站，这是由于_____。 二、简答题 说明中间站折返作业的注意事项。				

(续)

任务实施	一、制订单司机作业条件下的中间站折返作业计划
	1. 自动折返
		序　号	作业内容	
	计划审核意见　　　　　　　　　　　签字： 　　　　　　　　　　　　　　　　　年　月　日
	2. 人工折返
		序　号	作业内容	
	计划审核意见　　　　　　　　　　　签字： 　　　　　　　　　　　　　　　　　年　月　日

(续)

任务实施	二、完成小组成员分工			
	记录员/行车调度员			
	司机			
	三、执行折返作业，并对司机作业情况进行评价			
	序号	作 业 标 准	作业评定	改进说明
	1	正确转换操纵台	☆☆☆☆☆	
	2	折返时机判断准确	☆☆☆☆☆	
	3	信号呼唤时机与内容正确，手指动作标准	☆☆☆☆☆	
	4	道岔呼唤时机与内容正确，手指动作标准	☆☆☆☆☆	
	5	自动折返作业规范、无误	☆☆☆☆☆	
	6	人工折返作业规范、无误	☆☆☆☆☆	
	7	折返用时符合运行图规定	☆☆☆☆☆	
	四、更换小组成员分工，再次执行折返作业			
	记录员/行车调度员			
	司机			

任务评价	一、组长评价						
	评价内容	A	B	C	D	E	得分
	实训态度认真	20	17	15	12	不合格	
	作业过程规范	40	34	30	24	不合格	
	场地恢复整齐	20	17	15	12	不合格	
	其他异常情况	20	17	15	12	不合格	
	总分						
	二、教师评价						
	评价内容	A	B	C	D	E	得分
	知识水平程度	25	21	18	15	不合格	
	作业计划合理	25	21	18	15	不合格	
	实训过程完整	30	25	22	18	不合格	
	其他异常情况	20	17	15	12	不合格	
	总分						

(续)

任务评价	三、自我评价 总结与反思：_____ _____ _____ 自我成绩评定：_____ _____
任务成绩	

实训任务十五　反方向运行作业

班级		姓名		学号	
学习小组		组长		日期	
任务描述		11月10日晚班退勤后，接行车调度员命令，10号线在巴沟—知春里区间开展列车反方向运行联合演练。			
任务目标		1. 能正确接收和记录行车调度员关于反方向行车的命令。 2. 正确判断是否具备反方向行车的条件。 3. 能规范进行反方向运行下的列车操作。			
任务准备		一、选择题 1. 列车反方向运行必须由_____发布调度命令。 　A. 段/场列车调度员　　　　B. 行车调度员 　C. 电力调度员　　　　　　D. 环控调度员 2. 列车反方向运行应当采用的驾驶模式为_____模式。 　A. AM　　　B. CM　　　C. RM　　　D. EUM 3. 列车反方向运行的进站时机为_____。 　A. 进站信号机绿灯　　　　B. 出站信号机绿灯 　C. 引导手信号　　　　　　D. 发车手信号 二、填空题 1. 反方向运行的区段应将闭塞方式变更为_____闭塞法。 2. 列车反方向运行时，运行速度不得超过_____km/h。 三、简答题 1. 列举需采取反方向运行的情况。 2. 绘制司机操纵列车反方向运行的工作流程图。			

（续）

<table>
<tr><td rowspan="3">任务实施</td><td colspan="2">一、制订单司机反方向运行作业计划</td></tr>
<tr><td colspan="2">
序号	作业内容

计划审核意见	签字： 年　月　日
</td></tr>
<tr><td colspan="2">

二、完成小组成员分工

记录员/行车调度员	
司机	

三、执行反方向运行作业，并对司机作业情况进行评价

序号	作业标准	作业评定	改进说明
1	正确接收和复诵行车调度员命令并做好记录	☆☆☆☆☆	
2	驾驶模式使用正确	☆☆☆☆☆	
3	遵守关于反方向运行行车凭证的各项规定	☆☆☆☆☆	
4	严格控制运行速度	☆☆☆☆☆	
5	会看手信号	☆☆☆☆☆	

四、更换小组成员分工，再次执行反方向运行作业

记录员/行车调度员	
司机	

</td></tr>
</table>

(续)

任务评价	一、组长评价						
	评价内容	A	B	C	D	E	得分
	实训态度认真	20	17	15	12	不合格	
	作业过程完整	40	34	30	24	不合格	
	场地恢复整齐	20	17	15	12	不合格	
	其他异常情况	20	17	15	12	不合格	
	总分						
	二、教师评价						
	评价内容	A	B	C	D	E	得分
	知识水平程度	25	21	18	15	不合格	
	作业计划合理	25	21	18	15	不合格	
	实训过程完整	30	25	22	18	不合格	
	其他异常情况	20	17	15	12	不合格	
	总分						
	三、自我评价 总结与反思：_____ _____ 自我成绩评定：_____ _____						
任务成绩							

实训任务十六 推进运行作业

班级		姓名		学号	
学习小组		组长		日期	
任务描述	11月10日晚班退勤后,接行车调度员命令,10号线在巴沟—知春里区间开展列车推进运行联合演练。					
任务目标	1. 能正确判断列车故障,向行车调度员汇报关于推进运行的情况。 2. 能组织清客工作,正确进行广播。 3. 能规范进行推进运行下的列车操作。					
任务准备	一、选择题 1. 列车推进运行必须由_____发布调度命令。 　A. 段/场列车调度员　　　　　B. 行车调度员 　C. 电力调度员　　　　　　　D. 环控调度员 2. 列车推进运行应当采用的驾驶模式为_____模式。 　A. AM　　　B. CM　　　C. RM　　　D. EUM 3. 列车推进运行需由_____名司机共同合作完成。 　A. 1　　　　B. 2　　　　C. 3　　　　D. 4 二、填空题 1. 采取尾端推进运行的列车_____(能/不能)继续载客运营。 2. 列车推进运行时,运行速度不得超过_____km/h。 3. 推进运行的牵引和制动由_____端司机的指令操纵。 三、简答题 1. 简要论述如何确保列车推进运行的安全。 2. 绘制列车推进运行的标准化作业流程图。					

（续）

任务实施	一、制订双司机推进运行作业计划

序号	作业内容

计划审核意见	签字： 年　月　日

二、完成小组成员分工

记录员/行车调度员	
前端司机	
尾端司机	

三、执行推进运行作业，并对司机作业情况进行评价

序号	作业标准	作业评定	改进说明
1	正确接收和复诵行车调度员命令并做好记录	☆☆☆☆☆	
2	驾驶模式使用正确	☆☆☆☆☆	
3	头、尾操纵台转换操作规范	☆☆☆☆☆	
4	前端司机指令清晰、无误	☆☆☆☆☆	
5	尾端司机能按照前端司机指令操纵列车	☆☆☆☆☆	
6	执行信号显示并做好呼唤应答	☆☆☆☆☆	
7	严格控制运行速度	☆☆☆☆☆	

四、更换小组成员分工，再次执行推进运行作业

记录员/行车调度员	
前端司机	
尾端司机	

(续)

任务评价	**一、组长评价**						
	评价内容	A	B	C	D	E	得分
	实训态度认真	20	17	15	12	不合格	
	作业过程完整	40	34	30	24	不合格	
	场地恢复整齐	20	17	15	12	不合格	
	其他异常情况	20	17	15	12	不合格	
	总分						
	二、教师评价						
	评价内容	A	B	C	D	E	得分
	知识水平程度	25	21	18	15	不合格	
	作业计划合理	25	21	18	15	不合格	
	实训过程完整	30	25	22	18	不合格	
	其他异常情况	20	17	15	12	不合格	
	总分						
	三、自我评价 总结与反思： 自我成绩评定：						
任务成绩							

实训任务十七　列车退行作业

班级		姓名		学号	
学习小组		组长		日期	
任务描述	你担当10号线如下轮乘任务： 	出勤日期	11月17日	出勤时间	16：52
出勤地点	宋家庄轮乘站	位置图号	平日10白
接车地点	接车时间	表号	车次	交车时间	地点
宋家庄	17：12	37	2221-2267	18：56	宋家庄
宋家庄	19：19	51	2277-2312	21：03	宋家庄
宋家庄	21：23	5	2316-2334	23：07	宋家庄
宋家庄	23：22	63	2336-2703	0：33	五路停车场 | 在上行2336次末班车的运行中，在国贸站由于手动驾驶疏忽导致列车过标10m后停车，联系行车调度员后按其指示退回站内。					
任务目标	1. 能正确判断需列车退行的情况。 2. 能规范进行列车退行操作。					
任务准备	一、选择题 1. 列车退行必须由_____发布调度命令。 　A. 段/场列车调度员　　　　B. 行车调度员 　C. 电力调度员　　　　　　D. 环控调度员 2. 列车退行应当采用的驾驶模式为_____模式。 　A. AM　　　　B. CM　　　　C. RM　　　　D. EUM 二、填空题 1. 由区间向车站退行的列车需确认_____后方可退回站内。 2. 列车退行时，运行速度不得超过_____km/h。 3. 在退行时，司机应注意车载ATP对_____有限制，尽量避免出现起动紧急制动的情况。 三、简答题 1. 简要论述如何确保列车退行的安全。					

（续）

任务准备	2. 绘制列车退行的标准化作业流程图。
任务实施	**一、制订单司机列车退行的作业计划** 	序　号	作业内容
	| | 计划审核意见		签字： 年　月　日
---|---|---| **二、完成小组成员分工** | 记录员/行车调度员	
司机	| **三、执行列车退行作业，并对司机作业情况进行评价** | 序号	作业标准	作业评定	改进说明
---	---	---	---
1	正确向行车调度员报告情况，接收和复诵行车调度员命令并做好记录	☆☆☆☆☆	
2	驾驶模式使用正确	☆☆☆☆☆	
3	严格控制运行速度	☆☆☆☆☆	
4	乘客广播服务恰当	☆☆☆☆☆	
5	退行中未触发紧急制动	☆☆☆☆☆		

(续)

任务实施	四、更换小组成员分工，再次执行列车退行作业					
	记录员/行车调度员					
	司机					

任务评价	一、组长评价					
	评价内容	A	B	C	D	E	得分
	实训态度认真	20	17	15	12	不合格	
	作业过程完整	40	34	30	24	不合格	
	场地恢复整齐	20	17	15	12	不合格	
	其他异常情况	20	17	15	12	不合格	
	总分						
	二、教师评价						
	评价内容	A	B	C	D	E	得分
	知识水平程度	25	21	18	15	不合格	
	作业计划合理	25	21	18	15	不合格	
	实训过程完整	30	25	22	18	不合格	
	其他异常情况	20	17	15	12	不合格	
	总分						
	三、自我评价						
	总结与反思：						
	自我成绩评定：						

任务成绩	

实训任务十八　清客作业

班级		姓名		学号	
学习小组		组长		日期	
任务描述					
任务目标					
任务准备					

班级　　　　**姓名**　　　　**学号**
学习小组　　**组长**　　　　**日期**

任务描述
　　11月24日，你担当10号线W401列车2135次值乘中，在呼家楼—团结湖上行区间运行时，列车状态显示屏显示两节动车VVVF故障，经处理后仍不能恢复，报告行车调度员。行车调度员命令"2135次团结湖站清人，入农展馆库线待命"。

任务目标
1. 能正确判断需要清客的情况。
2. 遵守清客规则，合理申请清客。
3. 关注乘客状态，安全、有序地组织清客作业。

任务准备

一、选择题
1. 司机在没有_____协助的情况下不得清客，除非情况极度紧急。
   A. 车站员工　　B. 另一名司机　　C. 保安　　D. 工程员工
2. 区间清客期间相关轨道不得行车，行车限制持续有效至_____。
   A. 所有乘客已离开列车　　　　B. 协助清客的员工回到车站
   C. 证实所有乘客已撤离轨道　　D. 残疾人员离开车厢
3. 若列车停在两站之间而没有空调已达10min，司机必须通过广播指示乘客打开_____，改善通风情况。
   A. 客室侧门　　B. 紧急疏散门　　C. 客室端门　　D. 紧急通风窗
4. 行车调度员应将清客的指令及时通知给司机和_____。
   A. 值班站长　　B. 综控员　　C. 派班员　　D. 站务员

二、填空题
1. 清客作业应尽量在_____进行。
2. 列车清客前必须获得_____的授权。
3. 列车区间清客后应派两名车站员工进行巡视检查，路线为_____。

三、判断题
1. 打开紧急通风窗后的列车不能继续载客。（　　）
2. 如果区间迫停的列车上情况非常恶劣，则行车调度员可以授权司机在车站人员抵达前紧急清客。（　　）
3. 发生火灾时的清客方向，以离车站更近的车头（或车尾）为准。（　　）

四、简答题
1. 简要说明区间疏散乘客的注意事项。

（续）

任务准备	2. 区间清客期间，司机的工作有哪些？	
任务实施	**一、制订列车清客的作业计划** 1. 列车能够维持运行到双井站	
	序　号	作业内容
	计划审核意见	签字： 　　年　月　日
	2. 列车迫停区间，无法运行至双井站	
	序　号	作业内容
	计划审核意见	签字： 　　年　月　日

(续)

任务实施	二、完成小组成员分工			
		记录员		
		行车调度员		
		司机		
		值班站长		
		车站员工		
	三、执行列车清客作业，并对司机作业情况进行评价			
	序号	作业标准	作业评定	改进说明
	1	正确向行车调度员报告情况，接收和复诵行车调度员命令并做好记录	☆☆☆☆☆	
	2	乘客广播服务恰当	☆☆☆☆☆	
	3	关注乘客动态，及时沟通安抚	☆☆☆☆☆	
	4	车站/区间清客程序规范无误	☆☆☆☆☆	
	5	高效合作，尽量缩短运营延误时间	☆☆☆☆☆	
	四、更换小组成员分工，再次完成列车清客作业			
		记录员		
		行车调度员		
		司机		
		值班站长		
		车站员工		

	一、组长评价						
任务评价	评价内容	A	B	C	D	E	得分
	实训态度认真	20	17	15	12	不合格	
	作业过程完整	40	34	30	24	不合格	
	场地恢复整齐	20	17	15	12	不合格	
	其他异常情况	20	17	15	12	不合格	
	总分						

（续）

任务评价	二、教师评价						
	评价内容	A	B	C	D	E	得分
	知识水平程度	20	17	15	12	不合格	
	作业计划合理	20	17	15	12	不合格	
	实训过程完整	20	17	15	12	不合格	
	团队合作良好	20	17	15	12	不合格	
	其他异常情况	20	17	15	12	不合格	
	总分						
	三、自我评价 总结与反思： 自我成绩评定：						
任务成绩							

实训任务十九　列车救援作业

班级		姓名		学号	
学习小组		组长		日期	
任务描述	12月1日，你担当10号线W423列车1083次值乘中，在国贸—双井下行区间运行时列车突然产生紧急制动，经处理后紧急制动仍不能缓解，报告行车调度员后请求救援。行车调度员命令后方1084次列车担当救援任务，命令内容如下："1084次国贸站清人，在国贸—双井下行区间与故障车连挂，连挂后运行至双井站，故障车清人。双井—成寿寺—宋家庄停车场加开1701次，按进路闭塞法行车。"				
任务目标	1. 能正确请求救援并完成列车清客。 2. 能正确做好故障车的救援准备工作。 3. 能正确进行列车连挂操作。 4. 能安全、高效地合作完成列车救援过程。				
任务准备	一、选择题 1. 若故障列车迫停于区间弯道，且距瞭望距离不足50m时，司机应在距离救援列车开来方向50m处向救援列车显示_____。 　　A. 引导手信号　　B. 发车手信号　　C. 停车手信号　　D. 减速手信号 2. 救援期间，故障列车的驾驶模式应当转换至_____模式。 　　A. AM　　B. CM　　C. RM　　D. EUM 3. 救援连挂的过程中，救援列车的驾驶模式为_____模式。 　　A. AM　　B. CM　　C. RM　　D. EUM 4. 救援列车司机和故障列车司机共同确认两车车钩对准，以_____的速度轻微冲击连挂。 　　A. 3km/h　　B. 5km/h　　C. 8km/h　　D. 10km/h 二、填空题 1. 在线列车的救援应竭力遵循_____向救援的准则，以确保其他在线列车的正常运行秩序。 2. 若救援列车是从车站派出，应当先进行_____作业。 3. 救援列车牵引运行时，速度不得超过_____km/h。 4. 救援列车推进运行时，速度不得超过_____km/h。 5. 故障列车司机在等待救援的过程中，操作强迫缓解塞门的目的是_____。 三、简答题 1. 列举司机应当请求救援的几种情况。				

（续）

任务准备	2. 绘制列车救援标准化作业的流程图。
任务实施	**一、制订列车救援作业计划** 1. 故障列车司机工作任务 | 序号	作业内容
	| 计划审核意见　　　　　　　　　　　　　　签字： 　　　　　　　　　　　　　　　　　　　　年　月　日 2. 救援列车司机工作任务 | 序号	作业内容
	| 计划审核意见　　　　　　　　　　　　　　签字： 　　　　　　　　　　　　　　　　　　　　年　月　日

(续)

二、完成小组成员分工

记录员	
行车调度员	
故障列车司机	
救援列车司机	

三、执行列车救援任务，并对司机作业情况进行评价

1. 故障列车司机

序号	作业标准	作业评定	改进说明
1	救援各阶段向行车调度员准确汇报情况	☆☆☆☆☆	
2	救援准备工作充分	☆☆☆☆☆	
3	驾驶模式使用正确	☆☆☆☆☆	
4	强迫缓解塞门使用正确	☆☆☆☆☆	
5	连挂引导动作规范	☆☆☆☆☆	
6	全面关注列车状态	☆☆☆☆☆	
7	联控用语准确，声音清晰洪亮	☆☆☆☆☆	
8	推进救援口令时机正确	☆☆☆☆☆	
9	乘客服务工作到位	☆☆☆☆☆	

2. 救援列车司机

序号	作业标准	作业评定	改进说明
1	准确接收行车调度员命令，并在救援各阶段向行车调度员准确汇报情况	☆☆☆☆☆	
2	正确执行站台清客任务，乘客服务工作到位	☆☆☆☆☆	
3	驾驶模式使用正确	☆☆☆☆☆	
4	遵守速度限制要求	☆☆☆☆☆	
5	正确完成车钩连挂与解钩作业	☆☆☆☆☆	
6	联控用语准确，声音清晰洪亮	☆☆☆☆☆	
7	推进故障列车对标停车合格	☆☆☆☆☆	

任务实施

(续)

任务实施	四、更换小组成员分工，再次完成列车救援						
	记录员						
	行车调度员						
	故障列车司机						
	救援列车司机						
任务评价	一、组长评价						
	评价内容	A	B	C	D	E	得分
	实训态度认真	20	17	15	12	不合格	
	作业过程完整	40	34	30	24	不合格	
	场地恢复整齐	20	17	15	12	不合格	
	其他异常情况	20	17	15	12	不合格	
	总分						
	二、教师评价						
	评价内容	A	B	C	D	E	得分
	知识水平程度	20	17	15	12	不合格	
	作业计划合理	20	17	15	12	不合格	
	实训过程完整	20	17	15	12	不合格	
	团队合作良好	20	17	15	12	不合格	
	其他异常情况	20	17	15	12	不合格	
	总分						
	三、自我评价						
	总结与反思：						
	自我成绩评定：						
任务成绩							

实训任务二十　电话闭塞法下的运行

班级		姓名		学号	
学习小组		组长		日期	
任务描述	12月8日晚班退勤后，接到行车调度员命令，10号线在巴沟—知春里（三站两区间）开展电话闭塞联合演练。					
任务目标	1. 在采用电话闭塞法时，能正确判断是否具备行车凭证。 2. 能安全操作列车，完成电话闭塞法下的运行。					
任务准备	一、选择题 1. 在正线上，电话闭塞的闭塞区间是_____之间。 A. 相邻信号机　　　　　　　B. 相邻进站信号机 C. 相邻出站信号机　　　　　D. 相邻调车信号机 2. 执行电话闭塞法的列车应以_____驾驶模式运行。 A. ATO　　　B. 手动　　　C. FAM　　　D. CAM 二、填空题 1. 电话闭塞法是一种_____闭塞法。 2. 在施行电话闭塞法时，不论运行区间是单线还是双线，均按_____区间办理。 三、简答题 1. 如何确保电话闭塞法时列车的运行安全？ 2. 列举必须采用电话闭塞法的情况。					

（续）

任务实施

一、制订巴沟—知春里（三站两区间）电话闭塞法时的列车驾驶作业标准

序 号	作 业 内 容

计划审核意见	签字： 年　月　日

二、完成小组成员分工

记录员	
行车调度员	
综控员	
司机	

三、执行电话闭塞法下的列车驾驶，并对司机作业情况进行评价

序号	作业标准	作业评定	改进说明
1	正确接收和复诵行车调度员命令并做好记录	☆☆☆☆☆	
2	驾驶模式使用正确	☆☆☆☆☆	
3	严格控制运行速度	☆☆☆☆☆	
4	正确确认/领取行车凭证	☆☆☆☆☆	
5	准确判断道岔状态并规范进行手指呼唤确认	☆☆☆☆☆	
6	正确使用PSL控制屏蔽门的打开与关闭	☆☆☆☆☆	

（续）

任务实施	四、更换小组成员分工，再次完成电话闭塞法下的列车驾驶		
:::	记录员		
:::	行车调度员		
:::	综控员		
:::	司机		

任务评价	一、组长评价						
:::	评价内容	A	B	C	D	E	得分
:::	实训态度认真	20	17	15	12	不合格	
:::	作业过程完整	40	34	30	24	不合格	
:::	场地恢复整齐	20	17	15	12	不合格	
:::	其他异常情况	20	17	15	12	不合格	
:::	总分						
:::	二、教师评价						
:::	评价内容	A	B	C	D	E	得分
:::	知识水平程度	20	17	15	12	不合格	
:::	作业计划合理	20	17	15	12	不合格	
:::	实训过程完整	20	17	15	12	不合格	
:::	团队合作良好	20	17	15	12	不合格	
:::	其他异常情况	20	17	15	12	不合格	
:::	总分						
:::	三、自我评价 总结与反思： _____ _____ 自我成绩评定：_____ _____ _____						

任务成绩	

实训任务二十一　屏蔽门故障的站台作业

班级		姓名		学号	
学习小组		组长		日期	
任务描述		12月15日晚班退勤后，接到行车调度员命令，10号线司机在巴沟站与站务员配合演练屏蔽门故障时的站台作业。			
任务目标		1. 能人工操作屏蔽门的打开与关闭。 2. 能在规定时间内应对屏蔽门故障，使列车进出站。			
任务准备		一、选择题 1. 能控制单个滑动门的设备为_____。 　A. PSL　　　　B. IBP　　　　C. LCB　　　　D. DCU 2. 当屏蔽门系统级操作发生故障时，司机通过发车端的_____对屏蔽门进行开关门操作，并及时报告车站综控员或行车调度员。 　A. PSL　　　　B. LCB　　　　C. DMI　　　　D. DCU 3. 当列车车门已经关好，但屏蔽门没有关好，为了不影响走车，可以由车站人员操作_____。 　A. LCB　　　　B. IBP　　　　C. PSC　　　　D. 互锁解除开关 二、填空题 1. 屏蔽门的控制等级由高到低依次为_____控制、_____控制和_____控制。 2. 屏蔽门"互锁解除"功能失效影响列车发车时，司机在得到行车调度员允许后采用_____驾驶模式发车。			

任务实施

一、制订屏蔽门故障时司机的应急处理方案

序号	故障现象	作业内容
1	整列屏蔽门无法打开	
2	整列屏蔽门无法关闭	
3	屏蔽门正常关闭，列车车门不能正常关闭	
4	单个屏蔽门无法打开	
5	单个屏蔽门无法关闭	
6	屏蔽门"互锁解除"失效	

计划审核意见	签字： 　　年　月　日

（续）

任务实施	二、完成小组成员分工			
	记录员			
	行车调度员			
	车站人员			
	司机			
	三、完成屏蔽门各类故障时的站台作业，并对司机作业情况进行评价			
	序号	作业标准	作业评定	改进说明
	1	根据故障现象，准确判断屏蔽门故障	☆☆☆☆☆	
	2	PSL使用方法正确	☆☆☆☆☆	
	3	准确向行车调度员汇报情况	☆☆☆☆☆	
	4	与车站人员配合恰当	☆☆☆☆☆	
	5	正确应对不同情况的屏蔽门故障	☆☆☆☆☆	
	四、更换小组成员分工，再次完成屏蔽门各类故障时的站台作业			
	记录员			
	行车调度员			
	车站人员			
	司机			

	一、组长评价					
任务评价	评价内容	A	B	C	D	E	得分
	实训态度认真	20	17	15	12	不合格	
	作业过程完整	40	34	30	24	不合格	
	场地恢复整齐	20	17	15	12	不合格	
	其他异常情况	20	17	15	12	不合格	
	总分						

（续）

任务评价	二、教师评价					
	评价内容	A	B	C	D	E	得分
	知识水平程度	20	17	15	12	不合格	
	作业计划合理	20	17	15	12	不合格	
	实训过程完整	20	17	15	12	不合格	
	团队合作良好	20	17	15	12	不合格	
	其他异常情况	20	17	15	12	不合格	
	总分					
	三、自我评价 总结与反思： 自我成绩评定：
任务成绩